MONSIEUR NICOLAS;

OU

LE CŒUR-HUMAIN DÉVOILÉ.

PUBLIÉ PAR LUI-MÊME.

'Eén 'ekástos mandéken komízai.

Suam quisque pellem portat.

AVEC FIGURES.

Tome Six.me Onz.me Partie.

Imprimé *À LA MAISON;*

Et se trouve à PARIS,

Chés la Veuve Marion-R, rue du-Fouarre, n° 16,

à l'entresol.

M.-DCC.-XCVII.

MONS^R· NICOLAS;

OU LE
CŒUR-HUMAIN DÉVOILÉ.

Onzième Partie.

J'AVAIS quelquefois entendu la Mère de Sara s'emporter avec violence contre sa Fille : Mais quelle en était la cause ? Je l'ignorais. Je savais aussi que la Femme qui ocupait mon logement avant moi, avait été acusée par la Dame Debée d'avoir voulu seduire sa Fille, en favorisant des entrevues secrètes avec un Avocat. C'est de cette Femme qu'est le trait deguisé que je raconte dans la 50ᵉ *Nouvelle*. Lorsque la Mère de Sara sortait, elle enfermait sa Fille dans la petite châbre audessus de moi. Il se trouva que la Voisine eût une clef, qui ouvrait cette porte. Dès que Mad. Debée était partie pour la promenade avec son *Florimond-Lucas*, la Voisine, touchée de compassion pour une Fille que sa Mère traitait avec barbarie; car elle l'enfermait dans un endrait brûlant, pendant l'Été, avec du pain & de l'eau, & en Hivër, sans feu,

XI Partie.   A a

1779
1780

dans la même petite chambre, auſſi fraî-
de alors, qu'elle avait été chaude: la Voisine (disais-je), venait ouvrir à Sara, la
recevait dans ſa chambre; l'Avocat arrivait, & páyait une colacion. Mais un
Dimanche, la Dame Debée, que ſa propre
conduite rendait très-ſoupçoneuse, crut
ſ'apercevoir que Sara desirait ſon depart.
Elle resolut de la faire épier. Elle ſortit
avec ſon Florimond, qui, de ſon Amant,
était devenu ſon eſclave, lorſqu'elle l'eût
ruiné: Mais à-moitié chemin des Boule-
vards-du-*Temple*, où elle alait briller,
elle renvoya Lucas à la maison, lui chercher un éventail, avec injonction de faire
une atenſion ſcrupuleuse à la clôture de
la Petite... Par le plûs grand malheur,
c'était elle qui était ſortie, pour aporter
la colacion (& ceci juſtifie en partie la
Voisine), deſorte que Florimond trouva Sara, qui revenait avec la Fîlle du Pâ-
tiſſiér, toutes-deux chargées de tourtes
de confiture on de franchipane, de gâ-
teaux, & d'autres friandises. La jeune
Debée pâlit, en l'apercevant; elle ne put
repondre à ſes queſtions. Mais, parvenue dans l'alée, elle ſe jeta aux genoux
de Lucas, pour lui demander le ſecret?
Voici ſa reponſe: —Votre Mère eſt très-
méchante; vous étes ſa fille, & il faudra
bién qu'elle vous pardone: Mais moi, ſi

jamais elle decouvrait la verité, elle me 1775
chaſſerait. La crainte qu'elle m'inſpire, 1780
me rend impitoyable-... Et il renferma
la Jeunefille, qu'il laiſſa tremblante dans
ſa prison ¶ La Mère arriva une heure
après furieuse ! Elle maltraita Sara, examina la porte, y fit mettre un cade-
nas, & ſûre aumoins p^{our} cette journée,
elle retourna aux Boulevards-du-*Temple*.
Mais elle fut encore trompée: L'Avocat
venait la nuit (dit-on), & la bonne
Voisine, qui ſavait tout ouvrir, tirait
Sara de ſa chambre; on celebrait à bas-
bruit de petites orgyes noĉturnes. Cependant la Mère, qui l'ignorait, n'en repā-
dit pas moins, que ſa Fille avait fait une
eſcapade. Et ces diſcours tenus par une
Mère, à quoi penſe-t-on qu'ils tendîſſẽt?
A 2 choses: à doñer l'idée de venir lui
demander à páyer la poſſeſſion de Sara,
& à ſe faire tellem^t redouter de Celle-ci,
qu'elle pût l'obliger ſans crainte à ſatiſ-
faire la paſſion d'un vieux Libertin, Pro-
cureur-general à une Cour-ſouveraine,
nomé *De-Veſgou*, home ſans mœurſ,
perdu de vices de toute eſpèce. Ce De-
Veſgou avait jadis conu la Mère: mais
áyant vu la Fille un-jour chéz *Sanſgrains*
l'Illuminateur, il resolut d'avoir l'étrénne
de ce joli Bijou. Il parla, dès cette 1re-
fois, & ce fut p^{our} lui former Sara, qu'on

A a 2

1775
1780

la mit au Couvent. Mais il en resulta que Sara, au sortir d'une maison où elle s'était trouvée avec des Filles-honêtes, eût quelque repugnance à remplir les vues de sa Mère. Elle s'y refusa donc ; elle demanda, come une grâce, qu'on la mît en aprentissage p^our les ouvrages de son sexe. La Mère n'était pas feme à se rendre. Mais De-Vesgon plùs delicat, lui conseilla de satisfaire la Petite. On choisit la maison d'une Vieille-feme noble ruinée, apelée Mad. *Amei*, qui, ainsi que ses 2 Filles, racomodait les dentelles. Cette Feme était gâgnée sans-doute : elle rendit la vie si dure à Sara, que la Jeune-persone dût être charmée, lorsqu'on la venait chercher, dès que De-Vesgon arrivait. (Et c'était la voiture de cet Home que je voyais à la porte). On saura de la bouche de Sara elle-même, coment elle lui fut vendue. C'était p^our lui que Sara était mise come une Jeunepersone de qualité. Quand j'admirais son élegance, elle lui coûtait bien des larmes !

Sara, mécontente de sa Racomodeuse de dentelles, fut mise en aprentissage de Modes dans un Magazin de la ruë *Denis*, le même où était ma Fille Agnès. Mais sa Mère l'y trouva trop loin ; ainsi, elle y resta peu. † Ce fut après cela que je reçus la 1re visite de Mlle Debée. Je re-

gardai cette demarche come le simple effet de la curiosité d'une Jeunefille, qui
voulait conaître un Home, qui avait deja quelque reputacion ; ou de l'envie de
lire, afféz naturelle à fon âge. Sara était
retournée chéz fes Racomodeuses de dentelles, dont la Mère était morte: elle
emporta un de mes Livres, & le foir, les
Galans de ces 2 Filles & de leurs Elèves,
venaît leur en faire la lecture. Sara me
raporta mon Livre (l'*Ecole des Pères*).
Je lui dis que je le lui avais doné; qu'il
était jufte que la Fille de mon Hôteffe
eût un exemplaire de tous mes Ouvrages.
C'était alors un préfent de 5 à 6 loüis,
que je lui fis en differentes fois.

Sara revint exactem^t chéz moi tous les
Dimanches, jufqu'au jour-de-l'an......
Mais il faudra doner cette longue Avanture avec tous fes detâils, après neanm^s
un petit épifode fur Un de mes Amis.

J'ai deja parlé de *Bultël Dumont*, &
il en fera queftion dans le lông & impor-
tant Recit, dont je compoferai la *XIIme
Partie*, p^o^r que vous ayiéz de-fuite & fé-
parem^t, honête Lefteur, une paffion unique en fon genre, & qui paraît m'ifoler
de moi même..... Achevons de faire-
coñaître Bultël, auteur de *la Teorie du
Luxe*, & Trésoriér-de-France

Jufqu'à la fin de 1777, c'eftadire juf-

1778
1780

qu'au temps où le PAYSAN, parfaitem^r^
conu, m'eût fait une reputacion d'Aut^r^,
j'avais bién eú les Avantures multipliées
qu'On a lues, mais je n'étais pas conu du
Publiq. Hé! qu'on juge combién mes
joüiffances devaiët être delicieuses, & mes
peines amoindries, par cette inconaiffan-
ce, furtout d'après mon caractère touj^rs^
un-peu fauvage; car je redoute encore
l'éclat, autre que celui de la vertu!... Je
jouiffais, dans le fecret, fans exposer une
reputacion que je n'avais pas. Et à cette
occasion, j'obferverai, qu'il eft autant
utile à la Société de tirer du neant une
foule d'Individus, p^our^ les obliger à fe ref-
pecter, qu'il leur eft desagreable d'être
mis au grand-jour, come je le fais dans
cet Ouvrage. Mais l'interêt particuliér ne
doit jamais arrêter, quand il f'agit de l'
interêt general... Je disais, que jufqu'en
1777, j'étais un Etre nul, excepté pour
le travail & le plaisir; c'eft ce qui fesait que je me refpectais moins moi-même. Cependant, en certains cas, malgré
fon occultacion, ma qualité d'Auteur augmentait les delices de mes jouiffances,
come avec *Victoire-Saintonge*, Mad. *Sa-
niéz, Louise & Terèse*... C'eft Bultël-
Dumont qui va me faire entrer dans une
nouvelle carrière. Voici dabord la po-
sicion de cet Home très-finguliér, Tre-

soriér de France, pour avoir un títre… 1778

¶ Il était garſon, riche, avare, lu-1780
xurieux, ſans être debaûché; & en-conſequence, ſa maison était montée pour
recevoir les Femes de ſes Amis, quand
ils jugeaït à-propos de les amener. On
ſuivait encore l'étiquette de la grâve Bourgeoisie. Il avait donc, p^o^r tenir ſa
maison, une grande D^lle, majeſtueuse,
decente, qui avait été jolie, & qui était
encore belle, qu'il avait aimée, qu'il n'
aimait plus, parcequ'en-effet, quoiqu'
Honoriſte charmāte par ſes grâces à table,
& ſon usage, ſa faible ſanté en aurait fait
une coucheuse repouſſante. Elle était ſa
petitecousine, portait un beau nom, Mlle
De-Sanloci, &c^a… Bultël avait alors
30000 liv. de rentes: Il en eút 45-mille
4 ans après, à la mort de ſon Père. Il a-
vait p^our motif, en doñant à dînér 2-fois
par ſemaine, de jouír de ſa fortune. Il
voyait Tout le monde; mais il aſſortiſ-
ſait touj^rs ſes tablées, avec toute la ſime-
trie étiquetière de la Haute-bourgeoisie.

Il m'invita, come un Objet rare, que
Perſone n'avait eu, & qu'il était bién-aise
de montrer. Il lui avait falu des demarches & une étude, p^our decovrir mes alentours, alors très éloignés de toutes les
Coñaiſſances mondaines.

Le rendézvous était à 2 heures. Je ne

1778
1780 m'attendais pas que ce fût une invitacion pour dínér : J'y alai fous mon coſtume obſervateur. Introduit dans la ſalle-à-mangér, où était grande Compagnie, j'avoue que j'aurais voulu pouvoir reculer : mais j'entrevis que le parti le plûs ſage était de m'aſſeoir à la place qu'on m'avait reſervée : Je mangeaí, parlaí peu, & fut beaucoup moins embarraſſé, que mon caractère, & ma ſituacion, au milieu d'une Compagnie d'Inconus ne ſemblaient me le préſager.

Ce qui me rendit cette maiſon plûs agreable, que par la bone-chère qu'on y feſait, ce furét 2 Femes, outre Mlle Sanloci, une jolie Femedechambre, apelée *Cecile*, & une belle Veuve, nomée Mad. *Lebel*. La 1re était ce qu'il falait à l'Oſtentateur Bultël-Dumont ; la 2de, devait reveiller toutes les ſenſacions dans Un Gourmët érotiq : mais l'aimable fiſionomie de la 3e intereſſait le cœur de tout Honéte-home. La grande Sanloci était une Deeſſe pour l'Abbé Delaporte, le Genovefain S^tlegér, le Puriſte Beauregard, & pour cent Autres. La dignité, la decence, n'était pas les ſeules qualités de la belle Sanloci ; elle y joignait l'agreabilité des manières, auxquelles un ſon-de-voix doux, intereſſant, donait Un nouveau prix.... (Hâ ! qui aurait dit a-

lors, en la voyant favorisée de la fortu-
tune, honorée, fêtée, qu'elle tomberait
dans la misère! qui m'aurait dit que ce^{tte}
Fille si belle, serait un-jour pâle, mai-
grie, decharnée, affaissée par la faim!..
Infortunés que nous somes!... Bultël-
Dumont, en lui laissant un 5me de sa
fortune, avait cru la mettre dans l'aisâ-
ce; & lors du discredit des Assignats, Mlle
Sanloci, autrefois si heureuse, s'est
trouvée n'avoir que pour vivre 5 semai-
nes sur 52!.... Ne devait-on pas prévoir
ces horribles inconveniens?... Je m'aten-
dris sur le fort de la triste Sanloci, qu'Un
Home coñu a recherchée en mariage,
& qui s'est retiré, lorsqu'il l'a vue pauv^{re}.

Mad. Lebel n'est pas devenue infortunée, come la grande Sanloci, avec laquelle elle était brouillée dès 1784.

La 3e Beauté de la maison Bultël était
la jeune Cecile, encore plüs jolie, que
sa Maîtresse n'était belle. On sent que le
riche & voluptueux Bultël-Dumont ne
vit pas tranquilem^t cette Fille delicieuse.
Les grandes Beautés, come Sanloci sont
daill^{rs} si dignitaires, qu'elles laissent tou-
j^{rs} éteindre le goût, surtout dans les Libertins, qui venlët être excités. Un des
plüs grands torts de la Religion-C^re-
tiénne, c'est d'avoir aneanti le plaisir, &
creé le libertinage, en detruisant toutes

les infticucions qui donaît la fience du
1ᵉʳ. On ne faurait croire combién je fuis
étoné, lorfque je confidère la folie du
C'riftianifme, & fon inmoralité ftupide,
que tant de Genf apèlēt une *morale pure*!
Il blaffème la Divinité, en contrariant la
Nature, qu'il ne doit que diriger! Tu as
fait un crime du plaifir, ô C'retién in-
fenfé, & le plaifir eft le plûs bel homage
que l'Home & la Bête puiffēt rendre à Dieu!
Ta Religion n'était digne que de Fous a-
trabilaires, come Ceux de la *Tebaïde*...
Dumont defira donc Cecile, come On le
verra, & tant que cet état de defir fub-
fifta, il fut heureux, par l'agitacion qu'
il lui procurait... Je ferai inftruit par la
fuite. ¶ Mais les 3 Belles dont je viéns
de parler ne furēt pas les feules que je vis
dans cette maifon : J'y rencontrai Une
foule de Jolies femes... Pourquoi l'Une
d'elles ne me préferva-t-elle pas de la funefte paffion qui va me tourmenter?....
Mais puis-je le defirer?... Hâ! mon fort
eft tel, que je ne faurais m'en plaindre...

Je fus cependant tout-près d'être pris
par Mad. Lebël. Inmediatement après la
publicacion de la VIE DE MON PÈRE,
Mad. Lebel, qui ne m'avait encore qu'
entrevu, demanda qu'On la fit diner a-
vec Moi. La belle Veuve rendit ce dînér
charmant, par les careffes, les compli-

mens flateurs, touchans, qu'elle me fit:
— *Quelle honorable Famille-!* (repetait-
elle). Mais son refroidissement avec Mlle
Sanloci m'enleva biéntôt les occasions de
la voir; & je n'eús pas l'esprit de demander à lui rendre visite chéz elle. Je l'ai
donc perdue de vue, & n'ai eú depuis de
ses nouvelles, que par *Mareschal-St azare.*

Pour me dedomager de cette perte,
Mlle Sanloci me mit des dînérs avec les
plüs aimables Persones de sa société. Mais
prêt d'aler en-avant, il faut achever ce
qui regarde Cecile.   † Cette jolie Fem-
medechambre portait sur son visage l'em-
preinte d'une tristesse habituelle, qui la
rendait encore plüs interessante. Je demandai la raison de cette tristesse à Bui-
rël-Dumont? —C'est qu'elle est amoureuse d'Un Comis, que je ne veux pas
qu'elle épouse (me repondit-il)… Mlle
Sanloci, qui avait entendu ma question,
& la reponse, me prit en-particuliér, a-
près le dînér, & me raconta, Coment M.
Dumont avait voulu avoir Cecile, qu'il
avait determinée à l'écouter une-seule-
fois, par une dot de 2 mille écus, depo-
sée d'avance (non à l'exigeance de Cecile, mais de son vouloir, à lui, p^or operer plûs d'effet): Coment, après avoir
gâgné sa dot, Cecile avoua tout à sa Maîtresse, & fut très-sage; Coment M. Du-

1779
1780

mont, p^our delivrer la dot, & confentir au mariage, exigeait une 2de complaisance de Cecile : Coment Celle-ci, preffée d'épouser Un Amant aimé, parti avantageux, & redoutant un tourment cruël, avec Un Satire (la Narratrice employa ce terme), était dans une perplexité qui la maigriffait : Enfin, coment elle, Sanloci, ne pouvait fe resoudre à lui doner le confeil de terminer.... Elle me demandait mon avis?.... ¶ Je lui repondis : —Mad^lle : vous avéz l'air fi imposant, ... d'Autres diraīt prude-... —Il le faut (interrompit-elle vivem^t), p^our que d'Honêtes-feñies & leurs Filles puiffent venir ici... —Soit... vous êtes la vertu même ; elle prendrait vos traits & votre air, fi elle fe corporifiait. (Et je disais la verité: la Vertu corporée ferait belle fraidem^t, majeflueu em^t, p^our infpirer de l'admiracion, des fentim^ moraux, come Mlle Sanloci)... Je vous demande à doner mon confeil à Cecile- (repondis-je). Mlle Sanloci fe colora de pudeur : Et come elle favait biéu qu'elle n'y perdrait pas, elle y confentit. Elle apela Cecile, &, dev^t moi, elle lui dit de me reconduire, lorfque je m'en irais. Ce fut ce qui f'executa, vërs les 8 heures, avant le retour de M. Dumont. Cecile prit la lumière, & me précedait. Bulrël-Dumont rentrait : il

nous

nous vit, fans être vu, & fe cacha. Cecile, l'efcaliér defcendu, marchait à-côté de moi, jufqu'à la porte de la ruë. Ce
fut alors, qu'en employant les expreffiōs
les plüs honêtes pᵒᵘʳ fon Maître, je lui
confeillai de f'informer des Coucheufes
de M. Dumont, & d'en fubftituér Une.
Cecile rougit, & me preffa la main.

J'entrevis alors Bultël-Dumont, qui
cherchait à nous écouter. Je le fignifiai
adraitemᵗ à Cecie, & je lui recomandai
d'en terminer, en dirigeant fon intenfion
uniquemᵗ vers la reconnaiffance qu'elle
devait à Un Homę riche, qui lui avait
cherché fon Amant, qui la dotait, qui
rendait le mariage agreable aux Parens
du Jeunehome, &c. Cecile au-fait, me
repondit, Que jamais elle n'avait envisagé les chofes fous ce point-de-vuë. Elle
me remercia beaucoup, & rentra.

Je n'avais pas fait 10 pas dans la ruë,
que je vis M. Dumont à-côté de moi:
— Vous êtes un excellent Cafuifte! (me
dit-il): Je viéns de vous conaître tout-
à-fait, & nous n'en ferons que mieux enfemble—... Ce fut une Efcobarderie qui
me conferva l'amitié de Dumont: J'en
fais l'humble aveu. Mais elle préferva
Cecile d'une 2ᵈ infamie....

Dumōt, privé de la jeune Camerifte de
l'Honorfte de fa table, me dit, avec dou-

XI Partie.   B b

1779
1781

leur, — Mon Ami! mõ cœur est mort: Cecile l'avait ranimé, par sa figure piquante ... Je ne l'aí plus-!... J'avais alors Sara: J'étais marié: Je l'aimais p.ᵒᵘʳ elle-même, come si j'avais conu ce qu'elle m'était: M. Dumont était riche & garson: Je formaí la genereuse resolucion de la lui ceder... Bultël ne fut pas même digne de cette Fille, qu'On doit si bién conaître, par la *XII.ᵐᵉ Partie*! Il ne put se faire ... tolerer... Quel Home était-ce donc? .... Dumont croyait conaître le cœur-humain, & j'eús la preuve qu'il ne s'en-doutait pas! Il se représentait l'Espèce-humaine, come On nous peint les Páy-sans sur les Teatres. Combién de Gens fõt come lui! C'est un tact particuliér que done la Nature, que cette conaissance! Que de petits Ecrivassiérs ont voulu faire mes Ouvrages, qui leur paraissaĩt aisés, & ne l'ont pu!... Dumont, en vieillissant, avait perdu toute honte, toute honêteté, toute delicatesse. J'en pers, come lui; On le voit, par la marche de mõn Ouvrage: Mais nous étions alors, Dumont & moi, de 44 à 55 ans; c'était 11 ans de difference. J'avais, & j'aí encore avec les Femes, ce charme d'adoracion, que peu d'Homes savĕt conserver.

Je ne parlerai pas de toutes les Beautés que j'ai vues chéz M. Dumont. Après

Mad. Lebel, Une-feule m'intereffa : c'eft
Mlle *Aglaé,* fille-aînée d'Un Confrère du
riche Celibataire :   Cette Jeuneperfone
était amie de Mad. *Godeau,* jolie Femme
que j'avais vue plus^{rs} fois à dînér chéz le
Prevôt-des-marchands *Le-Pelletiér-de-
Mortfontaine* … D'après la prière la plûs
preffante de la part de la Mère d'Aglaé,
qui voulait voir l'Auteur du NOUVEL-
ABEILARD, de la VIE DE MON PÈRE,
du QUADRAGENAIRE, & de la MA-
LEDICCION PATERNELLE, l'Honorifte
de M. Dumont me mit d'un dînér, où de-
vaît fe trouver la Dame, fon Mari, &
leurs 2 Filles. J'arrivaí, fans être prévenu. Il était tard : On était à table. Je me
trouvaí au bout : mais il fe fit un mouvement, qui plaça la belle Aglaé à-côté
de moi. Je me mis aux petits-foins avec
mon aimable Voifine : Je ne m'occupaí
que d'elle : Sa Cadète, enfant-gâté, me
deplut. On nous laiffa fort tranquils caufer tout-bas, rire enfemble, differter. On
était bién fûr de tout favoir après. J'é-
prouvais une forte d'enchantement. Les
autres Convives remarquèrēt biéntôt mes
atenfions p^{ou} Aglaé. On regardait la
Mère. Mlle Sanloci f'en aperçut, & j'entendis qu'elle difait : — Ne craignéz rièn !
Je connis Mr-Nicolas ; il ne debite jamais
aux Jeuneperfones que la morale la plûs

1780 pure! —Je suis tranquile (repondit la
1784 Mère fort-bas ; très-tranquile!.... Je
doutais que ce fût le Mᵣ-Nicolas que j'ai
conu autrefois... C'est lui!... mais cela m'étone bién!... Je ne lui soupçonais
pas un talent, qui est fort-loin de celui
qu'il avait, quoiqu'il lui ressemble en un
point-. Dumont lui dit très-bas aussi; mais
j'écoutais : —Oui, tous deux font l'Auteur; le Talent est leur fils... (*plus haut*)
Madame, le Genie se cache, autant que
l'Esprit se montre-. Depuis ce moment,
j'observai que la Dame se tenait presque
touj^s de-manière, que M. Dumont m'em-
pêchât de la voir. Ce qui fut si marqué,
qu'enfin je m'en aperçus, & que je lui
suposai des raisons... Le delicieux dînér!... Il fat uniq... Mais je m'arrête,
laissant à mon KALENDRIÉR l'achève-
ment de ce beau traìt de ma Vie.

On verra, dans la *XII.ᵐᵉ Partie*, la
relacion qu'a Dumont avec l'Histoire de
Sara. Ce fut à cette époque-ci que je la
lui voulus ceder, pᵒᵘʳ qu'il la rendît heureuse, en croyant cette Fille digne alors.
Insensé, qui ne voyais pas, que 2 Etres
vicieux ne peuvét engendrer le bonheur!

En reprenant ma familiarité avec Dumont, que ses procedés avec Sara avaìt
un-peu suspendue, je lui procurai deux
avantures, pour reconaìtre ce qu'il se-

sait pour Moi en ce genre. La 1re fut
celle avec *Rosette-Françòis*, sœur de
Virginie : Je m'en suis toujours repen-
ti , quoique cette Jeunefille fût deflorée,
mais Damont crut avoir fa rose , & fe
comporta come un Fat... Ainfi, je perdis l'efperance de faire un établiffement
honête à la Fille de mon Ami Gaudét...

La 2^d fut plüs agreable p^{our} moi. J'é-
tais ruë *Plâtrière* , vis-à-vis celle *Verde-
let*, quand Une jolie Fille-cuisinière m'a-
borda, p^{our} me demander une ruë. Elle
m'intereffa, en me rapelant Cecile. Je
lui fupofaí des vues, parceque j'étais en
habit de velours propre : Je penfaí qu'
elle me croyait riche. Je ne voulus pas,
d'après cette idée , qu'elle manquât fon
faccès. Je lui repondis affectueusement :
elle me dona un rendevous chéz elle ,
ruë *du-Jardinet-St-paul*, & je me propofaí de la montrer à Dumont, que j'en
prévins par un mot. Il vint me trouver
le matin du jour pris. Nous alames enfemble à la demeure de *Gervaise-Mon-
tant* , que nous trouvames préparée. Dumont, tout blasé qu'il était, palpita de
plaisir, à la vue de cette jolie Grisette,
deja entâmée, & parconfequent provoquante. Il me demanda en latin , Si je
l'avais eúe ? Je lui racontaí naïvemét
l'avanture de notre rencontre. Il prit Ger-

1781
1788

88
Eſtamp·
F· 2990.

88
Eſtamp.
(bis).

vaiſe en-particuliér, la queſtiona, & entendit le même recit. — Il a dit vrai-.
(penſa-t-il tout-haut). Alors le Libertin perſuadé, la mena louer une jolie
chambre, ruë *du-Port-Royal* au *Marais*.
Ce fut-là qu'il l'établit, & qu'elle le con-
ſola de Cecile. Il l'a mariée dans la ſuite très-avantageuſement, lui qui n'avait
rién fait pour Roſette, qui, ſans-doute
lui aura marqué quelque degoût... Ce
fut à cette occaſion, que l'indiſcret Dumont revela mes procedés à ſa *Begum :*
ce qui fit que Mlle Sanloci a dit depuis à M. *Merciér*, que je lui avais manqué eſſenciellem^t. Le bon Merciér crut
que j'avais attenté à ſa majeſtüeuſe vertu... (Hélas! elle me l'eût pardoné).
Mais j'avais fait bién pis! Non par haîne
pour elle, mais par reconaiſſance pour
Dumont. ¶ Je continuaí de voir cet
Home juſqu'en 1788, un an avant ſa
mort. Je n'étais plus auſſi bién reçu de
Mlle Sanloci, depuis que le froid *Iſſuad*
ſ'était établi auprès d'elle. Il eſt plüs
jeune, & garſon; je me rendis juſtice;
je ceſſaí d'aler chéz M. Dumont, après
l'avoir lié avec M. Merciér ſon Parent...
Il eſt mort, le riche, mais l'Infortuné
Bultél-Dumont, le 25 Fevriér 1789; il
eſt mort, ſans rién faire pour ſes Amis!
... Son avarice a été trompée dans tous
ſes calculs. Il croyait que M. Merciér

hériterait, pour une part: C'est qu'il i- 1781
gnorait l'existance d'une vieille Tante 1789
Orfèvre, qui, sachant sa haine pour elle,
& pour toute sa Branche, cachait depuis
30 ans, qu'elle s'était fait enterrer avec
billets-de-mort envoyés, son obscure
existance: Elle n'avait que des Petitsenfans, que Bultël-Dumont croyait exclus. A sa mort, elle s'est présentée avec
tous ses titres, & elle a repoussé ses
Exclueurs, dont le bon Merciér était un.
Quel coup-de-teatre!... Il en a coûté 42-liv. aux pauvres Heritiérs frustrés,
envertu de la belle & tant regrettée Cou-
tume de Paris, qui n'admettait pas la re-
présentacion des Neveux avec Une Tante. Aujourdhui, Ceux que Bultël-Dumont haïssait & méprisait, jouissët de
ses depouilles, à un 5e près, laissé à Mlle
Sanloci, p^{our} ses bons-soins & loyaux-
services......... J'ai pleuré la mort de
Bultël-Dumont, que je me proposais de
revoir. Au-fond, c'était, sinon Un A-
mi, dumoins une Conaissance agreable,
utile même, par le Monde, qu'il m'ouvrit. Je lui avais doné tous mes Ouvrages; il me donait à dîner, Une Compagnie souvent delicieuse : Partant quites.
Son nom fut gravé sur l'Ile-*Fraternité*,
le surlendemain de sa mort, avec Une
Epitafe, qui nous honore tous-deux. J'a-

1781
1789

vais vu Sara ſe promener ſur l'Ile le 19 Fevrier précedent (j'inſcrivais le 27), & je mis ſous cette date: *Mortuus eſt dives Dumont, ô Sara! à me ferè ſolo luctus! & nos inopes vivimus! Lugeamus Dumont, qui, ſi voluiſſet, feliciter nobiſcum felicibus adhùc viveret!* 27 Feb. 89.

Je pleure encore cet Home : Il me deviént plüs chër, en ſ'éloignant, & à meſure que je ſuis plüs malheureux. Il avait des vices… Et moi auſſi… Et toi auſſi, mon Lecteur… Revenonsà 1781.

Le mariage de ma Fille-aînée avait marché ſur la même ligne que mon avanture avec Sara. On verra come Mlle Debée à ſon debut, avait eú l'art de me perſuader, qu'elle renplacerait à-jamais une Fille ingrate: Je l'avoûraí, cette aſſurance, les careſſes, l'amitié de Sara, excitées par une reputacion, qui, ſans égaler celle de *Rouſſeau*, feſait la même inpreſſion ſur elle, tout-cela me determina, non à doner un conſentement, que je me ferais éternellement reproché, mais à me laiſſer forcer à le doner.

Vèrs le mois de 7b[re] 1780, L'Echiné me fit demander en mariage ma Fille Agnès, qui était alors chéz ſa Tante *Bizët* (ma Sœur Margot) Cette Dernière me préſenta le Parti, come très avantageux! C'était un Fils-uniq, qui avait (diſait-

on) très-bién vêcu avec fa 1ʳᵉ-Feme, 1780
dont il n'avait plus d'Enfans. Il fe van- 1781
tait d'avoir mille écus de rente, & que
fes Parens en avait davantage. C'était
un fort affuré, qui valait mieux qu'un é-
tabliffement douteux: L'Home n'était pas
beau; mais il était bon, plein d'efprit…
Il devait avoir l'emploi de fon Père à la
Capitacion… Tel était le Roman de m a
Sœur Bizët, áyant de la vraìfemblance,
& point de verité. Mais Margòt voulait
marier ma Fille, pᵒᵘʳ f'en debaraffer;
parcequ'étant devote très-bête, elle trouvait que fa Nièce fe mettait trop mon-
dainemᵗ. Ce motif fut le feul qui la fit
mentir, & perdre ma Fille, en nous trõ-
pant… On prit jour, pᵒᵘʳ me préfenter
L'Echiné, que fon Père devait acompa-
gner. Mad. Bizët était fi empreffée, qu'
elle doña un dînér à ces 2 Homes, come
fi ç'eût été à elle de faire les demarches,
pᵒᵘʳ offrir ma Fille. Dans la converfacion de la table, je m'aperçus peu de la
fotise de L'Echiné; le Père me parut Un
bonhome. Il ne dit rién contre fon Fils;
mais il ne dit rién pᵒᵘʳ lui : ɉe vis même
fes ïeux humides, une-fois ou deux, lorfqu'il les portait fur ma Fille, qui, ce
jour-là, entr'autres, était reellemᵗ charmante! La reserve du Père me donait à
penfer… Après le dînér, le Fils vint

1780 impudenm.t me preſſer de lui doner Une
1781 reponſe. Je m'en diſpenſaí, ſur ce que
je ne le conaiſſais pas. Et de ce moment,
j'évitaí de le voir. Il m'écrivit. C'eſt à
ſa 1.re Lettre qu'il fut jugé. Je vis un Sot
entortillé dans de grands mots, qu'il n'
entendait pas: Sa Lettre, loin d'avoir de
l'eſprit, n'avait ni ſenſ-comun, ni ſenſ.
[Voyéz de ſes *Lettres*, dans la *Femme-
Infidelle*, ſ'il en exiſte enc.ore des Exempl.s.]
Mon refus abſolu fut alors decidé. Je ne lui
répondis pas:... mais par une politique
ſage, au lieu d'employer l'autorité abſolue, je m'en-tins avec ma Fille, aux conſeils. Je demandaí, quel était l'emploi
de cet Home? On ne put me le dire. Je
donaí ce moyén de refus. Mais ma Sœur
avait mis en-avant les mille-écus de rentes, & par là, quoiqu'elle fût ſure que ce
revenu n'exiſtait pas, elle répondait à
tout. Les *Dondaines* ont l'âme noire,
& Margot, était beaucoup plûs *Dondai-
ne*, que *Reſtif*: Elle preſſait ma Fille de
redoubler ſes inſtâces auprès de moi, malgré l'indecence du procedé. L'Echiné con-
tinuait d'écrire, quoique j'euſſe dit mon
ſentiment: Il était aſſéz ſot pour ne pas
ſentir combién ſes Lettres étaient bêtes!
A chacune de ſes Miſſives, j'étais con-
firmé dans ma repugnance invincible
pour lui; repugnance ſi forte, que je n'aí

encore pu foutenir fa vue.... Un-foir, 1780
il vint fraper à ma porte. Par une abo- 1781
minable conplaisance, Margòt avait per-
mis que ma Fille l'accompagnât. Agnès
heurta, lorfque L'Echiné fut defcendu, &
m'apela. En reconaiffant fa voix, je
fus tout-à-la-fois impacianté, faisi d'indignacion, & revolté de ce que j'entre-
voyais : J'ouvris la porte ; mais ce fut
pour doner un foufflet à ma Fille : Je lui
defendis de jamais fonger à un pareil Home, ou de me renoncer pour Père. C'é-
tait à la fin de 7bre 1780. Je ne conaiffais pas encore Sara. Depuis ce mom^t,
ne vis plus *L'Echiné* chéz Margòt : Mais
il y venait fecrettement : Cette Malheureuse, qui avait perdu ma Sœur-cadète
Marie-Geneviève, voulait égalem^t perdre ma Fille, & elle y a reüffi.... Elle
a tué ma Sœur & ma Fille!... Infortuné! Moi, qui favais combién elle eft bornée, coment avais-je fouffert que ma Fille
alât chéz elle!.... Mais tout-cela f'arrangea prefque malgré moi.... Vers la
fin d'octobre, L'Echiné me joignit un-jour
dans la ruë *Standré* : Je lui parlai mode-
rement, en lui fesant neanmoins un refus
abfolu. Je crus que tout était dit; mais une
Devote, & une Devote bornée, avait mis
dans fa tête, que le mariage fe ferait.
Elle permit des entretiéns particuliérs

chéz elle , tandis qu'elle était à fa boutique : un mot de religion, que lui disait
ftupidement un Home borné come elle,
extasiait Margot, & lui fesait confiderer ce mariage , finon come très-avantageux, dumoins come c'retién : mot fi
fouvent funeste dans la fignificacion que
les Devots lui doñent !...

Cependant j'étais tranquil. J'avais oublié le ftupide L'Echiné ; il ne me tom-
bait guère dans l'idée, qu'une Fille de 19
ans , Fille à qui je conaiffais de l'efprit,
pût f'éprendre d'un Home laìd , bête ,
veuf, & prefque-quarantenaire ! Ma fecurité , je l'avoue , était profonde.

Je devais cependant m'apercevoir qu'
Agnès desirait le mariage. Elle était
mal chéz fa Tante bigote , qui la contrariait pour fa parure , très-modefte néan-
moins. Elle était effráyée par la Devote, qui lui disait que je ne profpererais jamais , n'áyant point de religion. Come
elle était très-jolie , le menteur L'Echiné fe fesait valoir par une feinte aisance , en fe vantant , &c. Secondé par la
fote Tante , qui fortifiait la jactance du
maudit L'Echiné , Agnès-R. fut féduite
par l'efpoir d'un état honête. Ajoutéz,
qu'elle abhorrait une Mère , dont elle
conaiffait les turpitudes , & dont elle a-
vait vu les Lettres , par lesquelles cette
Impudente

Impudente s'efforçait de persuader, qu' 1780
Agnès elle-même, ni Marion n'étaient 1781
mes Filles. Peutêtre Agnès-R. le cro-
yait-elle un-peu, & que ce fut la raison
de son irreverence. Tout ce que je puis
dire, c'est que le but de Celle qui se ca-
lomniait elle-même, était de me faire
realiser ses calomnies, par la persuaciõ
qu'une jolie Fille de 16, 17, 18, 19 ans,
à ma charge, n'était pas ma Fille : Elle
conaissait par Montlinot le traìt d'un
Home, qui avait une Fille putative, dõt
il decouvrit le Père, par des Lettres de
la Mère, trouvées après la mort de cette
Femme. Le Mari outragé se vengea dabord, en seduisant la Fille, dès qu'elle fut
nubile. Il la fit servir à toutes ses fan-
taisies libidineuses, & quand il en fut
las, aubout de 2 ans, il la livra à *Pe-
coucna* le Libraire, en lui disant d'en faire sa Catin, & de ne pas la menager. Le
Libertin rafiné en fit donc sa com-
plaisante, & la degrada le plûs qu'il lui
fut possible, la traitant come les *Filles*
les plûs sacrifiées... Voila le sort qu'il
semble qu'Agnès-L. aurait voulu faire
sûbir à sa Fille. Mais elle se trompa.
Il est vraì que l'Infortunée est ensuite
tombée à LEchiné.... Un mot de la
situacion où je me trouvais, avant & a-
près ma conaissance avec Sara.

XI Partie.   C c

1777
1781

Avant, j'étais dans une forte d'abandô de moi-même. J'aimais fans leur parler, 3 Jeunes-perfones, *Victoire-Londò*, *Rosalie-Poinot*, & *Aurore Parizòt*. Je n'avais de plaisir qu'à les voir, furtout après qu'áyant doné un exemplaire de la MALED.CÇION-PATERNELLE à *Conftance*, cette Fille brûla ma Lettre, lorfque je lui en demandaí fon fentiment. Je ne m'amusaí plus de ce côté-là: Je voyais Rosalie & Victoire en paflant: j'alais le foir voir fourire Aurore. Une Petite *Schell*, compagne de ma Fille au Magazin de la Dame *Clair*, ruë de la Ferronerie, vint 2 ou 3-fois m'offrir la realité. Ce qui me conduisit jufqu'à la rencontre de l'infortunée MAD. *Máillard*......

Je marche à-travèrs des épines enflâmées! Car à tout-moment, je m'arrête, intimidé par les regards, les dedains, les grimaces des prétendus Genf honêtes. J' hésite, & je me dis: —Ferai-je Un Roman, p°ᵘʳ que tous ces Honêtes-genfla ne ne m'étouffent pas?... Non, non! je diraí la verité.... Dans ce même-temps, ô Purifte! j'eús la rencontre qui m'a fourni la jolie *Contemporaine* intititulée, *la Jolie-Polifſeuse*. En 1786, *Felicité*. En 1796, moitié aneãti, prefque mort, ruiné, je renais quelquefois avec *Marte-Victoire*. Hô! les Femes! les Femes, furêt toujᶜˢ p°ᵘʳ moi le feu, l'air & l'eau!......

Mais immédiatement après la Jolie-Poliſſeuſe, j'avais fait 2 ou 3 Connaiſ-ſances ſingulières. La 1re était MAD. *Dumoulin*, brune ſémillante, ayant le tour le plûs voluptueux : La 2de MAD. *Dupont-Lambert*, jolie brune, blanchiſ-ſeuſe-en-fin, dont la gorge était la plûs belle poſſible : La 3me MAD. *Damou-rette*, petite Mde de tableaux, d'estam-pes, de mignatures. Le hasard m'avait procuré ces Connaiſſances, chez *Auli-rot et Nicolet*, aux 2des que je préférais ſouvent aux autres places, à-cauſe des Griſettes. ¶ Mad. Dumoulin était Lié-geoiſe, et femme d'un Compagnon-Im-primeur, avec lequel elle ne vivait plus. Elle feſait des aigüilles de montres. Elle était toujours chauſſée très-haut, et d'un goût exquis. Le ſoir de notre con-naiſſance, elle trébucha en voulant ſe placer derrière moi. Je la retins dans mes bras. ,, Un petit moment plûs tard... j'étais... ,, (dit elle). C'était une plume, étant très-petite. Je la mis à ma place au 1er rang : Je vis ſon joli pied, quand elle traverſa la banquette ; ce qui me la rendit plûs piquante. Nous cauſa-mes. Dans les entr'actes, elle ſe ren-verſait ſans façon ſur moi. Je ne la crus pas une *Fille* (les *Filles* ne ſont pas careſſantes à Paris) ; mais une jeune

1775
1781

28
Eſtamp.
(1er).

1778
1781

Veuve, qui cherchait à vivre avec Quelqu'un. Je la reconduisis après la spectacle. Elle demeurait rue *Mazarine*, fort loin du boulevard. Chéz elle, observant que je remarquais son pied, elle me demanda, Si j'aimais son genre de chauſſure : Je lui dis que j'en étais fou. ,, En ce cas, me dit-elle, je dois vous inſpirer des desirs ; car, lorſqu'on a ce goût-là, on aime bien mon tour et ma marche ? Je lui repondis, Que tout en elle, était provoquant. ,, Vous êtes d'un âge où l'on n'a plus des Femmes pardeſſus les ïeux ! Venez me voir de temps à autre, à-cause de quelques Connaiſſances que j'ai en Horlogérs : je ferai pour vous ce que je pourrai. Vous m'avéz aſſés convenu : Je ferai charmée de vous rapeler que vous êtes home ,,! Ce langage me parut ſinguliér ! Je la mis ſur mes genoux, ét elle me careſſa come je voulus. Je demandai à la poſſeder. Elle me repondit : ,, Je crois que vous le desiréz, après ce que nous avons fait ,,! Et elle me reçut dans ſes bras. J'avoue que je n'avais jamais eú d'avanture de ce genre. Pendant l'acte, elle me dit : ,, Alons, alons, mon chér Auteur du PIÉD-DE-FANCHETTE ,,! Je lui demandai, Comment elle me connaiſſait ? ,, Un de mes Horlogérs m'a fait lire ton Ouvrage, ét t'a montré, un-jour

que tu paſſais par la Place-*Daufine*, recon-
duisât *Schell*, qu'il me dit, que tu *aimes*„… 1778
Mes autres visites furent pareilles à celle- 1781
ci. ¶ Ce fut chéz *Andinot* que je trouvai
MAD. Dupont-Lambert. Elle était ſeule,
ét prenait un billet à la porte. Sa chauſſure était voluptueuse. Ce fut ce qui
me determina à prendre un billet come
le ſién. Nous montames enſemble. Je
la fis bién placer. Lorſque nous fumes
aſſis, come il était de bonne-heure, l'obſcurité qui règne dabord dans les ſalles
de Spectacles, nous favorisa. Dupont-
Lambert ſe decouvrit la gorge… Quelle
beauté!…. Je lui en fis compliment.
„Je ſuis bién-aise qu'elle te plaise„! (me
dit-elle tout-bas). Surpris de cette familiarité, je ne me gênai pas. Je tou-
chai ſa gorge pardeſſous le mantelet,
en tirant la Belle un-peu ſur moi. Elle
me dona un baiser…. Nous voila donc
Amis… Les lumières vinrent. Elle s'a-
musa beaucoup des pièces… Je la reconduisis. ¶ Arrivés chés elle, au coin
de la ruë de la Vieille-*Bouclerie-Huchet-
te*, au 2d, elle ſe mit à l'aise. Ce fut
alors que je vis toute la beauté d'une
gorge ferme ét lactée. Je careſſai cette
belle Brune-claire. Elle y repondit:
„Tiéns (me dit-elle), je vois ce que tu
veux: Je le veux auſſi: J'ai des desirs„.

C c 3

1778 Et elle fe mít nuë... Hô! le beau corps!..
1781 Mais le *chefdœuvre* était admirable! Je
lui dis, Que j'étais furpris qu'avec tant
de beautès, des charmes fi frais, elle fe
donnât fi facilement! ,,Bon! mon pauvre Auteur des LETTRES D'UNE FILLE A
SON PÈRE, de LUCILE, du PIÉD-DE-FAN-
CHETTE, de la CONFIDENCE-NECESSAIRE,
tu crois donc que je me donne come ça
à tout le monde? Hô! que non! Mais
tout est à toi : Commande, ét tu vas
avoir tout le plaisir que tu voudras, ét
quand tu voudras, quand ça te pren-
dra. Je fuis ma maîtreffe,,... Je fus
très-heureux avec cette Fille, qui m'of-
frit fon lit, que je n'acceptai pas, à-
cause de mon travail, qui exige que je
couche feul. ¶ Un-foir, j'étais à la
porte de *Nicolët* au BOULEVARD, lifant
l'affiche. Je fentis un bras fe paffer fous
le mién. Je regarde. Je vois une mi-
gnone ét jolie Perfone, que j'avais aperçue dãs une petite boutique de tableaux,
ruë *du-Batoir*. Elle me fourit, en me
difant : ,,Voila deux fois que je vous
vois au fpectacle : la 1re avec la *Dumou-*
lin; la 2de avec la *Dupont-Lambert* la
BLANCHIffeuse-en fin : vous pouvéz bién
y aler une-fois avec moi, puifque je fuis
feule. ,, Volontiérs, ma Belle ,,. Elle
avait un billet à deux: Nous montames.

Notre converfacion fut amufante : Elle
me peignit le caractère de mes deux
1res Connaiffances. ,, Dumoulin est
bonne petite Femme ; d'un cœur excellent, franche, naïve. Dupont-Lambert eft braque, mais bonne ; elle le
fera furtout pour vous ; car je fais qu'elle
vous aime beaucoup. Elle fait lire vos
Livres à fes Amis ; et, lorfqu'elle voit
qu'ils les ont amufés, elle fe rengorge, en
difant : ,, Je conais l'Auteur ; il a été
là, là, et *là*, (elle moutre fa bouche, fon
fein, et ... ce qu'elle a de très-joli !....
Elle nous difait, un de ces jours :
: : C'eft moi qui l'ai remarqué la 1re au
carrefour *Buffi* : Il venait d'admirer le
rire de la *Belle-Foureuse.* Je me dis :
: : Il faut que je lui donne du plaisir....
Mais, j'ai beau être belle, il fe degoû-
tera ; tous fe degoûtent, fût-ce de *Vénus*... Je n'ai qu'un moyen : J'ai deux
Amies ; je fuis brune-cendrée ; Dumoulin eft brune-jayët ; Damourette
blonde... Il faut qu'il nous ait toutes
les trois ; quand le Cendré ne le pro-
voquera plus, il ira au Blond ; après le
Blond, au Noir-jayët ; et il ne fe raffa-
fiera pas ; car la diverfité le ramènera
toujours à l'Une ou l'Autre... Dumoulin, la plûs voluptueufe par le tour,
vous a fuivie la 1re ; puis Dupont-Lam-

1778
1781

bert: C'eſt mon tour aujourdhui ,,,
J'embraſſai cette jolie Enfant, ét la toile
ſe leva... Je la reconduisis. Je lui trouvai
une *beauté* come celle de Rosette-Vail-
lant; un petit piéd come à *Stbrieuc*, jolie
fille que j'avais rencontree ruë *du-Roule*.
(*Voyéz* mon KALENDRIER); des cheveux
blonds-dorés (Stbrieuc les avait blonds-
cendrés); des charmes parfaits, ét des
careſſes delicieuses.... Je conſentis à
reſter avec elle; ce qui fit qu'à la 2de
visite aux deux Autres, je fus obligé
de reſter avec elles auſſi....

Voila les *Amuseuses* que j'ai eú ſimul-
tanement, juſqu'en 1790. Dès que j'a-
vais des desirs, ou des velleïtés, j'alais
ou chéz Stbrieuc, ou chéz une des 3
Autres, ét quelquefois chéz les *Leblanc*.
Damourette, quand elle demeura ruë
des-Ecrivains, me donna une grande ſuperbe Brune, qu'elle avait rendue amoureuse de moi, par la lecture de mes Ouvrages, ét qui avait desiré que je fuſſe
ſon 1er Amant. Cette grande Fille,
dont je n'ai jamais ſu le nom, ne l'ayant
vue que 3 fois, m'aprit, a la dernière,
que j'avais eú ſa rose, ét que, pour me
le deguiser, ou lui avait po--dé le *bi-
chon*. Je ne l'ai plus revue aprés cet
aveu. Damourette me dit, Qu'elle ſ'é-
tait mariée, ét que ſon 1er Enfant était

de moi. Dupont-Lambert m'a fait avoir
fix Filles ou Femmes, fes Pratiques et
fes Amies. Elle feignait une indifpo-
ficion, ét fe fesait remplacer. Dumoulin ne m'a procuré perfone. (Et la
Sagefemme, fa voifine, que j'eús un-jour,
ne fut pas procurée ; je la pris)... Parmi celles procurées par Dupont-Lambert, fôt 2 Belles Celibataires, que je vois
fouvent encore, chéz la parfumeuse *Ha-
danie***. La Cadette était charmante!
ét toutes deux avaient la jambe parfaite.

Je crois que c'eft à ces trois Amies,
que je dois la facilité avec laquelle je
me fuis préfervé des embuches crimi-
nelles d'Agnés-L.., qui aurait defiré,
pour éclater enfuite, que j'attentaffe à
la pudicité d'Agnés-R. ou de Marion,
fa cadette, qui devenait charmante. Il
aurait falu, pour que j'y fongeaffe,
que ces deux Enfans m'euffent provoqué. Mais loin delà! toutes deux ont
toujours été la pudeur-même, par l'horreur que leur infpirait la conduite impudente de leur Marâtre. Si quelque chose
etait arrivé, je l'ecrirais, pour inftruire
le Lecteur à mes depens, et aux depens
des Miéns, ceci ne devant paraître qu'a-
près ma mort, ét dans un temps où mes
Filles n'auront plus de fexe. Ce que
je dis eft fi vrai, que je n'ai pas tû la

poſſeſſion de mes Filles-naturelles, qu?
ſemblaît m'être amenées par le ſort , &
que je recoñaiſſais touj^rs trop tard. Mais
je puis proteſter qu'alors mes ſentimens
étaît touj^rs honeſtés ; ils devenaît pater-
nels & tendres. Ce qui confirmera ceci,
c'eſt que je ne vais pas taire ce qui m'eſt
arrivé, en 1793 , avec une de mes Nièces, fille de ma Sœur Caterine, Une des
2 Jumelles mes Puînées. ¶ J'apris de
ma Fille Agnès, que cette Infortunée, â-
gée de 16 ans , ſ'était proſtituée, & vivait
dans un Mauvais-lieu, vis-à-vis le *Tea-
tre-des-Variétés-du-Palais.* Je me hâ-
taî de la chercher... Uu-ſoir, je rencontraí Une Jeuneſille, qui avait Une
marche provoquante, & une aſſéz jolie
figure. Auſſitôt, moi, ſans deſirs & ſans
Féme depuis longtemps, je ſens la tem-
pête ſ'alumer. Je veux fuir. La *Fille* m'
avait vu la ſuivre. Elle me prend les 2
mains, & me dit : —Hâ! c'eſt Toi!...
Monte chéz moi: Je me meurs d'envie
de t'avoir-?... La curioſité me fit con-
ſentir... Arrivé dans la chambre, la
Fille me regarde, & dit à Une Compagne: —C'eſt bién lui-! Elle ſ'empare de
moi, m'excite, me careſſe... —Jolie Enfant! (lui dis-je), que me veux-tu ! Elle
me le dit, en employant des expreſſions
plús delicates que ſon état ne le compor-

tait : —Que je te rende heureux ! je le
veux ! c'eſt mon caprice ! ou je me poi-
gnarde à tes ïeux-!… Je crus ce langage affeclé. La petite prend un couteau, ſe
bleſſe… Alors, penſant qu'elle était folle…………… Quels écarts !……
Ils me confirmèrēt dans l'idée, que c'était
Un delire.…… —Je ſuis contente (me
dit-elle) : Tu m'as …. úe , & je ſuis ta
Nièce-! A ce mot, petrifié, je la devi-
ne. Je veux lui remontrer.… Elle re-
prend le couteau : —Des reproches , &
je me tue-! Je fus obligé de la calmer.
Mais je formai Une resolucion.… Huit
jours après, je revins la chercher , p.^{our} la
derober à ſon funeſte ſort… J'avais é-
crit les diſcours qu'elle me tint ; mais je
ne puis le raporter en Français : —*Me
futuas; hoc ſolum à te peto, Mœche !…
Lupa ſum , & Lupa permanere volo !…
Inceſtus tantùm me promovet : Ha ! ſi
me mentula Patris perforatam teneret !
cunnus hinniret ! voluptate repercutien-
do emorerer ! Si cunnus hic adeſſet Ma-
tris, illum trecentiès ſuper cubiculo vi-
tiari cogerem-.!* J'interrompis ce diſc.^{rs}
forcené, en me jetant à ſes genoux en
larmes, p.^{our} la ſuplier de prendre au moins
Une maiſou moins infame… Je lui no-
mai les Sœurs *Leblanc.* Elle ceda, & vint
avec moi. La Leblane cadette me pro-

mit d'en avoir foin, & m'a tenu parole,
jufqu'à *Chaumette*. Alors mon infor-
née Nièce ala aux Armées… Elle y a peri malheureufem.ᵗ, áyant été maffacrée
par les Ennemis, après qu'ils fe furét af-
fouvis fur elle… Qui avait perdu cette
Enfant? Moi. Ma Fille-aînée qui demeurait avec moi, après avoir quité LE-
chiné, avait pris avec elle l'Infortunée
dont je viéns de parler, fans me la faire
conaître. Dans le même-temps, Agnès
me mit en relaçion avec 2 de fes Amies,
les D.ᶫᶫᵉˢ *Todiugar*. Un-jour la Petite me
vit careffer l'Aînée des Sœurs. A 13 ans,
l'Enfant quita fa Coufine, & d'après ce
qu'elle avait vu, groffi par fon imaginacion, elle ala fe faire deflorer chéz Une
Catin du *Port-au-bléd*… *Mirata effet
modum noftrum, extaféfque Flavianæ.*
Voila come, faute de f'obferver, on perd
la Jeuneffe… Que de remords!…

On croit peutêtre, d'après ce que j'ai
dit de Mesd. Damoulin, Dupont-Lambert, & Damourette, que ces 3 Femes
étaient des Etres abfolum.ᵗ immoraux?
L'on fe tromperait. Damourette fesait
élever dans la plûs grande honêteté 2
Nièces, l'Une dans la mignature, où
elle eft devenue habile, & l'Autre, moins
capable, dans la gravure de musique.
Ces 2 Orfelines, auxquelles elle a fervi
de

de Mère, font établies avantageusem^t par elle, aujourdhui 1795.

1778
1781

Dupont-Lambërt avait foin de deux Garſons & d'une Fille, ſes Neveux & Nièce : Son travail ne ſuffiſant pas, quoiqu'aſſidu, elle avait galantiſé, pour y ſupléer. Elle me diſait quelquefois : —Vous êtes le ſeul Home auquel je me done avec goût; tous les autres, au nombre de dix, qui ne me rendrent viſite qu'une-fois par mois, à 6 francs, ſont pour mes Orfelines; & ils le ſavent : C'eſt ce qui m'en fait eſtimer. Mes complaiſances ſont motivées ſur l'utilité de mes Enfans. Je n'aime pas le mariage : mais j'ai apris de vous, qu'il faut mettre des Etres à ſa place. J'y en mets 3, qui auraient péri ſans mon ſecours : C'eſt Un pour leur Père, Un pour ma Sœur, leur Mère, & la Fille pour moi. Je tâcherai d'en faire une Honétefeme come ſa Mère, & moins malheureuſe—.

Pour Dumoulin, elle feſait mieux encore, ſ'il était poſſible. Elle était de Village, aux environs de *Liége*; elle ſoutenait-là trois Familles de Laboureurs, ſes Frères, auxquels elle envoyait 50-écus par an, à chaqu'un. —J'aimais mõ nom, mon Père : Celui-ci diſait, pendāt ma jeuneſſe, à mes Frères, —J'aimerais mieux que votre Sœur fut put-n, que

XI Partie.   D d

1773
1731

come certaines Filles, honêtement mariées, qui ruinent leur maison, & mettent
un Gendre en poffeffion de toute la fortune paternelle, qui paffe ainfi à des E-
trangérs-. J'entendais cela fans peine.
Je fuis noble, quoique pauvre. Dès que
j'eús 14 ans, on me courtisa. Le 1er fut
un Procureur de Benedictins, en procès
avec mon Père. Je lui dis: —Si vous
vous arrangéz pour que mon Père gâgne
fon Procès, dès que j'en ferai bién fûre,
vous m'auréz-?... Le Procurr perdit, en
detruisant un titre du Couvent, & mon
Père gâgna. J'alai auffitôt le trouver:
—Ma *rose* eft à vous: Je ne la donerais
pas au Prince: elle à vous-. Le Procurr
la prit, & fit encore du bién à ma Famille, ravi de ma franchise.. Las de moi,
il me dona au Prieur, puis à 5 oa 6 Autres, qui tous firẽt du bién à ma Famille.
... Cela fait, Je fus deshonorée; car tout
fe fait. Je vins à Paris, où je me cachai
chéz Un Horlogér, à quî je plus. Il me
montra mon metiér, & me fit quelques
préfens. Il me meubla une chambre, &
m'entretint, à 12 francs par femaine,
outre mon gaín. De fes préfens, en 4
añées, j'envoyai une montre à mon Père, à mes 3 Frères, fans Lettre, fans
faire dire un mot. Depuis, mon Horlogér f'étant marié, il m'a continué fa pen-

sion, & m'a mis la bride sur le cou, come
il dit. J'ai 6 Amis, à une visite par mois.
Cela m'aide & me facilite à faire une rente de 50 écus à mon Père à & chaqu'un de
mes Frères. Cela leur est d'un grand secours, dās Un pàys où l'argent est ra^{re} ! Je
me sacrifie ainsi à ma Famille-pater ne^{lle},
sans la deshonorer : Je ne porte pas ici sō
nom. Mes motifs me laiss̄ět sans remords.
Je me vous ai desiré, Je vous aí eū. Je cōp-
tais vous faire quelques cadeaux ; vous les
avéz refusés : Cela m'atache encore plûs
à vous. J'aí ici 3 Nièces de 10, 11,
& 12 ans. Elles sont au Couvent, &
je pàye leur pension. Une a obtenu *St-*
cir; j'espère que les 2 plûs jeunes l'obtién-
dront aussi : ce qui pourra leur valoir un
état de Chanoinesses à *Maubeuge.* Les
Garsons de mes Frères, qui en ont 4 chaqu'un, ont ici des bourses, que j'ai obte-
nues, en me donant à Ceux qui en dis-
pos̄ět. Rién ne me coûte, p^{our} servir ma
Famille : c'est p^{our} elle que j'aí doné ma
virginité ; c'est p^{our} elle que j'use mes
charmes : Je mourraí contente, après m'
être consumée p^{our} elle. Heureusem^t p^{our}
moi, & p^{our} les Miéns, que je n'aí plus de
Religion, depuis que le P^{ère} Procur^r m'a
fait entendre, qu'il n'y en avait auqu'une
de vràe. J'en suis si persuadée, que je
mets la miénne, & toute ma morale, à

D d 2

être utile à ma chère Famille. L'Etre-
principe, de l'exiſtance duquel vous m'a-
véz convaincue, voit mes nobles motifs.
Je n'aurais eû que celui du plaisir , que je
ſerais encore excusable, à ſes ieux pater-
nels. Dailleurs, nous ne ſomes pas ſous
la directe de l'Etre-principe ; mais ſous
celle de la Terre, notre Deeſſe particu-
liére, come le Soleil eſt le Dieu particuliér de ſon Syſtème ſeulem^t. La Terre
notre mère eſt ſous la directe du Soleil notre Père ; lequel eſt directem^t ſous la conduite de l'Etre-principe : Dieu a un langage pour lui parler , & tous les Soleils en
ont un pour lui repondre… Vous voyéz
que je ſuis Filosofe , autant qu'On peut
l'être , avec mon genre d'inſtruction , &
que j'ai profité des lumière que vous m'a-
véz donées-?

Voilà quelle était la façon de penſer
de mes 3 Amies, que je fis conaître à Terèse, dès que je la revis. , après notre revue en 1784. Je les ai conſervées juſqu'à
leur mort, ou leur diſparicion de Paris : je
leur donai auſſi la connaiſſance de Mad.
Mâillard: ce qui a fait une jolie Saciété
de 5 Femes aimables. † En 1785 , Mad.
Dumoulin me dit : —Mon veritable A-
mi ! Un de mes Maris a été trompé, &
m'a trompée-…. Je l'entendis, & la
conduisis au bon Dr Guillebërt, notre a-

mi comun, qui lui rendit… ce qu'elle a- 1781
vait perdu… Mais cet accident l'a de- 1785
terminée à se retirer dans sa Patrie , où
ses 1ʳᵉˢ avantures sont oubliées. Elle y
vit encore… [Há! que de force, que
de vertu il faut, pour confesser publiquement tout-ceci, sans craindre les Avor-
tons litteraires, qui se sont emparés des
places!… Oui , je suis le plûs vertueux
des Homes, puisque j'ai le plûs de force!

Entrainé par ces avantures non-occu-
pantes, je vis moins ma Fille. Je crus
bién faire, de dire à Une Mère intrigante de la surveiller. Ma Sœur la Devote,
qui detestait Agnès-L., se plut à la con-
trarier, en favorisant L'Echiné. Peutêtre
même ala-t-elle jusqu'à conseiller une
horreur. ¶ Ce fut avec le plûs grand
étonement, qu'aux environs du Carna-
val 1781, je me vis pressé de consentir au
mariage que j'avais touj.ˢ repoussé! Je
temoignai mon indignacion, dans les termes les plûs énergiqs. Mais les Devots
ont cela de particuliér, que rién ne les
effraie; ils s'envelopét de leur opiniâtre-
té, qu'ils apèlét la volonté de Dieu, &
rién ne les émeut; ils braverât la fou-
dre…. Mes expressions, mon silence,
mes refus n'enpêchèrét pas L'Echiné de
venir se présenter chéz Moi: les Sots ont
une inconcevable inpudence, qui leur

1781 reüffit quelquefois. Je ᴍe contenais avec
cet Home, qui étant Un Etrangér & Un
amoureux , ne pouvait encore m'offen-
fer : Je luɪ dis , avec moderacion , que
je marierais au-plütôt ma Fille dans 2
ans ; que c'était moɴ dernr mot. J'achevais de dîner ; je fortis Que dit ce Miserable , que j'avais touj^s refusé? Que
j'amusais Un Honête-home , & que je
méritais qu'il me donât du piéd au···!

Il faut ajouter ici, qu'outre fon incapa-
cité, LEchiné n'avait jamais pu garder un
emploi, à-raison de fon inpudence & de fa
brutalité groffière, de fa méchanceté noire
avec fes Camarades, de fon infolence envërs fes Superieurs ; Que ce Monftre de
mauvaise-mine avait coûté à fon Père ,
fimple Enployé à la Capitaciou , par des
turpitudes de jeuneffe, plûs de 30.000 liv.
Ma Sœur Bizët favait tout cela : mais
quelques fignes-de-croix qu'avait fait LE-
chiné devant elle , l'avait innocenté.
Elle favait que le Père gemiffait des chagrins que ce mauvais Fils lui donait encore!... Il eft des choses que l'On peut,
& qu'On doit pardoner : mais je ne crois
pas que les torts de la Devote Margòt à
mon égard, en perdant ma Fille , foïet
de ce genre : Je trouve dans mon cœur
un fentiment invincible , qui f'opose au
pardon : fi l'injure, fi le tort étaɪt faits à

moi feul, il y a longtemps qu'ils feraient oubliés!... ¶ On n'obtint rién de Moi, malgré les menaces qu'On engaja maFille à faire. Des menaces!... Et ce fut fa Mère qui les fuggera!... Elles n'avait pasdans la bouche innocente qu'On fesait parler, lefens horrible qu'y donait l'Infigatrice; Agnès-R. voulait feulem^t fe mettre fous la protection du Magiftrat, pour faire un mariage cru avantageux......

Ma Fille était tronpée par fa Mère & par fa Tante: mais Celle-ci abandona LEchiné, dès qu'elle le vit fous la protection de fa Bellefœur. Cependant elle ne desabusa pas fa Nièce infortunée. Auffi LEchiné redoubla-t-il fes inftances auprès de la Mère: On osa même me faire entendre, que l'honeur m'obligeait à confentir.... Abominable infinuacion, abfolum^t fauffe... La vivacité de mon fang tie me permit pas de la fouffrir. Après Pàques, preffé, perfecuté ; & , il faut le dire, capté par Sara, qui f'offrait à Moi pour Fille (& qui l'était), pour confolatrice, pour amie, je declaraí enfin que je ne donerais mon confentem^t qu'au Notaire, fans voir ni Une Fille denaturée, ni Un Home vil, que j'abhorrais; qu'à la condicion de ne rién doner, de ne rién voir, de renoncer pour ma Fille Celle qui Me donait pour Gendre Un Home que je

1781 ne pourais jamais voir.... Hé-bién, on
me fit figner, à toutes ces horribles condicions! La Mère desirait Un mariage
qui me deplaisait, & qui devait éloigner
de moi Une Fille qu'elle haïffait. Sara
& fa Mère nous pouffaiét, de leur côté
ma Fille & moi dans le précipice...

L'évènement a juftifié mon opposiciõ;
Agnès-R. n'a pu demeurer que très-peu
de temps avec LEchiné: Elle l'a quité;
10 ans après, elle a divorcé; elle f'eft
remariée. Elle eft enfin tranquile 1796.

Me reprochera-t-on d'avoir confenti
au 1ʳ mariage? Mais & la Mère, & la Tante, & LEchiné calomniaït ma Fille; ils
l'acusaīt d'être enceinte de cet Home. Je
me croyais menacé par elle; & je n'aí
decouvert la fauffeté de ces 2 horreurs,
que 6 ans après!... J'aurais dû être adoré de mes Enfans, moi qui lutais conti-
nuellemᵗ contre le besoin, par un travail
opiniâtre: mais les noires idées qu'Agnès
L. leur avaīt toujʳˢ donées de moi, dans les
termes les plüs affreux, me tenaīt leur
cœur fermé. Pour leur ôter la confiance qu'elles devaīt avoir en moi, la Mère
& la Tante, quoique toujours divisées, fe
reüniffaīt à me decrier: La 1ʳᵉ disait,
que je n'avais pas de mérite; que je n'aurais jamais jamais rién des Libraires, qui
me dupaït: La 2ᵈᵉ, Que Dieu ne me be-

nirait jamais, parceque je n'avais pas de
piété, que je fesais des Romans: — Ainsi, ma chère Enfant (ajoutait-elle) tu
n'as qu'une ressource; ou de te mettre
Sœur pour servir les Pauvres; ou de prendre le 1er Mari, capable de te doner du
pain. N'atens jamais rién de ton Père;
s'il a quelque-chose, il le mangera bién,
come tous les Atées ses pareils—... Hâ!
Dieu! serait-ce un crime d'étouffer de
pareils Moustres!... Infortuné que je
suis, depuis mon retour à Aucerre en 1-
759, & mon mariage! Privé des conseils
de mon Ami Loiseau, de sa vertu, de sa
prudence, de ses secours, j'ai negligé par
force, de suivre la destinée de Ceux de
mes Enfans, à quî mes soins n'étaiēt pas
absolum^t necessaires, & auxquels il m'eût
été inpossible d'en rendre. Je concentrai^s
toute mon énergie dans mes 2 Filles, &
l'On voit ce que j'ai pu, en leur faveur!
... Quel crime ai-je donc comis, pour
avoir été privé des douceurs de la paternité?... O mon Lecteur! vous avéz tout
vu! Repondéz vous-même à cette question, qui est, en ce moment, un cri douloureux! .. Aujourdhui même 29 Janviér 1784, j'ai conté toutes peines à La-
Reynière-fils, & il en a fremi!......

En 1782, je n'avais plus ma Fille-aînée, ni ma Fille-cadéte, ni Sara (come

1782 On le verra dans ſon Hiſtoire). Je Me trouvais plüs denué que jamais, n'áyant pour conſolacion que mes 3 Amies dont j'ai parlé; car je ne revoyais pas encore Terèſe. Je Me crevais de travail, pour Me diſtraire, n'áyant d'autre plaisir, d'autre relâche, qu'une courte promenade journalière autour de l'*Ile-Stloüis*, durant laquelle je gravais ſur la pierre mes peines, & les terreurs que Me causaiët certains endroits de mes Ouvrages. J'inprimais encore les CONTEMPORAINES, dont les aplicacions, vraies ou fauſſes, Me chagrinaît ſouvent. On pouvait arêter Une *Suite* prête à paraître, & Me ruiner ſans reſſource, en expoſant ma liberté. Et cela fût arrivé, ſi le Gouvernem' avait penſé come certaines Femes ſcandaleuses, qui retrouvaiët leurs deportemens dans tout ce que je citais de repréhenſible... Mais j'eüs biéntôt Une angoiſſe plüs douloureuse, qu'On ne tardera pas à conaître. ✝ Ce fut en 82 que j'inprimai la PAYSANE PERVERTIE, inmediatem' après avoir fini la 4e édiciõ du PAYSAN. J'eüs pour Cenſeur l'Abbé *Terraſſon*, Inſtituteur du Marquis *de Louvois*. C'eſt Un Home timide. Cependant il a parafé tous mes Ouvrages poſterieurs à la MALEDICÇION PATERNELLE, ſavoir, toutes les CONTEMPORAINES, la DECOUVERTE AUSTRALE, dans la-

quelle il Me força de faire, après l'inpreſſion, de grands changemens, qu'On
ne cartone plus aujourdhui; la DER-
NIÈRE AVANTURE; la PRÉVENCION
NACIONALE, & l'ORIBEAU, qu'il Me
fit maſſacrer. Il demanda peu de cartons
pour la PAYSANE; mais il fit bién-pis!
il rendit de cet Ouvrage, inprimé, un
compte tel, que le Directeur *Neville* le fit
ráyer de la Feuille des Permiſſions: Et
c'eſt depuis ce moment que, toutes les
nuits, en M'éveillant, je M'écriais: — *Hà!
ma Vie eſt empoisonée!*… Et c'eſt encore ce que je dis actuellement, en ſongeant
aux peines que la publicacion de cet Ouvrage-ci me prépare!…

On ſe rapelle, qu'en 1777, après ma
paſſion pᵒᵘʳ Virginie, j'alaí voir Elize,
afin d'achever de me depiquer. De-même, en 1782, après avoir abſolumᵗ ceſſé de voir Sara, le 23 Juillet, j'eús envie de me lier avec Mˡˡᵉ *Sileger*, la Même dont On voyait quelquefois des Vèrs
dans le *Mercure*, qui eſt auteur d'*Alex-
andrine*, des *Deux-Sœurs*, & d'une Pièce aux *Italiéns*, *Sofie & Derville*. Je
lui écrivis aux environs de la fin d'8bre.
Sa Reponſe fut honête & pleine de ſentiment. On peut la voir, avec toutes ſes
Lettres, à la fin de la PRÉVENCION,
ſous le titre de SUITE DU QUARANTE-

1732 CINQUENAITE. J'achevais l'inpreſſion de la DERNIERE AVANTURE D'UN HOME DE XLV ANS, lorſque je lui rendis ma 1re viſite, & elle en eût le 1r exemplaire. Elle Me reçut come un nouveau *J.-J.-Rouſſeau*, dont elle me dona le nom; elle M'enbraſſa, Me choya. Nous dejeûnamês avec du café à-la-crême, préparé de ſa main. —C'eſt J.-J.-Rouſſeau que vous rendéz au monde deſolé!

91
Eſtamp. (disait-elle)… Naturellem^t confiant, je m'ouvris à cette Jeuneperſone, ſur le fond du Roman! Elle y devina Buitël-Dumont, que j'y nomais M. *De-Blemont*, & me raconta plüs d'une anecdote à ſon ſujet. Nous le dechirames un-peu. Auſſi, quand il ſut notre conaiſſance, il ſe douta de ce qui était arrivé; ou plütôt, il le mit au futur, & pour le prévenir, il resolut de nous brouiller. Il avait été le moteur indirect de notre conaiſſance, en Me disant un-jour, Que Mlle St-legér avait dit de quelques-unes de mes *Nouvelles*, qu'elles avaït *un coloris fraïs*… Quand il voulut nous enpêcher de nous voir, il excita la jalousie d'Agnès-L. alors avec MOI. Cette Feme reſſenble au Chién du Jardiniér; elle ne voulait pas que j'euſſe de plaisir avec Qui que ce fût au monde, pas même avec mes Enfans, & ne voulait pas m'en doner!… Or M.
Dumont

Dumont dit à ma Megère, que Mlle S^{t}-legér me dechirait, & ne parlait qu'en mal de mes *Nouvelles*: Dans le 1er moment, je vis la contradiction, & je me dis, —Je sais pourquoi l'on veut nous brouiller; mais l'on s'y prend trop tard–! Je continuaí de voir Mlle S^{t}legér. Alors M. Dumont abusant de ma confiance, revela fans menagement tout ce que je lui avais dit, dans le temps de ma paffion pour Sara; il eút l'art de me representer à mon Alecto, come Un Home faible, que toutes les Femes captivaít, & que Mlle S^{t}legér, plüs adraite, ruinerait come elle voudrait. Agnès-L. ne voulait qu'un prétexte p^{our} me tourmenter. Elle fit écrire par Bultël-Dumont la Lettre latine qu'on trouve dans la PRÉVENCION, contre Mlle Minette; je le devinaí, & je vis clairem^{t}, que mon repos demandait un facrifice. Je le fis fans peíne; Mlle S^{t}-gér & Moi n'avions eú qu'une liaison litteraire; liaison trop nouvelle alors, & trop peu nourie par nos entrevues, toujours rares, p^{our} être devenue un besoin, une habitude, confiance, épanchement, &c^{a}. Ces efpèces de liaisons demandent des añées, p^{our} être atachantes; la nôtre n'avait que quelques mois, & 5 à 6 visites, avec 12 ou 15 Lettres. Je Me fis une énnemie de Mlle S^{t}legér. Ayant in-

XI Partie. E e

1782
1783

1782 primé ſes Lettres, ſous le voile de l'ano-
1783 nyme (ce qui ne fut jamais & ne ſaurait
être un mauvais-procedé), cette Jeuneperſone ne craignit pas de les reconaître,
lorſqu'un M. *Fariot-de-Stange* lui eût
prêté mon Livre, que le Libre avait doné pᵒʳ en faire l'anonce. Je fus averti
des plaintes de Mᶫᶫᵉ Sᵗlegér, par M. *Delalande* l'Aſtronome, qui en agit d'une
manière très-honête !... Je ne convins pas avec lui, que les Lettres fuſſent
de Mᶫᶫᵉ Sᵗlegér, par un motif raiſonable
& ſimple; je ne pouvais lâcher cé ſecret;
un mot ᴍᴇ rendait coupable de mauvais-
procedé; je ne pouvais dire ce mot alors
ſans conpromettre Minette-Sᵗlegér: Que
ſavais-je, ſi elle avait dit à Fariot, que
les Lettres étaiēt d'elle? Peutêtre la fe-
ſait-on parler?... J'ai ſu depuis, que M.
Delalande a dit, que je lui avais menti.
Je n'ai point dit ce que je ne devais pas
dire, & j'eſpère que tous les ſentimˢ ſerēt
pᵒᵘʳ ᴍᴏɪ. — Mais (obſervera-t-on) d'où
viént avoir inprimé ces Lettres? Le voici: J'eſtimais Minette Sᵗlegér; j'avais
ceſſé de la voir & de lui écrire: Je voulais cependant conſerver l'opinion avan-
tageuſe qu'exprimaīt ſes Lettres: Il me
vint dans l'idée de les inprimer, ainſi que
la Lettre latine, ſous l'anonyme, ſûr que
Perſone qu'elle & moi n'était dans la cō-

fidence (car j'eús la précaucion de faire
brocher un Exemplaire p^{our} Bultël-Dumont, sans les Lettres françaises & latine): Je pensais: Elle verra les moyéns
odieux qu'On a enployés, p^{our} enpêcher
que nous ne nous vissions... Quant au
Publiq, l'interêt était suffisant de lui doner ces jolies Lettres, come une Suite du
QUARANTECINQUENAIRE, qui avait
eú du succès. ¶ Voila toute l'affaire de
ces 2 Ouvrages, dont le derniér augmẽ,
ta la somẽ de mes chagrins en Júin 84.

Ce fut en 1782, que je fis la conaissã-
ce de M. *La-Reynière*-fils, dont la singula-
rité consistait alors à vouloir se suffire à
lui-même, come s'il fût né sans fortune.
On dit que depuis, il est devenu fou.. Je
l'ignore, & ne le crois pas : Sa filosofie,
si oposée à la façon-de-penser des Gens-
du-monde, doit l'en faire calomnier. Je
ne repeteraí pas ici ce que j'aí dit de lui
dans le DRAME DE LA VIE, qu'On
peut consulter, puisque l'édicion est entière. On y trouvera aussi, tout à la fin,
les LETTRES qu'il m'écrivit, durant sa
captivité à *Domévre*, Abbáye au piéd des
Vosges. Les 1res sont à la suite des XX-
VII à XXX Vol. des CONTEMPORAINES
DU-COMUN... Je n'en dirai pas davantage sur ce Jeunehome, que j'ai beaucoup loué: Ce qui est vraí dans un tenps,
souvent est faux dans un autre.   Ee 2

1782
1784

Vme
Partie.

1783
1784

Je finis l'inpreſſion de la PAYSANE-PERVERTIE au mois de MAÌ 1783. Je me mis auſſitôt à faire un Drame, tiré la MALEDICÇION-PATERLELLE (c'eſt la PRÉVENCION NACIONALE , dont je viéns de parler). Je le deſtinais à être joué aux *Italiéns* par le celèbre Acteur Dramiſte *Grangér :* mais juſqu'à-préſent je n'aí fait auqu'une demarche.

L'inpreſſion d'ORIBEAU , OU L'INS-TITUTEUR D'UN PRINCE NACIONAL, ſuivit celle de mon 1ᵉ Drame ; & cependant j'inprimais les CONTEMPORAINES GRADUÉES, qui vont juſqu'au XLII Vol.

Les inquiétudes que me donait la radiacion de la PAYSANE, furēt accrues, en 1784, par la miſe en vente des FIGURES du PAYSAN , à-cauſe des correcçiõs non cenſurées faites au texte. J'étais come l'Oiſeau ſur la branche, guetté par le Chaſſeur : je voltigeais, je changeais de place ; j'enployais des moyéns pᵒᵘʳ éviter le coup, ſans eſpoir d'y reüſſir. J'écrivais ſur l'Ile : *Que ne ſuis-je incolume au 6 8ᵇʳᵉ 1785!...* C'eſt qu'alors tout devait avoir paru. Je n'enviſageais, avec raiſon, qu'un avenir effráyant ! La Baſtille était pᵒᵘʳ moi une condannacion à mort (ſurtout ſi j'y avais été conduit par Dhemeri)!... Et cependant j'étais ſur le point de conclure un marché avantageux,

tranquilisant, avec un honête Libraire!
& aujourdhui 13 Xbre 1796, en câsant,
je suis au conble du malheur!

En-effet, quelle difference de situacion, de ce temps-là, comparé à celui-
ci? La Veuve *Duchêsne* m'achetait,

1, 1200 Páysans Pervertis, 4ᵉ édiciō.

2, 3000 Páysanes, 1ᵉ édicion.

3, la 5ᵉ édicion du Páysan, & la 2ᵈᵉ
de la Páysane, les 2 Oavrages reünis &
fondus, pᵒᵘʳ n'en faire qu'un-feul.

4, La Vie de mon Père, 3ᵉ édicion.

Tous ces Objets imprimés à mes frais,
avec 166 Eftampes, que j'avais fait gra-
ver, me furêt achetés 56.000 liv. Je devais pᵒᵘʳ avances des gravures 20.000,
c'était 36.000 liv. net qui me reftait, &
qui m'ont été foldés à 60 francs par femaine. J'avais 12 Vol. des Contempo-
raines-Graduées; 12 de la reïmpreffion des
Contemporaines-du-Comun, vendues depuis 13.000, & foldées en Affignats:

1.500 Exemplaires des Nuits de Paris,
reftans de 3.000, vendus 9600 liv.

De tout-cela, il ne me refte plus rién:
Je n'ai plus que les PROVINCIALES, livrées au Libraire *Garneri*, & l'Ouvrage
actuel, que j'ai été forcé de vendre. Ces
produits éteindront-ils mes dettes?

Ma situacion morale eft plüs desagre-
ble encore que ma situacion pécuniaire.

E e 3

1784 Je suis marié depuis 1760, avec une Feme
acariâtre, qui a toute la méchanceté des
Aucerroises, sans avoir une seule de leurs
qualités: Faineante, en voulant paraître
laborieuse, coquette, depensière, sans
capacité pour l'administracion, pas plûs
que pour l'éducacion. Quand elle eût
des Elèves, en 1773, j'ai été cent-fois temoin de ses caprices, de la manière bar-
bare & folle, dont elle les contrariait sãs
necessité, sans motif!... Cette Femme
ne veut pas être riche, considerée, boñe,
laborieuse, économe, entendue, heureuse enfin; mais le paraître: la realité
n'a rién qui la flate. Elle s'était fait
surtout un devoir & une habitude d'être
fausse avec Moi; & peutêtre ne m'en se-
rais-je jamais aperçu, si les Enfans indi-
gnés ne l'avaiët trahie. Voila ma Compagne; Celle qui a fait le tourment de
ma Vie. Il est inpossible d'exprimer ce
que j'ai souffert, pendant les 1res añées!
Il falait que la misère eût émoussé ma
sensibilité: [*Quand Jupitër a reduit Un
Home en esclavage, il lui ôte la moitié
de sa vertu*]. Elle avait des Amans, &
n'en était que plüs acariâtre, plüs effron-
tée à mon égard... Et cependant je n'en
dirais rién, si ce n'était pour m'acuser Moi-
même. Né confiant, insoigneux, énnemi de toute atension autre que celle à

mon ouvrage, je ne voulais rién furveilller, rién examiner. Je voyais, je fouffrais, & ne disais rién, depeur d'exciter une querelle. Ce caractère n'eft bon qu'avec les excellentes Femmes. Ainfi les torts d'Agnès-L. font mes crimes. Je me dedomageais ailleurs; mais par-là, je ne fesais qu'augmenter le defordre.

Depuis mon avanture avec Sara [dõt j'ai tranfposé exprès le recit intereffant] je negligeais mes 3 Amies; S'brieuc avait été reconue de fon Oncle & de fa Tante, come On l'a vu dans les NUITS DE PARIS: Je n'avais de liaison avec auqu'une Feme; fi ce n'eft qu'Agnès-L. p^{our} me depiquer de Sara, & me préserver de Minette, m'avait présenté Une belle Laideron, apelée Mad. *Ellehcor*, & mère-naturelle de cette jolie *Rosalie* du XVIe Volume des NUITS, dont l'infame Scaturin a flêtri la bouche & les charmes: Cette Laiderō avait trop d'efprit. Agnès-L. le fentit; elle favait les raisons de ma haine p^{our} ces fortes de Femes. Auffi me voulut-elle doñer Une Idiote charmãte (Mlle *Ével*), qui, fuivant Mad. Ellehcor, avait *des richeffes dans la figure*... Ceci ne reüffit pas. ¶ Ce fut le 25 8b^{re} 1782, que j'éprouvai la dern^{re} impreffion faite par Une chauffure élevée. Depuis ce temps, les piéds-plats de nos Republiquaines,

1782
1783

leur jambe nerveuse, leur derrière cro-
té, m'ont touj^{ts} repouffé... La Belle alait
de la ruë de *la-Parcheminerie*, dans celle
Boutebrì : Elle avait des mules à talons
fi hauts, fi bién faits, que je fentis combién ce genre de chauffure eft favorable
au Sexe des Grâces. Je la fuivais, en l'admirant. C'était la jambe de Mad. Parangon... Je lui demandai la permiffion de
faire voir fa chauffure à mon Deffinatr
Binët ? Elle fut dabord furprise ! Mais
enfin, elle y confentit, en riant. Je l'ai
revue depuis plus^{rs}-fois. Voyéz mon
KALENDRIÉR, au 8 8bre, fon article
bién original, uni à celui de Mlle *Aubu-
ffon*, que j'apelais la *Tapiffière aux beaux
molets*, avant de favoir fon nom.

A pareil jour 25, l'añée fuivante 83,
je rencontrai Une aimable Brune, blan
che de peau, grêlée, áyant les plüs beaux
ïeux, furmonté d'un fuperbe fourcil. Je
remarquais cette Fille, depuis environ 5
à 6 ans, & je la nomais *in petto*, la *fauffe
Londò*; come l'añée prochaine je trou-
verai Une Jeuneperfone delicieuse, que
je nomerai la *fauffe Parizòt*. Elle était
à-peu-près chauffée come la Dame aux
mules élevées. J'admirai la rencontre
à même jour anniverfaire ! Je penfai
que cette Féme pouvait me fervir de
Mase, come autrefois Amelie... Elle ve-

Voyéz
le Ka-
lendriér.

nait d'entrer dans une boutique : J'atendis qu'elle en fortît. En paffant, elle parla aux *Filles-publiques* de la ruë *Percée*. Surpris de cette familiarité, de la patt d'Une Fille, que je favais honête, lorfqu'elle demeurait 3 mois auparavant, chéz le Pâtiffiér ruë *Galande*, vis-à-vis *St.julién-le-pauvre*, je l'abordaí, come elle rentrait dans fon alée. Elle ne comprit pas ce que je lui demandais, & me dit de mouter. Je l'avoûrai, la vue d'une Feme que j'avais fouvent desirée, me fit une impreffion prodigieuse! Come elle était pauvrement logée, je lui propofaí de lui amener mon Deffinateur, en ... *páyant*. J'eús peine à lâcher le mot. qu'elle me montra fon piéd, fa jambe, & come je me relevais, elle ajouta, — Ne vouléz-vous que cela-? Je lui donaí un petit écu, croyant, qu'elle me fesait une efpèce de reproche. Auffitôt cette Feme fe croyant páyée p.^{our} autre chose, Me fourit, m'agaça. Mon faible p.^{our} elle me retenait. Lorfqu'elle me vit refpectueux, elle pleura : — Hêlas! (dit elle) vous me rapeléz come On en agit avec les Honêtes-femes, au nombre desquelles je ne fuis plus-! Je fus touché de la verité de fa douleur. Elle m'affura que j'étais le 1.er dont elle recevait de l'argent. Elle me raconta, qu'elle avait perdu fa Mère de-

178

puis 6 mois, & avec elle ſon viagér. (En
effet, je les avais toujours vues miſes tou-
tes-2 côme de bones Bourgeoiſes) : Qu'
elle avait auparavant Un Prétendu ape-
lé M, *Maillard*, maître-d'hôtel du **-*-
***, qui l'avait épouſée 6 ſemaines a-
près la mort de ſa Mère, parcequ'elle n'a-
vait rién voulu lui accorder.   Mais auſſitôt après le mariage, fait à *Saintandré*,
ſa paſſion ſ'étant aſſouvie, il avait ceſſé
de lui rién doner, diſant qu'elle n'avait
qu'à travailler en modes, ou à ſe mettre
femme-de-chambre.   Ce qu'elle fit. A-
lors, à ce qu'il me parut, elle eút une
galanterie avec le Maître, ou un Valet-
de-chambre; elle fut ſurpriſe en flagrant-
delit par ſa Maîtreſſe, qui la chaſſa. Sô
Mari ne voulut plus la voir : Il avait
vendu les meubles de l'apartement de la
Mère; la Fille ſe trouva obligée de ſe mettre dans un galetas garni, du prix le
plûs mediocre, où elle ſubſiſta dabord en
vendant ſes habits.   Elle en était reduï-
te à un derniér deshabillér de ſoie fort-
galant, & elle me pria inſtanment de la
prendre pour ma Maîtreſſe, de coucher
avec elle quand je voudrais, & de lui
doner 6 francs par-ſemaine. J'étais alors
dans mes avances; je ne pouvais pas diſ-
poſer d'un écu, ſans m'incomoder : Cependant, je promis, non d'être ſon amât,

mais de lui doner 6 francs, pendant 3
mois ; à-condicion qu'elle travaïlerait.
Elle m'embraffa mille-fois. Elle favait
coïfer en perfecçion ; elle voulait avoir
la pratique des *Filles* de la ruë. Je l'en
diffuadaï : je m'adreffaï à des Femes de
Libraires, qui la prirent & la procurè-
rent à d'Autres : Mad. *Máillard* gâgna
honêtement dès la 2de femaine. J'alaï
la voir vers le milieu, lui portant 6 fr.
Elle me remercia, en pleurant & rougif-
fant. —Vous êtes mon Sauveur, me dit-
elle : Quand vous vous êtes préfenté, j'é-
tais refolue à… me proftituer, & j'aï
compris, que vous me preniéz pour Une
Fille. Il y entrait autant de vengeance,
que de defefpoir ; j'étais refolue de me
faire mettre à *Stmartin*, & le jour de la
condannacion au Châtelet p^our l'Hôpital,
de meretourner, & de dire à tout le monde : *Je fuis Mad. Máillard, époufe du*
*Maître-d'hôtel du Comte de—***, & je*
vais à l'hôpital, parceque je fuis P—n,
& que j'aï racroché ruë Percée… V^otre
conduite m'a remife un-peu. J'avais re-
folu de coïfer les *Filles*, en recevant vos
6 francs ; mais je fens qu'elles m'auraît
perdue. Les Femes honêtes dont vous
m'avéz doné la pratique, m'ont rapelé
ma Mère, & Moi-même avant mon mariage & ma faibleffe : leurs entreriéns me

1783 ſoutiénnet… Je vais quiter mon logem.t actuel, à-cauſe du Voiſinage. J'ai deux loüis de mon travail; car j'ai travaillé du matin au ſoir, toutes mes nouvelles Pratiques goûtant mon genre d'acomodage. Venéz avec moi: Je vais louer une petite chambre vide, ruë *des-Prêtres Stſeverin*; j'y mettrai un lit tel quel, & 2 chaiſes; je me meublerai, à-meſure que je gagnerai; tout ſera de mon gain, & ne m'en ſera plûs précieux-… Je ſortis avec elle; l'Infortunée acheta un lit & des chaiſes, chéz le Tapiſſier au coin de la ruë de l'*Hirondelle*; nous fîmes porter le tout dãs la petite chambre, où Mad. Mâillard ſe promit de coucher le ſoir-même. Lorſque nous fumes ſeuls, elle ſe jeta dans mes bras: —J'aime les Homes avec fureur, me dit-elle; ſatiſfais-moi, afin que je ne faſſe pas de ſotiſe-… Je ne raporterai pas le reſte de la ſcène… En ſortant, elle me dit: —Avec l'art des préludes, tu me ſuffiras: Préſerve-moi par-là: tu auras à toi-ſeul une Femme qu'on dit paſſable; je te ſerai plûs attachée cent-fois qu'Une-autre: tu verras-!… Mais j'étais alors malade, & ma poitrine m'obligea de lui déclarer, que je ne pouvais contribuer à ſa ſageſſe. Cependant, attaché à cette Fême, & craignant ſes écarts, d'après quelques-unes de ſes confidences,

je

je lui donai un Jeune-Imprimeur rangé,
de bones mœurs, nomé *Tohcîog*, qui fut
enchanté de cette bone-fortune; car en
quelques mois, elle s'était jolim^t meu-
blée & asséz bién fournie d'habits, p^{our} sa
situacion.   Ils se mirēt ensenble; Toh-
cîog prit le nom de Mâillard, & ils paf-
sèrent p^{our} le Mari & l'Epouse, jusqu'à
la sainte, la précieuse loi du divorce, qui
les a unis. Tohcîog est devenu Mlle-In-
prim^r en Province, depuis la Revoluciō.
Il est inpossible d'exprimer combién ils se
font aimés, dès le 1er moment de leur
union!   L'apêtissante Grêlée, suffisanm^t
aimée par Un Jeunehome vigoureux &
joli, qui n'avait pas 19 ans, a été tend^{re},
aulieu d'être Messaline : Le Garson a été
rangé; il lui donait tout son gain; & come elle n'était pas sa Femme, elle le nou-
rissait, l'habillait, & lui mettait sidèlem^t
à-part le surplûs...   Je ne m'étais prêté
sans scrupule à tout cet arangem^t, qu'a-
près une declaracion formelle, que me fit
auparavant le vrai Mâillard, de ne jamais aprocher de sa Fēme, que p^{our} la
faire renfermer à l'Hôpital. Il me detailla quelques traits, que je crus, d'après
l'espèce de violence qu'elle m'avait faite,
à moi-même. Elle a toujours été d'une
sagesse, d'une raison plûs grande qu'une
Fēme ordinaire. Le Jeunehome en était

XI Partie. F f

fou, & il m'a quelquefois dit, qu'il aime-
rait mieux mourir que de la quiter. Ils
ont eú plusieurs Enfans, tous inscrits sous
le nom de Tòhciog, & celui de Fille de Mad.
Mâillard. Le 1er Enfãt resserra les nœuds
des 2 Amans. Il était beau come son
Père. Ils ont eú depuis des Filles charmantes... Ils sont aujourdhui plüs heureux que moi.... Ce comerce fut-il un
crime? Non, non; ce fut une boue ac-
çion que j'ai faite, en contribuant à unir
deux Etres, qui sont heureux l'Un par
l'Autre. J'ai vu par-là que les écarts
de Mad. Mâillard était le tort de son Mari, corompu come le font tous les Homes-
de-maison, qui Touſ prénnẽt les vices
de leurs Maîtres, sans pouvoir en prendre les qualités: Ce Malheureux avait
negligé ſa Feme, dont il avait éveillé le
temperament, par des rafinemens apris
chéz la Gourdan & ſes Pareilles. Elle ſ'é-
tait livrée à ſon Maître, & je crois qu'un
Coureur avait auſſi goûté au ráyon-de-
miel. Le Maître [dit-on] ſ'en étant a-
perçu, avait eú l'art de la faire surpren-
dre par la Comteſſe ſon Epouse, qui
[dit-on encore], doublemᵗ bleſſée dans
l'Epoux & dans l'Amant, avait chaſſé
la pauvre Feme-de-chambre, après l'a-
voir deshonorée auprès de ſon Mari....
Quoi qu'il en ſoit, Mad. Mâillard eſt au-

1783
1785

jourdhui heureuse & fage. J'ai veillé à
conferver les mœurs de fon *petit Mari*,
tant qu'il a été fous ma direction, en le
préfervant de l'ivrognerie, & en lui in-
fpirant du mépris p^{our} les Joüeurs & les
Vagabonds. Quant aux *Filles*, la Petite
Femme eft fi provoquante, fi propre, que
les 1res ne doivẽt lui doner que du degoût.
Mlle S^t legér a vu le jeune Tòhcîog : c'eft
lui qui fefait mes comiffions, auprès d'elle,
& j'ai fu depuis notre rupture, qu'elle é-
tait fort-fenfible aux grâces de cet Enfant: C'eft un témoin facré des boñes
difpoficions de cette Fille à mon égard.
Auffi, quand depuis, le jeune Tòhcîog
fut les chicanes qu'elle me fefait, & fes
menaces de fe plaindre contre moi au
Garde-Sceaux *Miromefnil*, il en fut in-
digné. —Quoi! (me difait-il), cette D^{lle}
qui vous aïnnait tant, qui vous refpectait
tant; qui cent-fois m'a repeté que vous
nous rendiéz *J.-J.-Rouffeau*, voila come elle vous traite! Elle, qui me difait:
— *Monfieur-Nicolas eft l'Home que je
refpecte le plûs au monde, dont les Lettres me font le plûs de plaifir & d'honeur: Auffi, quand vous venéz, nom z̃-
le, & quelqu'affaire que j'àie, je quit-
terai tout. Nous ferons 3 amis, & Perfone ne fera notre confident. notre intime que vous-!* Et pour m'en convaincre,

F f 2

1783
1785

elle m'enbraſſait bién tendrement......
Je ne doutais pas que Mlle Minette ne
trouvàt le joli Tòhcîog très aimable, &
c'eſt par cette raison que je le lui envo-
yais. Je n'envie pas les faveurs qu'elle
lui accordait; elle le ſait bién; mais
quand on a été auſſi boñe, il ne faut pas
devenir méchante... Surtout, il ne faut
pas être traîtreſſe, & dire à un Tièrs (Bultël-Dumont, qui ſ'eſt vanté à moi de
l'avoir *ter unâ die m——baſſe*), qu'on ſe
moquait de moi, & que je n'en voyais
rién. Jolie façon de ſe moquer, que celle
de tant accorder à *Jupitèr* & à *Mercure*,
pour mieux les perſiffler. On ne ſaurait
trop humilier de pareilles Trompeuses...
Celle-ci était alors à redouter, par ſes
alentours, MM. *Lalande*, *Fariòt*, & 20
Autres, touſ plüs acredités que moi auprès des Neville & des Miromeſnil......
Mais je m'aperçois que j'aí mis trop d'ai-
greur, dans ce qui viént de m'échaper...
Hâ! je deviéns mechant à mon tour, a-
près avoir été longtemps victime ! la vieilleſſe, la faibleſſe, l'humeur que me
donët les torts d'Autrui, me rendët vicieux, come Ceux dont je me plains !

Privé de Mad. Mäillard, au comence-
cement de 1784, je m'atachaí davantage à mes 3 Amies, & enfin, je revis Terèse ! Mais ce fut pour voir expirer Loüi-

se dans mes bras !…. Pleuréz, mes ïeux!
… Je contais ma douleur , et je recevais
des confolacions…. Je ne la conte plus
à Perfone : Je n'en reçois plus !…

J'alais par intervales voir Virginie,
qui m'acueillait touj.^{rs} avec tranfport !
Pourquoi ne revois-je pas Sara , qui ex-
ifte égalem.^t ? C'eft que la Dern.^{re} n'a jamais eú un cœur filial. Mais Virginie qui
n'affichait pas le purifme, qui ne fut jamais
infidelle, fans en côvenir , n'humilie pas
Un Home, qu'elle a trahi, fas le tromper.
Jefuis ataché par fa franchise d'autrefois,
fa tendreffe filiale, fes expreffions fouvent
touchantes : — Tu es la plüs anciénne
de mes Coñaiffances aujourdhui ; à ce titre feul (& tu en as tant d'autres !) je ne
faurais te revoir fans atendriffement !…
Hô! come le temps f'écoule ! (ajoutait-
elle quelquefois): Voila 10 ans, 15 ans,
que nous nous cônaiffons-! Et elle m'en-
braffait la larme à l'œil. Si je fuis 6 mois
fans la voir , je n'en fuis que mieux ac-
cueilli. Si je la rencontre fans lui parler,
elle ne m'en veut pas. Si je lui parle, elle
eft ravie. Je n'ai rencontré que fon ca-
raƈtère , qui aprochât de celui de Zefire ;
Virginie me la rapelle quelquefois. Mais
elle eft loin de l'égaler; come je fuis loin
moi-même d'être fufceptible d'eprouver
le charme inmortel que ma Zefire avait

1785 mis dans mon cœur!... Hâ! Virginie aurait peutêtre valu Zefire, ſi j e l'avais coñue, moi jeune encore...

Ce fut en 1785 qae ſe fit notre recoñaiſſance, telle que je l'ai racontée.

Ma Fille Marion rentra à la maiſon le 2 Janviér de cette même añée. Elle me ſoigna durant la grâve maladie, dont je parlerai biéntôt..... Une triſte reflexion que je fais aujourdhui, c'eſt qu'il ne ſ'eſt pas écoulé une année, un mois, depuis le retour d'Agnès-L., en 7bre 1778, où ma ſituacion n'ait empiré: 1779 fut moins heureux; ou plutôt, c'eſt la 1re année de ma funeſte maladie, 3 jours avant la mort de Mairobërt: Je perdis en Mars, mon Ami & ma ſanté; 1780 m'amena de nouveaux malheurs par la coñaiſſance de Sara; 1781 fut plûs douloureuse encore: 1782 comença ma gêne pour l'argent; 1783 mes cruelles inquiétudes actuelles; 1784 m'a vu tremblant, ſoit de l'affaire de Mlle St legér, ſoit à-cause des CONTEMPORAINES; ſoit pour mes *Figures* du PAYSAN, dont quelques-unes m'ont fait redouter la cenſure; j'ai fait gâter la robe de G.-D'Aras, &cª. En 1785, de plûs grands maux tombèrent dabord ſur moi : je fus malade, trahi, vendu à Scaturin, Naireſon, Milpourmil : Mais ma PAYSANE fut paraſée &

parut. A la fin de l'añée (le 25 9bre), 1751
Agnès-L. me laiſſa p^our la dern^re-fois. Ma
Fille avait quité ſon menage le 23 Juil-
let ; je l'avais mise en penſion chéz mõ
Graveur: Elle vint chéz moi demeurer
avec ſa Sœur, le lendemain du depart
de leur Mère. ¶ En 1786, je conus
Felicitète, & je manquai le mariage de ma
Fille-cadette ; ce qui fut un grãd malhr!
En 1787, je començai les N U I T S D E P A-
R I S (ce qui n'aurait pas été un malh^r,
ſi la Dame Duchêſne les eût achetées ;
elle y aurait gâgné 30.000 francs, aulieu que j'en aí perdu 15.000. ¶ En 17-
88, je perdis mon Ami G U I L L E B E R T-
D E P R E V A L , que j'eſtimais autant que
je l'aimais.... En 1789, comença ma
ruine. En 1790, une banqueroute l'ac-
celeva: Je fus obligé d'interrompre l'inpreſſion de mes P R O V I N C I A L E S. En
1791, je començai ſans moyéns l'inpreſſion de ce C Œ U R - H U M A I N , ſous une
promeſſe de fonds, qu'On a tenue trop
peu de temps. En 1792, je fis une aſſo-
ciacion desavantageuse. En 1793, je la
rompis avec perte: Ma Fille-aînée me
quitta. En 1794, je n'eús plus les fonds
promis: la Terreur ceſſa. En 1795, je
deſcendis aux portes du tombeau, & j'a-
lai prendre un lit & 25 bains aux *Ecoles-
de-Santé.* En 1796, je ſuis ruîné, ayãt

1781 été páyé en Aſſignats de ce qui me reſtait
dû : Je ſuis forcé, p^our exiſter, de mettre en vente cet Ouvrage-ci, qui ne devait paraître qu'après ma mort.   J'ai a-
chevé de me ruiner, cette añée, en vendant mes PROVINCIALES, à 18.000 fr.
de perte. Où mon malhᵉ ſ'arrêtera-t-il?
On a inprimé, On a mis en vente mA
FISIQUE DU Mʳ-NICOLAS, & elle ne
m'a encore rién raporté. &cª.........

Ce que je viéns de dire eſt une énumé-
racion de ce que je vais traiter dans l'E-
POQUE ſuivante : [car je n'achève pas
celle-ci, à laquelle je reviéndrai, pour
doner mon Avanture avec Sara, la plüs
detaillée de toutes, la plüs devoilante
du Cœur-humain. Je crois à-propos de
ſuivre les petits évènemens, dont l'enſemble aurait été trop coupé par cette lō-
gue Hiſtoire].

La IXᵐᵉ Epoqué ſera-t-elle la Dernière ? Je
l'ignore, puiſque Perſone ne conait exactemᵗ le
terme de ſes jours. Mais quoi qu'il en ſoit, je n'ai
que trop de matière pour les XVI Volumes que
j'ai annoncés, car à-peine y pourai - je faire
entrer mon KALENDRIÉR. Ce n'eſt pas pour m'hiſ-
torier, que j'écris : mais pour demontrer les
cauſes & les effets des actions humaines. Voila
ce qui néceſſite une foule de details. C'eſt un Livre util qu'On lit ici, & ſ'il eſt amuſant, ce n'eſt
que ſon 2ᵈ mérite.

Fin de la VIII Epoque.

NEUVIÈME ÉPOQUE.

Ma grande Maladie, 1785-1797*.

Ultima semper
Expectanda dies Homini est, dicique beatus   *Ovid.*
Ante obitum Nemo, supremaque funera debet.   *Metam.*

OICI la IXe EPOQUE, 1785
amenée par ma longé-
vité. Une foule d'évène-
mens me restét à decri-
re, & je vois qu'ils suffiront p^our la rendre
interessante... Mais il faut ici doner un
aperçu des Conaissances que j'avais au
comencement de 1785, 2 ans après a-

---

* Vente de la *Paysane:* Fin des *Contemporaines:* La *Femme-infidelle:* Les *Françaises:*
Les *Parisiénnes:* Mes *Drames: Ingénue-Sa-
xancour:* Les *Nuits-de-Paris:* La *Semaine-
nocturne: Fuite d'Agnès-L.*, pour imiter, sa
Fille, qui a quité son *Mari:* Mes *Filles* chéz moi:
Je parle à *Vict.-Londò: Préval: Félicitéte: Lise:
Sésarm: De-Rosières: Merciér: Grangér:
Courcelles:* mad. *De-Beauharnais: Tableaux
de la Vie: Anale-des-Dames-Nacionales,*
ou les *Provenciales: J'ai une petite imprimerie: Procès: Pertes: Nouvelles: Guillòt:* Les
jeunes *Simar,* & *Letort,* &c. Vente à perte de
toutes mes *Impressions* faites: *Mariage* de *Marion*
avec son *Cousin,* le 11 Mai 1791. Sort d'*Agnès:*
J'imprime chéz moi: Mlle *Samud;* ou *Filète,* &c.

1785 voir *laiſſé* Sara. ¶ Le 1ᵉ Home qui m' ait recherché, eſt le Dᵉ *Guillebert-de-Préval.* C'était le plûs ancién de mes Amis, lorſque je le perdis, en 1788. Il m'a conſtanmᵗ fourni tous les ſoulagemˢ poſſibles, par ſes conſeils & les remèdes convenables, depuis *1774*, époque de notre conaiſſance. Je lui dois une partie de mes plûs ſaines idées en Fiſique.

2, M. *Pidanſat-de-Mairobert*, qui m'eût rendu les plûs grands ſervices, ſi le deseſpoir ne me l'avait pas enlevé. Il voulait me préſenter à Mad. *De-Monteſſon*, qui avait fait une Pièce, tirée de mon Petit Roman le *Piéd-de-Fanchette*. Il feſait les demarches pᵒᵘʳ moi ; il me prônait : J'ai tout perdu, à ſa mort ; car il faut être prôné en France.

90 Eſtanp. (bis).

Ma 3ᵉ Conaiſſance fut M. *Bultël-Dumont.* Il m'a procuré de l'agrement, & peu d'utilité. Sa conduite avare aurait été prudence, ſi nous avions été immortels : mais à ſon âge, & dans ſa poſicion, je voudrais faire un-peu de bién de mon vivant. Feu mon Frère Batiſte, doué de la franchiſe la plûs naïve, lui aurait dit : — De quoi me ſert votre conaiſſance ? Vous n'êtes bon à rién-? Et Grouavet l'a dit à plûs d'Une Perſone.

La 4ᵉ Conaiſſance que j'ai eüe, eſt M. *De-Beaumarchais :* il voulait me met-

tre à la tête de l'imprimerie où il devait 178
faire sa belle édicion du *Voltaire*. Je ne
pus accepter. Nous avons eú depuis en-
semble quelques relacions. Voyéz le
DRAME DE LA VIE, *Vme Partie.....*
Voici la dern^re Lettre qu'il m'ait écrite:

7 FRIMAIRE, AN 5.

*En-effet, mon pauvre Nicolas, vous
aviéz oublié de m'indiquer votre demeure, & je ne savais où vous prendre: Mais
ce que vous ne savéz pas, c'est que le Di-
plôme honorable qui m'a rendu à mon
Páys, après trois ans de proscripcion;
en attestant les idées de justice qu'adop-
te le Gouvernement actuel, n'a pas reparé le pillage, la dilapidacion entière d'
une fortune considerable. Depuis cinq
mois que je suis revenu, je n'ai, sur
tous mes capitaux & mes arerages é-
chus, touché que trois loüis-&-demi.
J'ai perdu, mon Ami, le plûs touchant
plaisir de mon aisance, la possibilité d'
obliger, dumoins jusqu'à des temps moins
desastreux. Je souffre, j'attens, & j'espère: C'est toujours bién fait d'esperer!
Mais auprès d'un luxe effrené, voir une
misère effroyable! Ceux qui étaient der-
riére les fiacres, insulter, du fond des
voitures, tous Ceux qu'ils en ont fait
descendre, en deshonorant les grands
mots de Liberté, d'Egalité, les Loix,*

la morale publique! Il faut être bién fi-
losofe pour voir tout-cela de sang-froid!...
Je vous aime, & ne puis vous aider.
Beaumarchais.

La 5ᵉ Conaiſſance, eſt Un reſpectable Vieillard, M. le Chevaliér de *Stſarm*,
Inſpecteur d'Artillerie, qui fut ſur le poït
d'épouſer ma Fille-Marion... Il en ſera
queſtion par la ſuite.

Le *Vicomte de-Touſtain-Richebourg*,
excellent home, qui m'a rendu de grāds
ſervices, fut ma 6ᵉ Conaiſſance. Il me
paraſa, & fit paſſer la PAYSANE PER-
VERTIE, biſſée par Neville, ainſi que l'
ORIBEAU, que Teraſſon me refuſait.

La 7ᵉ fut le Baron *de-Biaudos*, capi-
taine au Regiment d'Artois Dragons.

M. le *Baron-de-Rullencour* eſt la 8ᵉ.

La 9ᵉ, M. *Vanrod*, Conſeillér au Par-
lement de Doüaì, couſin de Caloñe.

Ma 10ᵉ Conaiſſance, fut le Comte de-
Clermont-Tonerre, & Un de ſes Amis.

11, M. *Le-Pelletiér-de-Morfontaine*,
Intendant de Soiſſons, & depuis Prevôt-
des-Marchands-. Je lui dois une des plüs
belles ſoirées de ma vie; & que les Riches, les Grands ſont divins . quand ils
en procurēt de pareilles! Quelque-temps
après que j'eús fait cette 11ᵉ Conaiſſance, M. De-Morfontaine fut prié par des
Dames qui m'avait lu, de leur doner à
ſouper

souper avec moi. Je fus invité: On me
prévint senlem^t d'aporter quelque-chose
à lire. Ce fut la PAYSANE que je mis
dans ma poche. Elle ne paraissait pas encore ; mais on sait qu'elle était entière-
ment inprimée. J'arivai sur les 9 heur^s.
À 10, parurēt 3 belles Dames. Une surtout m'enchanta, me ravit ! Un instinct
secret me parlait p^our elle. C'était Celle
qui avait demandé à souper avec moi, la
belle Marquise *de-Mntlmbrt* ! acompagnée de MAD. *De-Bnnl*, & de la jeune &
jolie MAD. *Gдt*. Un M. *De-Vllnv* les a-
vait amenées.... Je lus dabord la Lettre de FANCHON, où elle decrit la recepçion d'*Edmond* convalescent dans la
maison-paternelle. Cette lecture fit une
inpression prodigieuse ! M. De Morfontaine s'écriait, à chaque trait, — Quelle
verité ! Quel naturel-!.... On soupa
eusuite. Je ne saurais exprimer à quel
point MAD. De-Mntlmbrt fut obligeante
p^our moi, après le soupér, & les choses grâ-
cieuses qu'elle me dit!... Je la trouvai
aussi belle, aussi seduisante, aussi... divine, que MAD. Parangon.... Je celèbre
MAD. De-Mntlmbrt le 22 9bre.

Ma 12e Conaissance, fut M. *De-la-
Reynière*-fils, chéz lequel j'étais touj^rs
reçu à bras ouverts, & qui m'a procuré
des momens, & des Liaisons delicieux!

XI Partie.   G g

En-effet, c'est à ce spirituel Jennehome que je dois plusieurs parties infiniment agreables, quelques-unes très-extraordinaires, & l'agrement habituel de ses dejeûnérs, qui étaient des parties très-amusantes, dans lesquelles je trouvais reünis les 3 agremens, d'une Société particulière, d'une Société de Café bien composée, & d'un *Muséon*, rempli de Jeunesgens d'un merite distingué. J'y ai conu Mrs *Pons, Duchosal, Viguiér, Chesniér, Trudaine*-frères, *Pelletiér-des-Forts,* Comte-*de-Piles,* Chevaliér de *Castellane,* Comte de *Narbone, Larrive, Saintprix,* &c. &c. L'amusem^t y était complet, & je lui dois peutêtre le retablissement de ma santé.... Helas! je me préparais des regrets.... Depuis l'exil de mon Ami, je ne puis traverser les *Tuileries,* par où je prenais alors p^{our} aler chéz lui, sans un douloureux attendrissement.... Mais ces parties publiques n'étaient rién, en comparaison des invitacions particulières, dont j'étais toujours. Je n'assistai cependant pas au fameux soupér, dont tout Paris a parlé, dont on fit tant de fausses versions! La raison en est bién simple, il avait précédé d'un mois ma conaissance avec M. Delа-Revnière.... Elle se fit le 22 9b^{re} 1782, come il me le marque lui-même, dans

une de ſes Lettres (que j'aí reçue hïer 30
Avril 1791), chéz la Dame Ve *Duchéſne*,
auprès du poële, & de ce moment, nous
contractames une amitié, qui ne finira
jamais. Je fus du 2^d ſoupér, doné en
Fevrïér 1784, à Mrs Trudaine, Pelletïér,
Mercïér, Moi, &c. exprès p^{our} nous tra-
cer une repeticiö fidelle de la celèbre *Cé-
ne.* L'invitacion était pour midï, &
nous eúmes pour attendre le ſoupér, des
friandises multipliées, mais qui n'étaït
propres qu'à aigüiser l'apêtit, pour une
nourriture plûs ſolide. On nous dona,
par le Sr *Catanio,* Italïén, tous les fé-
nomènes de l'électricité, enſuite un ſpectacle d'ombres-Chinoises, ſuperieurem^t
executé : Ce fut ainſi que nous attendi-
mes le ſoupér. A 8 heures, on nous ſer-
vit le potage ; car il le falait, pour imiter le 1er ſoupér, qui était une veritable
Cœna des Romains, & qui reüniſſait no-
tre dînér à notre ſoupér. Il y eút enſuite
28 differens ſervices. Tous étaït portés
ceremonieusem^t, précedés par 2 flûtes ;
un Maître-des-ceremonies áyät une lan-
ce, dont il frapait *cadençeusement :* Il y
avait des Jeunes-genſ imberbes, come
chéz les Romains, en aube, à la manière de nos Enfans-de-c'œur, qui mar-
chaït devant & à-côté du Porteplat : 2
Servantes, de forme égale, deſtinées à re-

1784
1785

93
Eſtamp.

G g 2

Voyéz l'Estampe de la XIII Par-tie des Nuits de Paris.

cevoir les plats deſſervis : [La fable les a-vait métamorfoſées, pᵒᵘʳ le 1ᵉʳ ſoupér, en 2 Jeuneſfilles, l'Une brune, l'Autre Blon-de, vêtues d'un fourreau couleur-de-chair, & chauſſées en brodequins] : Suivaīt l'E-cuïér-tranchāt. Celui-ci était le Maître du feſtin lui-même, que ſa tâille élevait au-deſſus des Autres. On feſait ainſi 3-foisle tour de la table. Au 3ᵉ, le plat ſ'abaiſſait, & le Portelāce le poſait, aïdé (dit-on), par les 2 Jeuneſfilles, les plats d'argent étant les plüs énormes de M. La-Reyniè-re-père. Nous étions 28 Convives. Le Maître-des-ceremonies nous avait anõcé que nous n'aurions qu un plat, outre le potage. Nous nous y atendions, ou tout-aumoins que les mêts ne ſeraīt variés que par l'aſſaiſonemᵗ. Nous nous recriamᵉˢ au 2ᵈ ſervice. Nous en eúmes 28. Ce n'était que CHACUN le nôtre. Le ſallon était é-clairé par 365 bougies, en l'hoñeur des 365 jours de l'añée. Les cheveux des Fil-les (les ſerviettes), ſervirēt, come chéz les Romains, à eſſuyer les mains graſſes.

On fit mettre à table, au milieu du repas, tous les Officiérs de ſervi-ce, ſans excepçion. Le Maître du feſtin l'avait prévu, & la table était en-conſe-quence.... ✝ Par cette repeticion, le jeune La-Reynière detruiſit toutes les fables qui avaīt deshonoré le 1ʳ ſoupér ; les mêts furēt delicats & variés ; le deſſert était magnifiq, & destiné au pillage. Tout 1784 se passa dans la plûs grande decence.... 1785

Je suis loin de regarder cette partie come delicieuse! Elle n'était qu'extraordinaire. Mais nous en avons fait d'autr[s], dont le charme subsiste encore. Telle est celle avec MAD. *Mitoire*, raportée dãs le DRAME DE LA VIE, & que je ne repeteraí pas. Ce fut après cette entrevue que je dînaí chéz M. & MAD. La-Reyn[re]-

Un M. *Milpourmil*, de Dijon, consident d'Agnès-L. en 85, a été ma 13.

Ma 14, Mlle S[t]legér, dont j'aí parlé.

La 15, M. Merciér, aut[r] du *Tableau de Paris*, & de tant d'autres Ouvrages.

16, 17, Mrs *Courcelle*, & *Grangér*. qui me firét aprocher de MM[lles] *Cardon*, *Colombe*, *Saintaubin*, &c[a].

18, M. *Bralle*, Ingenieur hydrauliq de la Ville, chéz lequel j'ai conu *Rosète*.

19, MAD. la Comtesse *de-Beauharnais*, Conaissance précieuse, & presque la seule qui me reste, aujourdhui 9 Juillet 1792.

20, 21, 22, 23, le Duc *de-Gêvres*, le de Comte *Gemonville*, le Duc *de-Mâillï*, le Prince *de-Boüillon*, qui m'ont procuré celle de la Duchesse de-Mâillï, de la Princesse de-Chalais, de la Comtesse Argenson : Auxquelles il faut joindre :

24, la Duchesse *de-Luynes*, &, 25, son Neveu *Montmorencí* : Ajoutéz :

1784 26, M. *Senac-de-Meilhan*, Intendant
1785 de Valenciénnes, chéz lequel j'ai vu la
Marquise *de-Clermont-Tonerre*, la Conteſſe *de-Laval*, &c.

Je recapitulerai tous les faits relatifs à
celles de ces differentes Perſones dont je
n'ai rién dit; ou je renverrai au DRAME
DE LA VIE. On verra quelles ſõt les Genſ-
honètes qui ont adouci mes peines. Ce ſõt
les Femmes ſurtout, qui, ſans être mes
Conaiſſances, ou dumoins des Liaisons
particulières, ont repandu les fleurs parmi les épines de ma carrière: Quelle reconaiſſance ne dois-je pas à la jolie Au-
rore-P ; à Victoire-L ; aux 2 Sœurs Rosalie & Sofie-P ; à la jolie Frumentine-F;
à la ſemillante Simâr ; à la charmante
Victoire-Letort ; à la Petite Labranque ;
à la delicieuse Adèle-M ; à la naïve Le-
bon ; & ſurtout à ma raviſſante Filette,
adorée avant de la conaître p^our la Fillle
de Loüise & la miénne!… (Hélas ! je
l'ai perdue en 1796!) Tous les jours je
paſſais p^our la voir; & je revenais content
après l'avoir vue !….

J'ai auſſi des Ennemis. Je vais exposer les motifs de leur mauvaise-volonté.

Gronavet avait pris de la jalousie contre moi, même avant la publicacion du
PAYSAN, & il me dechirait partout où
il pouvait pénetrer. Lorſque je fis mes

Reflexions sur l'Ambigü-comiq, & mes 1770
2 Petites Pièces p^{our} ce Teatre, *la Cigale* 1785
& *la Fourmi*, & *le Jugement de Páris*,
(Comedie-Ballet que je deſtinais à faire
briller les talens naiſſans p^{our} la Danſe de
Mlle *Rivière*), il cabala contre moi ; &
lorſque je donaí mes *Reflexions*, dans
leſquelles le mérite des Auteurs de ce Spectacle eſt ſi bién aprecié, il devint furieux ; il ameuta tous ſes *Coboulevariſtes*
contre moi. Je ne recueillis de mon travail, que la haîne de 4 Auteurs. Je me
vengeaí de Gronavet d'une manière qui
ne lui portait auqu'un préjudice ; je le cri-
tiquaí dans *la Femme-3-états* ; j'en fis
le *N'èg'rèt* du *Páysan perverti*, & je l'aí
placé dans les *Contemporaines*, ſous le
nom de *Regrèt*. C'eſt une petiteſſe de ma
part, qui me deshonorerait bién plûſque
lui, ſ'il avait été conu & reconu. Mais
n'étant que le prête-nom de ſes nombreux
Ouvrages, il eſt parfaitem^{t} ignoré.

2, *Edme-Rapenòt*: Celui-ci était un
convulſionaire, & de plûs un fou. Il
me prit en haîne, lorſqu'il fut mon debiteur : quand il me donait un écu à-con-
pte, il alait auprès de Ceux qui nous a-
vaient vus, leur dire: :: Il meurt-de-
faim ! je viéns de lui faire l'aumône....
L'aumône ! à ſa mort, il me devait 1800
liv., dont j'aí encore les Billets !

1773
1785

3, *Demarolles*, le Comis de la Police, & *Dhemeri* l'exempt. Ces 2 Etres méprisables me virêt de mauvais-œil, depuis le CONTR'AVIS AUX GENS-DE-LETTRES, inséré à la fin des LETTRES-D'UNE-FIL-LE-A-SON-PÈRE, en reponse à l'AVIS AUX GENS-DE-LETTRES, publié en faveur de *Luneau-de-Boisgermain*, par une Tête félée, *Fenouillot-de-Falbaire*, auteur de la pitoyable farce des *deux-Avares*: Depuis ce moment, Demarolles arrêta tous mes Ouvrages, quoique parafés; il falut employer Agnès-L., à laquelle cet honète Comis demanda des faveurs à-genoux en 1773, après le ME-NAGE-PARISIÉN, ou DELIÉE & SOT-ENTOUT: Dhemeri les avait deman-dées en 1772, après la suspension des LETTRES-D'UNE-FILLE: Et voila come les Magistrats sont secondés! Voila de quels Gens ils sont environés! Des Malheureux, qui couvrent de fange les Citoyéns; qui corrompent leurs Femes & leurs Filles!..... (Et *Lenoir*, que fesait-il lui-même?) En 1776, au mois de MAI, il me falut faire un présent à De-marolles, p^our avoir mon ECOLE-DES-PERES, sur laquelle il me fesait perdre mille-écus!... C'est dans cette affaire de L'ECOLE-DES-PÈRES, que Dhemeri, follicité d'ecrire un mot à M. *Albèrt*, ren-

dit Agnès-L. porteuse d'une Lettre con- 1776
tre mes interêts!… Je sais bién que ce^{tte} 1785
Feme, par une manie folle, avait cou-
tume de me denigrer auprès de tout le
monde, & qu'elle me decria auprès de
ces 2 Homes dangereux, qui l'en mé-
prisèrēt ensuite à un point… que je n'ose
écrire… Mais des Homes devait-ils se
laisser prévenir, à-moins d'être des Op-
presseurs subalternes?

4, *Dhemeri* le Chatemite. La dern^{re}-
fois que j'aie été insulté par cet Enbasti-
lleur, & par le nomé *Forniér*, alors
Adjoint de sa Comunauté, ce fut à la
Chambre-Syndicale, cette añée 1785.
J'alais retirer des Volumes parafés des
Contemporaines, que me renvoyait l'A-
bé *Terasson*, retiré à *Gournai*, depuis la
mort de douleur de la Marquise *de-Sou-
vræ*, mère de son Elève, & la cessacion
pour lui-même de sa pension alimentai-
re. Dhemeri dit à l'Adjoint: —Expe-
diéz cet Honête-home-là-. Et Fournir,
le Crocodile Fournir, repondit, en fen-
dant sa vilaine bouche jusqu'aux oreilles, —*Quand il le sera devenu*-. Dhemeri
sourit satisfactionellem^t. Dis donc, F.,
quand, imitateur de tes Pareils, ai-je ban-
querouté, &c? Vil Calomniateur, lâche
qui fesais ta cour à mon mortel Enne-
mi, mets la main sur ta conscience!…

1776
1785

Je ne parlerai pas des autres reproches que je pourais faire à Dhemerì. Mon imaginacion s'y refuse. Mais qu'il sache, s'il exiſte encore, qu'On a eū l'inpudence de me raconter la ſcène de la petite chambre-garnie de la rue *St ſeverin*.

5, *Rimeréc-de-St leger*, Genovefain intrigât, élucubrateur du Lieutenât-de-Police, qui le protegeait contre ſon Ordre: C'etait pour le recevoir qu'On avait loué la chambre de la rue *de-Bièvre*. Il m'avait beaucoup recherché, quand il était bibliotequaire de S^{te} geneviéve. Edme-Rapenòt me calomnia auprès de lui, & lui procura A.-L. qui le rendit mon énnemi. J'ai reva cet Home chéz B.Dumõ^t.

6—10, Je ne parlerai pas des Libraires qui m'ont fait du mal, come *B*, *D*, *F*, *G*, *L*, &c. j'en rougirais.

11—14, C'eſt autre chose pour les Journaliſtes; & quelque méprisables que ſoit *Terrin*, *Aubert*, *Royoux*, *Geoffroi*, &c. On peut les nomer. Cet article demande une certaine étendue : Je vais tâcher de penetrer les causes de cette haîne.

Edme-Rapenòt était pauvre, & cependant Freron-père en tirait beaucoup d'argent, en lui fesant faire des billets, dits *de-confiance*, avec lesquels ce Gartouche des Journaliſtes ſe procurait des fonds. La vaine gloire ſuffisait ſeule p^{our}

rendre Edme dupe du Heros de *Mont-*
rouge. Ce n'eſt pas que Celui-ci dupât
directem' l'inbecil Rapenòt : Il lui donait des fatras d'*Années-Litteraires* non-
vendues, de *Lettres ſur quelques Ecrits*
du Temps, ſous le nom d'Une Conteſſe,
qui était M. Freron : Rapenòt feſait d'in-
menſes collections de ces Miſères, & leur
donant une valeur reelle, il alait enprû-
ter aux Boñes-genſ, qu'il a longtemps
dupés, en leur diſant : —J'ai dans ma
boutique & dans mes magazins, pour
cent-mille écus-. Il vendait effectivem'.
5 ou 6 collections conplètes, par an,
tant du *Journal-des-Savans*, que de l'
Année-Litteraire, du *Mercure*, & des
autres Ouvrages periodiqs. Il montrait
alors cette ſome à ſes Prêteurs, & les en-
ſorcelait, come un veritable Alchimiſte.
Edme a ainſi faſſé l'argent, pendant 15
ans, ſans jamais en avoir à lui; quelques
affaires avātageuses la remettaït de temps
à autre come il était en començant; il enpruntait journellem' à l'Un, pour rendre
à l'Autre, & conſervait ainſi la reputacion de bién påyer. C'eſt un fenomêne,
dont j'ai été le temoin (& la dupe), que
la vie de cet Home. Il ne feſait rién, ou
très-peu de choſe de ſon comèrce; il é-
tait porteur d'argent, & augmentait ainſi annuellement ſes dettes de toute ſa

depenfe perfonelle. Du matin au foir,
il courait les Notaires de Paris; fouvent
il enpruntait à l'Un d'eux, & lui rendait
le même jour, après avoir montré la fo-
me chez fes Prêteurs particuliérs, come
le gaín d'une affaire de *Journaux* : Car
il fe donait pour le magaziniér general
des *Journaliftes*, & il voulait faire entendre à Tout le monde, que c'était une
branche de comerce confiderable. Rien
de plûs faux ; je l'ai vu ; Edme-Rapenòt,
fans fon adreffe à enprunter, ferait mort
de faim à ce comerce ingrat. Mais il dif-
pofait de la plume de Mont-rouge, du
Mercure, de Querlon, du *Journal-Sa-
vant*, &c. Il fefait louer quî bon lui fe-
blait. C'eft ainfi qu'il fit faire un magnifiq éloge par fon Mont-rouge, d'un mauvais Roman, intitulé, *Lucile &-Doli-
gni*, éloge fi feduisant, que moi, prévenu, je n'eús pas de repos, que je n'cuffe
lu ce beau Roman, qui ne f'était pas
vendu, & dont Rapenòt avait acheté le
reftant d'Edicion à 5 fous l'exenplaire....
Voila par-exenple où Rapenòt gâgnait
parfois : Il enpruntait, payait comptāt
un refte d'Edicion, alait à Mont-rouge,
où On lui fesait une analyse provoquante d'un Livre inconu ; plûs il était inconu, meilleur il était pour Rapenòt, qui
le vendait come nouveau, avec un profit,

qui

qui reparait quelquefois 6 mois de dupe-
ries. Mont-rouge était alors bién páyé,
come d'un tiërs du benefice net-.. Je le
saïs; car je l'aí vu 10-fois. Et je m'é-
criais souvent: —O Publiq! come On te
berne! Tu lis ces Extraïts! Tu y prens
confiance, & Tu achètes un Ouvrage
trivial, que Freron aurait hoñi, s'il n'a-
vait suivi que son jugement! tu admires
souvent, sur parole!.... Mais tu merites
d'être trompé! Que ne juges-tu par toi-
même? Pourquoi faut-il qu'Un-autre
aït eú du plaisir, pour que tu en prén-
nes? Quoi, Publiq, tu n'as pas la faculté
de sentir ce qui te plaît? Il faut qu'Un-
autre te dise: *Ris, pleure, atendris-toi,
admire, desaprouve, fremis! sois indi-
gné!...* O pauvres Automates! que ne
voyéz-vous les choses dont je suis temoin?
Car, mon chër Lecteur, Freron (& les
Autres) fesaït tomber un Livre, qu'On
avait refusé de vendre à Rapenòt, ou
dont ils n'aimaït pas l'Auteur... Quant
à moi, Rapenòt fesait annoncer mes Livres par ses 2 Amis Freron & Querlon;
& voici coment: —Cet Home eſt mon
ami (leur disait-il); mais il fait des Romans malgré moi: Il faut l'en degoûter,
ainſi que de ses Projets singulièrs,
pour les Filles, le Teatre; il me ra-
porterait davantage, en s'ocupant de la

XI Partie.   H h

1774
1785

Iurifprudence : Degoûtéz-le fans le de-
courager-… Auffitôt Querlon & Freron fe conformaiet aux vues du Convul-
fionaire Rapenot, canal d'argent, refpecté, confideré par eux come tel, & je
me voyais moitié loué, moitié calomnié.
Je m'en plaignais à Rapenòt. —C'eft
pour votre bién-! (me repondait il).

Les Royoux, les Geoffroi, les Terrin,
les Ane-Licol-Malin, en ont fait autant
par la fuite : 'Mais l'honète *Caftilhon* a-
giffait tout differenm[t], & il fut toujours
jufte à mon égard. De-mème, lorfqu'ù
Tiriòt, un Terrin m'outrageaiet dans le
Journal de Nanci, celui de *Neufchâtel*
vint à mon fecours, par un fuperbe article, auffi bién écrit que ceux des Autres
étaiet plats. Je les ai tous inprimés à la
fin des CONTEMPORAINES, avec les Notes de M. *Coquelet-Chauffepierre*, Notes
que j'avais refufé de faire. Ces Calom-
niateurs y font traités come ils le méri-
tent, Ce qui a indifpofé tous les Autres.

Ce qu'ils ont dit de moi, ne prouve pas
qu'ils me méfeflimaffet. Jamais VOL-
TAIRE n'a été mieux loué, que par Freron dans fes Orgyes : Il en recitait des
lambeaux fuperbes, en f'aplaudiffant de
tourmenter cet Home de-genie. …—Je
fuis (disait-il), *le Diable de Voltaire*,
ou plùs filosofiquem[t], *fon Mauvais ge-*

nie… Freron m'a vu 20-fois chéz lui, & ne m'a jamais conu. Rapenòt me garda le secret. Voila pourquoi j'ai su le trait suivant : † On sait que Freron fesait sa cour à Feu l'Archevêque *Beaumont*, ét que c'était p.ᵒᵘʳ lui plaire qu'il declamait contre les Filosofes & la Filosofie. Il alait de-temps-en-temps se faire páyer par le Prélat. C'etait à titre d'enprunt, ordinairem.ᵗ de 3.000 liv. Lorsque le *Journaliste* avait fait un article sanglant, contre le *Dictionaire filosofiq*, ou le *Belizaire*, il alait le lire au Prélat… Monseign.ʳ extasié, s'écriait : —Le Bon de 1.000 écus pour M. Freron ! —Hà ! Monseign ! j'en ai refusé 4.000 francs, pour le suprimer ! —Qu'On le fasse de 4.000 francs-. Et l'Econome du Prélat mettait cette depense à l'article des *Bonnes-œuvres*… Ainsi Freron était pensioné pour clabauder : car il ne prouvait jamais rién : mais il excellait à dire des injures aux Filosofes.

15, M. *Delaharpe* : Je ne me sais d'autres torts avec cet Home, que d'avoir l'énergie & l'imaginacion qu'il n'a pas. Il ataqua, dans le 1ᵉ *Mercure* de *1777*, deux de mes Ouvrages, le *Páysan*, & l'*Ecole des Pères* : Mais qu'y a-t-il de comun entre M. Delaharpe & Moi ? Je n'ai auqu'une de ses qualités ; il n'a au-

1774
1785

qu'un de mes defauts : Il verfifie bién ;
il eft correct, règlé, fage : Je ne verfifie pas ; je fuis incorrect, desordoné, &
je porte quelquefois la chaleur de mon
ftyle, ou la liberté de mes Tableaux, à
un excès peutêtre condannable. A-la-
verité, j'aí fouvent de l'onction, furtout
dans certaines Lettres de la Páysane *Fan-
chon-Bertiér* : mais M. Delaharpe n'en
ayant jamais, nous ne devons pas nous
rencōtrer, pas même à l'Academie, dont
je n'auraí certainem* pas l'honeur d'être...
Pourquoi donc me jalouse-t-il ? Il faít
auffi bién que PARTRIRGE, que, *Om-
nia non poffumus Omnes, miseri!....*
Je fuis plûs jufte que lui : Je ne lui envie rién, pas même fon *Filoctète*, que
j'aí aplaudi par mes larmes, & le plaisir
qu'il m'a fait : car je n'aí pas voulu feparer le Poëte Grëq du Poëte Français ;
je m'efforçais même d'atribuer toutes les
beautés à Celui-ci, afin de l'aimer, &
de pratiquer ainfi l'Evangile. Cependant M. Delaharpe a un reproche à fe
faire : fils d'une pauvre Feme, qui fa-
crifia tout à fon éducacion, il neglicea
de l'aler voir, lorfqu'elle mourut à l'H.D.
Quand On a de ces traits, il ne fiéd pas
d'être mechant. § Je reviéndrai par la
fuite fur mes Conaiffances amies & én-
nemies. Je vais reprendre les évènem*.

J'avais conçu les plûs flateuses espe-
rances de la liaison que M. Pelletiér-de-
Morfontaine m'avait procurée, ou dont il
avait été l'occasiō : Car il paraît que c'est
Mad. *De-MntImbrt* qui l'avait determiné à me rechercher.   J'écrivis sur l'*Ile-
St-loüis*, au côté meridionale de la Pompe,
XXX Aprilis, *formosam Marchissam
MntImbrt heri miratus-sum: Videbo quid
evenerit anno sequenti.*   Cette Feme
charmante m'occupait sans cesse ; mais
come les chimères qu'elle me suggerait,
& les châteaux en espagne que je bâtis-
sais à son sujet, ont été realisés dans les
NUITS DE-PARIS, j'y renvoye: Cet
Ouvrage est un suplement considerable à
Celui-ci, p^{our} une multitude d'avantures
sans relacion, & que je ne raporte pas.
On juge par ces rêveries, par l'éloge que
j'en fais, combién, sans la revoir, cette
adorable Femme m'a procuré de doux
momens !....   ¶ Je continuaí tout le reste de cette année 1784, & le comencem^t
de la suivante, à voir M. De-Morfontaine, sans retrouver la belle Marquise,
qui s'était retirée au Couvent. J'achevaí la reïmpression du PAYSAN-PAY-
SANE reünis, & celles des 12 derniérs Volumes des CONTEMPORAINES.   Il ne
m'arriva rién de remarquable, que de
grandes inquiétudes, causées par la ra-

1784
1785

diacion de la PAYSANE, & par les intrigues de *Scœturin* & *Naireſon*, qui liés
recenment avec Agnès-L. voulaīt m'engajer à fuir.   La difficulté de me depla-
cer ſeule en empècha.   Le crédit de M.
De-Morfontaine me raſſurait, & peutêtre effràya mes Ennemis: Je reſtai. Je
n'avais plus d'autre amusement érotiq,
que les trois ſuperficielles Amies dont
j'ai parlé.   ¶ Il m'arriva, en 9bre un
traìt à la *Richelieu ;* traìt dautant plûs
étonant, que j'étais faible alors, & qu'
áyant la poſſibilité d'obtenir les faveurs
de l'Une ou l'Autre de mes 3 Amies,
c'était plûs qu'il ne m'en falait.   J'avais
même en-outre la Conaiſſance des Sœurs
Leblanc : Ces 2 Filles n'étaīt plus de la
1re jeuneſſe : mais outre qu'elles avaient
des égards; qu'elles montraīt une complaisance à toute épreuve (eſpèce de Creatures qui achèvēt d'énerver les Demi-
vieillards), elles accueillaiēt chéz elles
toutes les Feñes mariées qui voulaient
bién-ſecrètem' tirer parti de leurs atraìts.
Elles y admettaīt égalem' des Jeunesfilles
de tous les états; car On y a vu la noble & jolie, l'infinimt jolie *Willelmine-*
Würmſer, fille d'Un Suiſſe. Elle eſt aujourdhui heureuse, parcequ'elle a eú le
bonheur de captiver un Jeunehome riche & vertueux...   ¶ Ce fut au comen-

1785

cement de Janviér 85 , que n'áyant pas
pas trouvé chéz elle mon Amie Mad.
Dumoulin . j'entraí chéz ſa Voiſine la
jeune Sagefemme, dont j'aí parlé. Cette
viſite aura des ſuiſtes funeſtes !

Le 30 Janviér fut le plûs beau jour de
ma IXe EPOQUE: Et cependant ... ô
fort des aveugles Mortels !... ce même
jour, il m'arivait deux grands malheurs!

Vêrs le 20 Janviér, mon Bon-ami le
Dr Guillebërt, m'avait prévenu que le
Duc *de-Gêvres*, & une belle Barone Al-
lemande, du Corps-Diplomatiq, deman-
daïēt à ſouper avec moi , chéz lui. Av^t
de ſ'engajer, il avait voulu avoir mon
aveu. Je le donaí ſans héſiter. J'avais
alors beſoin de Conaiſſances plûſque ja-
maıs; puiſque la Baſtille était entrouverte
ſous mes pas; dumoins à ce que je préſu-
mais, d'après les diſcours que Scaturin diſait tenus par le Lieutenant-de-Police *Le-
Noir* au Marquis *de-Marneſia*. Je cher-
chais dōc à m'entourer, à me faire conaître, à paraître moins ſauvage. On va voir
ſi je reüſſis. . La Conpagnie fut nombreuſe : Outre le Duc & la Barone , nous eúmes la Nièce d'*Elliverp*, mariée à Un
Financiér. Une belle Actrice des *Italiéns*, p^{our} chanter. Un Poëte un-peu
rocailleux, mais énergiq, & dont le Duc
de-Péntièvre avait acheté la nou publi-

1785 cacion des Ouvrages érotiqs, ou anti-
c'retiéns, M. *Robé:* On était bién-aise
qu'il les recitât, surtout son *Origenisme.*
M. *Goldoni,* le Molière d'Italie. Une
Jeuneperfone, qui avait Une jolie voix,
aujourdhui celèbre Cantatrice, alors fimple Grisette, avec fa Mère. Une Dame de
haut-parage, mais deguisée fous le nom
de Mad. *Janus.* Mad. *Jomes,* épouse du
D^r, & mère du jeune *Noloub,* fon fils-
uniq. Le Medecin *Robert.* Le Chirurgién
Duhamel. Le Manipulateur *De-Berci.*
Toute la maisõ du D^r, composée des Suf-
només, & de 2 grandes Filles de Mad.
Jômes… † J'étais le Heros de la fète.
On ne m'avait demandé auqu'une lecture, & je n'avais aporté, par hazard &
fans deffein, que ma Pièce, *Les Fautes
font perfonelles,* inprimée en 86, & pla-
giée depuis par *Laïa,* Un de ces Auteurs
qui ne penfent que d'après les Autres.…
Je ne fais fi c'eft l'atenfion obligeante qu'
On me dona, ou fi j'eús naturellem^t plûs
d'efprit, ce foir-là, mais ce fut la feule
fois de ma vie que j'áye été brillant. Je
petillais; mille traits heureux m'échapè-
rèt, & j'infpirai à mon Ami Guillebert,
qui m'aimait deja infinim^t, une forte de
refpeĉt. — Vous vous derobiéz donc, me
disait-il tout-bas (& fouvent depuis) vous
ne nous jugiéz pas dignes de nous mon-

trer ce que vous étiéz ! Il vous a falu Un
Duc & Une Ambaſſadrice… ſans compter… Plûs encore… qui ſe cache.…
—Vous avéz été ce jour-là (me diſait-
il dans la ſuite) plûs brillant que *Riva-
rol*, avec plûs de fond & de ſolidité-! Je
ne me contentaí pas de mes reparties brillantes ; quand Robé recita ſon *Origeniſ-
me*, Poëme rocailleux, mais énergiq, je
fus ſon admirateur, & je relevaí ſi juſte
quelques beautés, que je tiraí plûs de
gloire que lui-même de ſon Ouvrage ;
je fus regardé come l'Oracle du Goût.
Guillebert ſ'écriait : —O mon Ami ! ô
mon Ami ! ſi ſimple ! ſi modeſte ! Vous
avéz donc auſſi de l'eſprit, quand vous
le vouléz ? & votre feconde imaginaciõ
n'eſt pas votre ſeul merite-?… Les Dames me careſſèrẽt : La Barone me ſou-
riait, m'envoyait des boules ; la Financière me parlait à l'oreille, & me diſait
des choſes flateuſes: La Grande Dame
m'indiqua un rendevous (il n'était pas
poſſible de choiſir plûs mal ſon temps)!
Quelle glorieuſe, quelle heureuſe ſoi-
rée !.… ✝ P^{our} mettre le comble à ma
gloire, il me reſtait à lire quelque-choſe,
après que Robé eût épuiſé ſon Repertoi-
re. Mon Ami Guillebert-De-Preval conaiſſait ma belle Lettre de la *Páyſane*,
qui ne paraiſſait pas encore : Il l'avait

1735 en épreuve ; il la lut avec entousiafme : (c'eſt la même qui avait été lue à Mad. De-Mﬔlmbrt). Hô ! come elle fut aplaudiël.... — Mais vous, eſt-ce que vous ne nous liréz rién-? (me dit la Barone)... La Financière mit la main dans ma pochd ; elle y trouva Un Manuſcrit ; celui des *Fautes ſont perſonelles.* — Hà ! voici quelque-chose ! — Eſt-ce de vous ! (me dit-on). Je fus obligé d'en convenir. D'une ſeule voix, on ſ'écria : —Il faut que vous liſiéz ! Il faut que vous liſiéz-! Je lus donc. Or je lis bién... A-préſent que la Pièce eſt imprimée dans les *Françaiſes ,* & ſeparemᵗ, On peut la juger. Elle excita le ſourire, l'atendriſſement, la pitié, la terreur, l'effroi, & ramena enfin la joie, par le denoûmet : Goldoni, bon conaiſſeur, l'aplaudit : Robé, très-exaltable, ne pouvait ſ'en taire. Je fus regardé come Un Home du 1ᵉʳ mérite par une Société éclairée... Hêlas l cette illuſion n'a duré qu'un-jour !... Ma Pièce, préſentée aux *Français ,* par l'Aéteur *Deseﬀarts ,* ne put alors être reçue, à-cauſe du ſujet, & parce qu'elle n'était pas en vërs. Laïa l'y a miſe, en la platiſiant..... ✝ On continua de ſ'amuser : J'ouïs les choses les plüs obligeantes. On me dit, qu'On voyait, par la manière dont j'avais peint *Celeſte* & *Iu-*

lie, que j'étais Un veritable Adorateur
des Femes, malgré les principes de mes
Gynografes, & l'expreſſion de *Second-*
ſexe, que j'emploie dans ce dernier Ouvrage..... Qui l'aurait penſé, qu'à ce
même inſtant, un double abîme ſ'ouvrait
ſous mes pas !

En m'en retournant, à 3 heurˢ du matin, je pris par la *Grève*, & le *Port-au-*
bléd; de-ſorte que je paſſai ſous les fenêtres de ma Fille-aînée. Il y avait de la
lumière !... — Ma Fille ſerait-elle mala-
de-? (penſai-je. Cependant je redoutais ſi
fort de me trouver en vis-à-vis avec ſon
Mari, quoi que je vinſſe de lui procurer
un emploi chéz M. Le-Pelletiér-de-Morfontaine, que je ne pris pas ſur moi de
m'informer. Je m'éloignaí.

A mon arrivée chéz Moi, j'apris de ma
Fille-cadète, qu'Un Inconu était venu
me demander, & que cet Home avait l'
air fort-intrigué. Je me regardai alors
come certain que ma Fille Agnès était
malade; à-moins que ce ne fût LEchiné. Je me mis au lit avec cette inquiétude. ✝ Le matin... Une douleur con-
vulſive m'obigea de m'examiner... Quelle
ſurpriſe douloureuſe ! L'indiſpoſicio de
1770, renouvelée d'elle-même en 71,
revenue en 76, ſe préſentant en ce moment, ſous une forme nouvelle !... Je

1785 fus humilié, confondu !... Je foupçonai
la Sagefeme (peutêtre innocente)... Mais
au jour, l'amitié du D^r me raffura. Je vo-
lai chéz lui. Il m'ôta toute inquiétude,
& calma mon imaginacion, en me donant
le remède. Je revins très-peu affecté...
Mais le f rlendemain 2 Fevriér, j'éprouvai la triftefse affaiffante que ce genre
de maladie me fesait touj^rs éprouver.

A mon retour de chéz le D^r, ma Fille Marion m'avait anoncé que le même
Home de la veille, était revenu, & qu'il
avait laiffé fon adreffe, qu'elle me dona.
C'était à l'*Arcenal*. J'y courus, à 6
heures du foir, & trouvai la demeure de
M. & Mlle *Riblé*. J'entre : J'aperçois
ma Fille. Elle fe jète dans mes bras,
me dit qu'elle a fui les mauvais-traitem^s
de fon Mari, & que n'osant fe préfenter
chéz moi, à cause de fa Mère, elle f'é-
tait refugiée chéz le plûs intime Ami de
L'Echiné... Je m'informai, fi cet Ami
était marié ? Sur la reponfe, qu'il était
garfon, mais qu'il avait fa Sœur avec
lui, je fremis du dangér auquel l'ignorance des loix exposait ma Fille, & Celui qui l'avait reçue. Il arriva. Je vis
Un Jeunehome d'une belle figure, & fi
quelque-chose me raffura, ce fut fon ex-
ceffive amitié p^ur fa Sœur. Je les fis trem-
bler tous-trois, & j'enmenai ma Fille
chéz

chéz moi furlechamp.   Je m'efforçai le
lendemain de la reconcilier avec fon Mari : J'enployai la voie de la douceur. Mais
j'avais affaire à un Monftre fans âme.

Une imprudente promenade , qui
arrêta la tranfpiracion , dona , vérs la
mi-Fevriér , des fymptômes étrangérs &
gràves à ma maladie.   J'eús la fièvre , &
je fus obligé de m'aliter... Une crise heureuse , qui me furvint , après le parafe de
ma PAYSANE PERVERTIE , par M. Touf-
tain-Richebourg , me fauva la vie...

Ce fut pendant ma prompte conva-
lefcence , puifque je fus en état d'aler
prendre l'air fur l'Ile-S^tlouis par un beau
foleil , dès le 7 MARS , que j'eús mes plûs
grandes peines.   Ma Fille Agnès fut encore forcée par de mauvais-traicemens
à quiter L'Echiné ; & je fus trahi par A-
gnès-L. qui multiplia contre moi les Lettres delatrices.   † Il faut favoir qu'a-
près avoir quité mon chér logement de
la ruë *de Bièvre* , je m'étais reüni avec
Agnès-L. , qui fut dabord traitable.   Cette femi-bone-intelligence dura jufqu'à
la conaiffance de Scaturin & Nairefon ,
deux Intrigans , furtout le dernier , qui
à ce defaut , joignait un desœuvrem^t abfolu.   Ces deux Homes me croyaient
riche : Ils trouvèrent dans Agnès-L. ,
une Creatures facile ; ils eúrent la pen-

XI Partie.   I i

1784
1785

sée de s'établir chéz elle , & d'y vivre à discrecion. Ils avaït trouvé leur Feme... mais ils n'avaït pas trouvé leur Home ; quoique bonasse, je suis inabordable, inpitoyable p^our les Frelons. Agnès-L. me pressentait depuis longtemps p^our prendre en pension Scaturin, qui donerait (disait-elle), 1200 liv. Scaturin ne venait pas : mais Naireson passait avec e le toutes les aprèsdínées. On atendait le moment favorable de m'effráyer , & me faire deserter la maison. Car On penetrait dans ma pensée, en lisāt mes dates sur l'Ile-*Stloüis* : Naireson y avait vu, après les menaces prétendues faires contre moi par LeNoir au Marquis de-Marnesia, *Fugam ! Fugere!*.... On devinait mes disposicions par ces mots , & l'On agissait en-consequence. Ma maladie suggera un autre plan. † Dès qu' On crut conaitre la nature de mon mal, On le divulgua, & les Servantes des Voisins en fesaïēt des risées, surtout Une certaine *Noiráme* , annexée au nomé *Deballeur,* fille qui m'avait souvent inutilement provoqué.... † Il se tint un cŏseil contre moi le 22 Fevriér au soir ; On en mit le jeune La-Reymière, qui prit ma defense. Il ne s'agissait de rién moins, de la part d'Agnès-L. que de demander pension & separacion. Mes 2 bonsamis

Scaturin & Naireſon, qui m'avait tant 1785
recherché, par admiracion de mon talent (disaiёt-ils), la pouſſaiёt à cette demarche. Ils accaparèrёt Un de mes A-
mis, Milp°ᵘʳmil, avec lequel ils avaient
fait le beau dinér du Jardin de la ruë *de
l'Ourſine*, l'Eté précedent; Jardin qu'Ag.-
L. avait loué malgré moi. ¶ Ce fut le
lendemain de ce repas, que Scaturin me
montra toute la noirceur de ſon âme &
de celle de tous les Faquins ſes Pareils.
Je lui parlai; de cet Ouvrage-ci, comen-
cé d'écrire depuis 18 mois. Je lui citai le
trait de Zefire, bién circonſtancié, bién
detaillé. Que fit Scaturin ? Il ala le rendre, malgré l'invraiſemblance, à Agnès
L. come d'Agnès-R.! lui donant ainſi
malicieusemᵗ Z pᵒᵘʳ A. Elle a été desa-
busée par la ſuite : Mais en atendant,
elle clabauda, ne voulant avoir qu'un prétexte. C'eſt ce que j'exprime dans la *Femme-Infidelle*, qui n'eſt autre chose qu'
un Facton par Lettres contre Agnès-L.,
Scaturin, Naireſon, Milp°ᵘʳmil, L'Echiné, en-présence de Baltel-Dumont & du
jeune LaReyniére... Ai-je tort d'abhor-
rer Scaturin ? ¶ Ce Derniér, & ſurtout
Naireſon, pendant ma maladie, exaltè-
rent l'imaginacion de Celle qui en était
le 1ᵉʳ, & peutêtre le ſeul auteur ; depuis
ce moment, elle devint Une Furie. Elle

1785 voulait jouir (disait-elle) d'Une fortune
que je n'avais qu'en impreſſions... Elle
intrigua, elle écrivit... Je decouvris tout,
& ce fut alors que je redig ai la *Femme-
Infidelle*, où l'On peut voir toutes ſes
Lettres... Milp^ou'mil, en aprenant que
j'avais retenu les Confidences qu'On lui
fesait, devint furieux, & quand enſuite,
il ſe vit deſigné dans l'Ouvrage, par le
nom de Milp^ou'mil, la rage de cet Home
ſi froid, fut ſans bornes! J'ai imprimé,
à la fin du XXVIIe Vol. des *Contemporaines*, que je reïmprimais alors, la Lettre furibonde qu'il m'adreſſa.... Hâ!
laiſſons toutes ces peines ſi cruelles, mais
obſcures & ſans interêt p^our Autrni.

Ce fut le 26 9bre qu'Agnès-L. fit ſa
dernière excurſion. En voici l'ocaſion:
Agnès-R. avait quité LEchiné: Je prenais ſoin de cette Feme infortunée. Sa
Mère en était furieuſe: Elle abandona
ſa maiſon, p^our qu'il fût dit, que ſi ma
Fille n'avait pu vivre avec ſon Mari,
elle était dans le même cas, & qu'On ne
pouvait vivre auſſi avec moi. Voila ce
qui lui fit faire une demarche, dõt elle ſ'eſt
tant repentie depuis, & qui enfin a ame-
né ſon Divorce, provoqué par elle en 17-
94... D'autres objets vont ſe préſenter.

Dès 1780, dans le temps de mon affaire avec *Marie-Roſalie-Merlin*, épouſe
Laugé, le bon & digne Chevaliér de S^t-

Sarm, Inſpecteur-General d'Artillerie,
m'avait prévenu par une Lettre extrême-
ment polie. J'avais touj^{rs} cultivé depuis
cette honorable Conaiſſance. St Sarm,
de ſon côté, m'avait touj^{rs} temoigné le
plüs vif interèt p^{our} ma Fille-cadète Marion, qu'il apelait *Figure de Vierge*, ou
Notre-Dame-de-Douceur. Je lui avais
écrit le dern^r desagrement que je venais
d'éprouver. Il le partagea en veritable
Ami, & tant p^{our} nous procurer une ag-
réable diſtraction, par une jolie partie,
que p^{our} nous procurer la conaiſſance de
la jeune Epouse exemplaire d'Un vieux
& riche Marbriér, il voulut nous doner
à dînér chéz elle, ruë *Popincourt.* Il eſtimait infinim^t cette Feme apelée Mad.
Jougnòt, qui devait ſa fortune au Marbriér, home demi-taré, depuis qu'il était
riche; craignant touj^{rs} que ſes Heritiérs
ne le fiſſent enpoisoner, ou ne gâgnaſſent
Un Barbiér p^{our} lui couper le cou. Mad.
Jougnòt (& c'eſt ce qu'admirait le bon
Chevaliér), avait apris à raser, pour delivrer ſon vieil Epoux de ſes craintes, &
come elle était très-adroite, il l'adorait.
Il y avait longtemps que M. De-St Sarm,
me vantait cette Feme, & voulait que
j'en faſſe l'Heroine de quelque *Nouvelle:*
Je l'ai fait, dans les PARISIÉNES, &
c'eſt Un de mes *Caractères....* Je menaí

1785 donc mes 2 Filles chéz Mlle *Jougnòt.* Je la trouvai fort aimable. Mais il y eût une chose qui deplut infinim^t au Chevaliér, dont elle renverfa la bone opinion: La Dame avait Un Amant... C'était Un jeune Grêlé très-avantageux, qui fe dona certains airs de Propriétaire, dont le bon Militaire f'aperçut, & l Honête-home fut fâché d'avoir lié cette partie chéz la jeune Dame. Il ala jufqu'à lui dire, en-particuliér: *Qu il n'était pas acoutumé à voir mauvaise - compagnie......* De mon côté, je voyais parfaitem^t ce qu'était Mlle *Jougnòt,* fille-Couturière avant fon mariage; mais je n'étais pas furpris de la prévencion du Chevaliér. Lorfque je fus qu'il avait la visière auffi bone que moi, je fus convaincu qu'en lui, la bonté du cœur n'excluait pas l'efprit... Il avait alors jeté les ieux fur ma Fille-cadette, pour en faire la douceur de fes dernières añées, en l'époufant.., On ne tardera pas à voir quels furêt les obftacles qui éloignèrêt cette alliance, fi honorable pour elle & pour moi.

Nous alames habituellem^t chéz le Chevaliér, touj^{rs} reçus come des Anges qui visitêt Un Solitaire. Il avait un imenfe Jardin. J'ai vu peu de fites auffi agreables. C'était une promenade delicieuse, dont le *Bal-champêtre,* louéà *Blanchard*

par le Chevaliér, fesait partie : Il f'en 1786
était reservé l'entrée pour lui & fes Invités… Ce bonheur dura peu. Pourquoi,
hà ! pourquoi cet honête Chevaliér nous
dona-t-il une Conaiffance dangereuse ?…
Mais avãt d'entrer dans les details de cette
efpèce d'atachement, il faut en narrer l'
origine. ¶ Ce fut dans les 1ᵉˢ jours de
Mai 1786, environ 6 mois après notre intimité, que le Chevaliér nous pria d'Un
grand Dînér, par une Lettre, où l'On
trouve cette gaîté militaire, qui fubfti-
tue un fel un-peu fort à la delicateffe :

— *Je Vous attens à dînér demain,* 5
Mai, avec vos Filles: Je Vous demande
pardon de la Compagnie que je Vous do-
nerai: C'eft un Soldat-aux-Gardes, une
Fille du Port-au-bléd, & un Maltôtiér.
La Demoiselle demeure fur le port, au
coin de la ruë Geoffroi-l'Aniér: Prenéz-
la: Le Soldat-aux-Gardes fera chéz elle,
& le Maltôtiér tout-près de-là. Priéz
Notredame-de-Candeur & Mad. Agnès de
me pardoner. Ce qui m'enhardit, c'eft
la confiance que Vous venéz pour moi.
        Le Chevaliér de St Sarm.

Le Soldat-aux-Gardes était Un ancien
Officiér de ce Corps, frère-aîné du Chevaliér: La Fille du Port-au-bléd, Mˡˡᵉ
Felicitète-Prodiguér, que j'ai depuis nomée INFELICITÉ, fœur d'Un Directeur

des Aîdes: Le Maltôtiér, ce Direĉteur lui-même. Nous trouvames ces 3 Perſones chéz M. Prodiguér. Mes Filles montèrèt dans la voiture du Chevaliér, avec Felicitète & le vieil Officiér: Le Direĉteur, qui avait à me parler, & moi, nous alames à piéd de-conſerve, & après les matières indifferentes, il me dit quelques mots de ſon affaire, avec les Fermiérs-generaux. Elle était très-embrouillée, & je ne doutai pas, ſur ſa propre expoſicion, qu'il n'eût fait ſes affaires. Le prix comptant d'une Terre, qu'il páyait, ce jour-même au Chevaliér de St Sarm, acheva de m'en convaincre.

A notre arrivée, je fus ſurpris des grâces & de l'amabilité de Felicitète !... Elle folâtrait avec mes Filles & le vieux Chevaliér, qui, avec ſa belle figure, ne reſſemblait pas mal au jovial *Anacreon*, jouant avec les grâces. Auſſi m'écriai-je: —Voila le bon *Anacreon*-. Dans ce 1er moment, j'eûs une crainte vive! ce fut que la Dlle ne fît évanouir mes plûs flateuses eſperances, en renplaçant Marion dans l'eſprit du Chevaliér. Je me trompais en ce point, ſans me tromper au fond. Mais ce fut de l'idée entière que je partis, depuis ce jour 5 MAI, juſqu'au 29 JUIN ſuivant... A table, Felicitète ſe plaça vis-à-vis de moi: Elle effaça tout, ex-

cepré Marion Elle fut charmante audelà de ce qu'On peut imaginer. Je ne l'en
redoutaí que davātage; mais je tremblais,
fans imaginer aucu'un moyén de prévenir le danger. Ce ne fut qu'après
le Dînér, qu'elle me jeta un leurre, qui me
fit croire que je l'avais trouvé. Cependāt j'étais loin d'y avoir une entière confiance....... ✚ On fe chauffait encore.
En fortant de table, Felicitète ala auprès du feu, & en aprocha 2 jolis piéds.
Je la joignis, parcequ'elle était reftée feule, & nous causames. Elle me fit des
complimens. C'était à moi de lui en faire, & je me mis à la louer de la tête aux
piéds. Elle favoura la louange, & me
parut l'aimer beaucoup! On eût ri, fi
l'On nous eût entendu. Mais j'étais excusable: Felicitère, quoiqu'un-peu bour-
geonée (ce qui marquait un grand feu!)
avait des grâces infinies. Elle était moins
excusable que moi ; j'ose dire qu'elle é-
tait ridicule, de louer fur les debris de fa
figure, Un Home de 52 ans, auquel les
chagrins, les angoiffes en pretaī 60.....
Le poison de la louange fit égalemt fon
effet ; il rendit Felicitète plûs coquette,
moi plûs confiant: Je fis l'aimable ; je
fentis de la vanité, en voyant Felicitère
préferer ma main, pour defcendre dans
les Jardins. Je crus envérité que je pou-

vais encore inspirer de l'amour ! Chaque mot, chaque regard de Félicitète me cōfirmait dans la bone opinion que je prenais de moi-même. Je conçus alors le dessein (infensé) de prévenir le malheur que je redoutais, par le goût que je paraissais inspirer... Après une demi-journée delicieuse, nous partimes dans la voiture du Chevalier, qui nous descendit chéz Mlle Félicitète, où je restai ; tandis que le Frère reconduisait mes Filles, ruë *des-Bernardins*.

Me voila donc seul avec ma jolie Coquette. Les conplimens recomencèrēt, & je me crus bién fin de paraître extrêmem^t galant, enpressé... Tel fut le debut d'une passion qui parut reciproque. Félicitète encore jeune (elle n'avait que 35 ans), riche, mise avec un goût exquis, fut une Femē come je n'en avais pas encore eú. Elle me gâta par des mignardises, come avaiēt fait Celles qui m'avait le plûs aimé. Je me crus un autre *Titon*, qui alais captiver cette nouvelle *Aurore*, & préserver ma Fille de sa rivalité. Je revins chéz moi, non-seulement rassuré contre mes craintes, mais l'âme dilatée par la joie.

Le lendemain, l'image de Félicitète frapa voluptueusem^t mon imaginacion rafaîchie par le repos ! Je brûlais d'envie

de la revoir, & come j'en avais toute
permiſſion, j'y courus, dès que je penſai 1786
qu'elle était visible. J'en fus reçu, come j'eſperais de l'être par Madelòn,
Emilie - Laloge, ou Mariane – Tangis,
dans les beaux jours de mon Printemps;
come, plûs recenment, Loüise & Terèse
m'avaient reçu. J'en étais émerveillé!
... Ma ſurprise va ceſſer; mais non
mon enchantement... A cette 2de visite, Felicitète me fit entendre, que ſon
Frère pourrait avoir besoin de Moi, p^{our}
rediger un *Memoire* intereſſant, relatif
à des perfecucions inoüïes, qu'il avait
eſſuyées de la part des Fermiérs-generaux. Mais elle me préſenta le principal
motif de ſes prévenances, come étant l'
effet du goût que je lui venais d'inſpirer:
C'était une marque de confiance, qu'elle
me donait. J'en fus infiniment flaté!...
Les jours ſuivans, j'entendis la lecture
d'un long Memoire, fort bién raisoné, par
le Directeur lui-même, qui le fesait marcher avec toutes les Pièces Juſtificatives.
Je parlai de cette affaire à differentes Perſones, à M. Le-Pelletiér-de-Morfontaine, à M. Bultèl-Dumont, Tresoriér-de-
France, & ſurtout à mon Am Guillebrt,
qui avait les plûs belles Conaiſſances (come on disait alors). J'y menai Felicitète, qui m'y procura un amusement déli-

1786 cieux! Je la fis paſſer pour Une de mes Filles, de mes Filles-naturelles, & pour la plûs intereſſante de Toutes, pour Edmée-Colette. On n'imaginerait pas l'inpreſſion qu'elle fit ſur le Dr, ſous ce nom cheri! Elle fut telle, que moi-même ravi, enchanté, perſuadé par ce que je diſais, j'alai me figurer qu'elle était Celle pour qui je la donais. J'eûs des momens de l'atendriſſement le plus vif.... Mais cette erreur charmante ne durait que chéz le Dr, que je n'ai jamais detrompé.. On penſe bién que mon Ami fit tout ce qu'il put. † J'avais alors mal à la poitrine. L'activité que me rendit Felicitète, activité qui triplait chéz le D, où nous étiôs traités 2 ou 3-fois par ſemaine, chaſſa l'atonie; je me trouvai plûs de vigueur. [C'eſt ainſi que Sara avait *renvoyé* ce même mal en 80 & 81 : mais Felicitète me paraiſſait bién ſuperieure à Sara! Celle-ci était Une *Fille*, qui demandait à être ſoldée : Felicitète aucontraire était Une Dlle fortunée, áyãt de la decence, un grand uſage du monde, des talens agreables, l'agrement des manières, qui diſait noblemt les choſes obligeantes qu'elle penſait]. Une douce reciprocité ſ'établit entre nous : Felicitète fut dabord pour moi Une 2de Terèſe, & biéntôt Une nouvelle Louiſe.. Cette illuſion delicieuſe

cieuse ne dura guère plûs longtenps qu' 1786
avec les 2 chères Amies que je viéns de
nomer, & malgre tout ce qui devait m'a-
tacher à Felicitète, elle n'a pas laiffé ces
traces profondes, qui me font encore
pleurer Louise & Terèse, aubout de 25
ans.... ¶ La conduite de Felicitète, à
mon égard, ala toujours de mieux-en-
mieux. Le charme de nos parties chéz le
D^r, l'amitié qu'on m'y témoignait, fesaient impreffion fur elle. Un-jour, on
y traita devant elle, pendant que ma
Fille cadette était defcendue avec le petit Noluob, fils du D^r, une matière me-
dicale afféz gaíe. J'avais mes vues. Je
demandaí au D^r, Si une paffion douce,
qui rendait heureux, ne pouvait pas guerir le mal de poitrine? Tout le monde
differta. Je ne faís fi le D^r m'avait entendu; mais en raisonem^t definitif, il fe deci-
da pour l'affirmative. Le Comte De-Riva-
rol était de ce Dînér, avec fes 2 Sœurs
Agacète & Provoquète. On difcuta enfuite la Puiffance des 2-fexes. Le D^r affura que la Femme était à l'Home come
14 à 1; qu'elle ne començait à f'émouvoir qu'à 4, c'eftadire au moment où l'
Home ceffe... On traitait cette matière en Savans...

Dès le lendemain, Felicitète voulut
me prouver fon devoûment à mon bon-

XI Partie.   J j

1786 heur, à ma santé. A ma visite du matin, je la trouvaí en corpſet, en jupon court... Je lui fis timidemᵗ quelques careſſes..... Felicitète, determinée, ſ'écria:
— *Puiſſé-je te rendre immortel—* ....

On doit juger, après cela, que Felicitète me devint infinimᵗ chère. Car elle me detailla enfin ſes motifs. Ce fut alors que je me crus aimé! Je me regardaí come aſſuré qu'elle ſeconderait mes vues, pour le mariage de Fille-cadète.....

Mais Felicitète n'aimait au monde que 2 choses, ſon intérêt, & ſon Frère. Ce Frère l'avait élevée pour lui, & l'avaít formée à ſa guiſe.... Il ſe ſervait volō̄tiérs de ſa Sœur, fine & très-adraite, pᵒᵘʳ aranger ſes affaires. Elle avaít eú l'art de le tirer de priſon, de lui faire rendre ſes Papiérs, & de lui procurer une proviſion, quoiqu'il eût été arrêté pour non-paiement de deniérs publiqs. Elle avait capté le Chevaliér De-Sᵗ Sarm: mais il l'avait trouvée trop agiſſante. Felicitète, qui avait conpté ſur la main d Un Home *come il-faut*, fut outrée de ſon changement, qu'elle atribuait à ma Fille, tandis qu'il n'était dû qu'à elle-même. Elle ſe promit de tout faire, pour debuſquer ſa Rivale; non qu'elle eſperât alors de ramener le Chevaliér; mais elle voulait qu'il mourût garſon. ¶ Au moment où nous en ſomes, elle était encore en ſuſ-

pens. Les évènemens vont la feconder. 1786
Come elle venait prefque tous les jours
chéz nous, elle f'y trouva enfin avec le
beau *De-Rosières,* Lieutenant-General au
Bailliage de C—lon. Nous les retin-
mes tous-deux à Dînér. Felicitète fut
charmante! Elle l'était toujours; mais
à ce Dînér-là, elle fut audeffus d'elle-
même. De-Rosières en parut enhanté!
... Il me vint alors une idée genereuse,
de procurer ce Parti à Felicitète. Je lui
en dis un mot, après le Dînér. —Pourquoi ne fongéz-vous pas à votre Fille-
cadète? Un Gendre Home-de-Juftice à
ce degré-là, en inposerait à ce miserable
LEchiné?... —J'ai d'autres vues pour
elle (repondis-je), que je ne veux pas de-
ranger. Dailleurs, ma Fille-cadète n'eft
pas affez riche pour ce Jeunehome, auquel il faut qu'une Feme aporte. Laiffez-
moi tout difposer: Si je reüffis, c'eft
Edmée-Colette que j'aurai mariée. De
ce moment, je ne vous regarde plus au-
trement que cette Fille cherie-.
Felicitète me remercia. Elle fentit
qu'aufond, j'avais raison, & coquette come toutes les Femes, elle n'était pas fâchée de captiver un beau Jeunehome,
qui avait un état honorable... Or depuis
fa conaiffance avec nous, qui la traitiõs
come Une Divinité, noũs alions beau-

coup plüs rarem^t chéz le Chevaliér...
Dabord, je ne m'en apercevais pas. C'eft
que Felicitète, qui avait tout fait pour que
M. De-St-Sarm conût fon intimité avec
Moi, était chargée de nous inviter; ce
qui épargnait au Vieux-Militaire la peine
d'écrire. Felicitète n'en fesait rién, & fe
chargeait en-outre de nos excuses, quãd
ellē alait feule. Cette méprisable fineffe
n'était pas digne d'elle, puifqu'il était fi
facile de la decouvrir!... Mais tout fe-
conda cette Fourbe, qui a toujours eú du
bonheur. Elle prévint même le coup, en
disant à mon Ami, Que j'étais alors fi
ocupé, qu'un Dînér me derangerait in-
finim^t. Quand je lui eús montré De-
Rosières, elle en parla trionfante, & pré-
senta fon mariage come arêté. M. De-
St-Sarm l'en félicita. Elle proposa de lui
amener le jeune Magiftrat avec Nous;
fe rendant ainfi l'arbître de nos invitacions. Elle nous conduisit chéz le Chevaliér. Je ne me plaignis pas à mon A-
mi de fon oubli, vu notre fituacion ref-
pective: Il nous reçut avec tranfport,
& ce fut lui qui nous fit d'obligeans reproches. Felicitète me parut concentrée;
De-Rosières était enbaraffé. Il y eút entre M. De-S^{t}Sarm & Felicitète un entretién particuliér, après lequel le Chevaliér lui-mème parut couvert. Nous ima-

ginames que cela ne regardait que des
affaires d'interêt, dont nous favions que
Felicitète & fon Frère traitaît avec M.
De-S^tSarm : Nous nous tranquilisam^s.
Le Chevaliér n'en avait que plûs d'égard^s
p^{our} Marion, qui, dirigée par Moi, y repondait avec fa douceur naturelle, par
des prévenances. Je lui desirais infinim^t
ce mariage : Il fut detruit ce jour-là ; parcequ'ignorant le coup funefte qui m'était
porté, je ne pus y remedier.... Je laiffai
DeRosières doner le bras à Félicitète.
Celle-ci, qui voulait prévenir fō Amant,
dans le cas où le Chevaliér lui parlerait
en-particuliér, lui dit, Qu il était queftion de le montrer au brave Militaire,
come fon Futur. —Hâ! Mademoiselle!
quel bonheur, fi... —Si ? —Si je n'é-
tais pas engajé ! —Coment? Marié ?
—Non pas toutafait ; mais j'adore Une
Jeuneperfone, & avant de me declarer à
elle & à fon Père, j'ai voulu avoir l'aveu
de mes Parens, & celui d'Une Dame celèbre—.... Voila leur Reponfe. Par cette
Reponfe, Felicitète vit qu'il était queftion de Marion... Elle fut profondem^t
bleffée! Mais elle diffimula.! Elle loua
beaucoup le Choix du jeune De-Rosièr^s,
lui vanta fon atachement p^{our} moi, & cependant, la Perfide ! elle formait la re-
folucion de faire manquer le double éta-

1786 bliſſement de la Fille de ſon Ami , de Celui qui la fesait cherir par le D^r, & partout où il la préſentait !… Voila quelle eſt la cléf de ſa conduite future.

Après le Dînér , Felicitète ſe hâta de prévenir M. De-S^tSarm de ne plus compter ſur Marion : Elle lui dit, que ma Fille avait 3 Amans p^{our} le mariage, outre lui-même ; qu'il était le Parti du Père, & non de la Fille. Elle lui repréſenta , que la Jeuneperſone n'avait pu voir De-Rosières avec indifference ; qu'elle ſ'en était aperçue à la manière froide dont elle recevait ſon Frère, qui lui avait parlé mariage : Elle ajouta, qu'elle avait obſervé que, depuis la cònaiſſance de M. De Rosières, Marion ne ſe plaisait plus autant avec le jeune Noluob, fils du D^r, qui l'apelait auparavant *ſa Femme* , denominacion qu'elle n'avait fait ceſſer qu'aux dernièr^{res} visites. [Tout-cela était abſolum^t faux, puiſque nous conaiſſions M. De-Rosières plüs de 2 mois avant Felicitète]. § Le Chevaliér , onbrageux come tous les Vieillards, fut ſurpris de ce qu'il croyait aprendre, & come je l'ignorai je ne pus le ramener. De ce moment, il changea de vues: mais il n' avait encore Perſone ; il diſſimula. Ce qui l'avait determiné p^{our} Marion, c'eſt que c'était Une âme abſolum^t neuve :

Felicitète, de son éhef, lui ôtait cette précieuse qualité ; tout fut dit. Mais si j'avais pu deviner, j'aurais tout reparé... Par instinct neanmoins, j'éloignais les visites du jeune De-Rosières, & je doublai le mal. J'éloignai de-même Prodiguér le Frère, qui dailleurs partit avec sa Sœur le 29 Juin, enmenant ma Fille-aînée, qu'On voulait sonstraire (disait-on) aux avanies que lui fesait son infame Mari.

Mon goût p^{our} Felicitète dura inclusivem' jusqu'au jour de son depart. Je ne doutais pas que je ne la pleurasse, & je lui avais anonçé des regrets sur mon Ile, aux mêmes endroïts que nous y parcourions ensenble... Et le soir même de son depart, je me sentis debarassé d'un fardeau !... Je ne pouvais en croire mon sentiment !... Les jours suivans, ma situacion devint encore plüs degajée. Bién plüs ; j'aurais dû être atendri, par ce qu' On me dit d'elle, chéz le bon D^r, où elle passait touj^{rs} p^{our} Edmée-Colette : Je ne le fus pas !... Ici, je m'en voulus à moi-même, & je présumai que mon pauvre cœur racorni, était devenu insensible !... Je ne fus pas longtemps dans cette erreur.

Dès le 12 Juillet, je sentis plüs vivement que jamais renaître mes regrets de Louise & Terèse : Assis sur la rampe de fer vis-à-vis le n° 14, tous les soirs j'y

1786 atendais que j'aperçuſſe au zenith le *Vega*
de la *Lyre* ; & dès que je voyais cette belle
Etoile, un nuage de larmes inondait mes
ïeux : Je m'écriais : — *Voila la Lyre !*
mais Loüise & Terèse n'y ſont plus–!...
Coment arivait-il qu'un inſtinct aveugle
me fit ſentir la trahison de Felicitèté !...
Le Chevaliér était malheureuſem.^t parti
p.^{our} ſon inſpection quelques jours avant
la Traitreſſe : Je ne pus avoir d'explica-
cions avec lui ; & durant ſon abſence,
une Parente, à laquelle il ſ'était ouvert,
conſoma la perte que je feſais.... à moins
que ce ne ſoit la visite que lui rendit LE-
chiné, au mois de 9.bre ſuivant.

Felicitète fit un voyage à Paris au Mois
d'Auguſte. Elle ſ'aperçut qu'elle ne tenait plus mon cœur. Cependant elle ſe
fit illusion chéz le D.^r, qui la traita en Divinité. Ce fut pendant ce voyage, que
je decouvris, non la terrible verité, dont
j'aurais peutêtre encore pu prévenir les
effets, mais le fond de la conduite de Felicitète avec ſes Amis & ſes Ennemis....
Je ne lui en fis pas un crime ; Je ne l'aimais plus. Mais j'étais touj.^{rs} étoné de
mon indifference, que je n'atribuais qu'à
mon inſenſibilité.....

Mon Hiſtoire ſe detache par morceaux
diſparates dans ces dern.^{rs} temps de ma
vie, & je pou rais la mener abſolum.^t ſe-

parée en 2 parties; les évènemens, & 1786
mes Ouvrages. † Je devins de plûs en
plûs indifferent p.^{our} Felicitète, fans rién
favoir de-nouveau à fon fujet, que fes
infielités, qui ne m'affectèrét pas; Moi,
qui l'avais été fi cruellem.^t par celles de
Virginie & de Sara!… Le plûs heureux
temps de ma vie paternelle, a été pend.^t
mon intimité avec le bon Chevaliér De-
S.^tSarm. Il était d'un caractère parfait,
aimant, aimable, naïf avec grâce, frâc,
loyal Chevaliér. Quand il nous invitait, c'était un jour de fête, & ces jours
arrivaît fouvent. Sa maison était charmante & come à la campagne. Ma fituacion perfonelle était heureufe. J'étais trâ-
quil pour ma fubfiftance. Un avenir plûs
riant f'entr'ouvrait devant moi.… Et
Tout cela va f'évanouir, come mon bonheur perfonel f'évanouit autrefois! Par
Qui? Par une Fourbe, qui M'enpoifon-
nait dans la coupe de la volupté.….

Ce ne fut pourtant pas elle qui nous ô-
ta l'aimabl. & fpirituel De Rofières. Felicitète ayât un jour lâché quelques mots,
ce Jeunehome l'arrêta court, en lui decla-
rant, que fes Petites Sœurs (c'était ainfi
qu'il no nait mes Filles, & Felicitète elle-même), feraît touj.^{rs} ce qu'il refpecte-
rait le plûs au monde. La Fourbe fourit,
come fi elle l'eût aprouvé: Elle était

1786 charmante, quand el'e souriait : Rosières lui baisa la main , & lui demanda
pardon... Je tenais à mes vues pour le
bon Chevaliér. De-Rosières, sûr de ses
Parens, me dit alors, Que si J.-Jaques
avait vécu, & qu'il eût-eú Une Fille, il
aurait été la lui demander , avant de me
rendre sa 1re visite : Qu'il ne voyait que
moi qui renplaçât cet Home celèbre , &
qu'il me supliait de le mettre au nonbre
de mes Enfans. J'estimais infinim^t ce
vertueux Jeunehome. Je lui repondis
par une confidence entière. Il eút la generosité de m'aprouver, & il me dit, Qu'
il renonçait au mariage, aumoins pour
le présent. Je n'estimais plus asséz Felicitère, pour le presser de s'attacher à
elle. Je me tus à son égard..... Hêlas! était-il possible de prévoir le cruel
effet de mon refus! Rosières adorait Ma-
rion, qui était effectivem^t alors infinim^t
plûs seduisante que jolie.... Sa tète
s'enflâma d'autant plûs, qu'il n'osait se
plaindre : Il perdit une santé florissante;
il perdit la raison, & tomba dās un état,
... qui me fait encore frémir... Tout
le monde conaissait la cause de sa maladie, Felicitère elle-même, à son 3e voyage a la fin de 7bre, & nous l'ignorions,
mes Filles & moi!... Voila come tout
s'engrainait contre nous, par des circōs-

tances invraìfemblables! Car mon A-
mi le D^r, qui favait tout, voulant f'allier à Moi, par fon Noluob, encore trop
jeune, me cachait auffi la verité. Une
chose me bleffa: Ce fut l'infenfibilité de
Felicitète pour Un Jeunehome, avec lequel nous avions paffé des heures delicieuses! J'ignorais encore que cette Fille, la plüs égoïfte des Creatures, n'en á-
yant plus rién à efperer, f'inquiétait fort-
peu qu'il fût mal ou bién… Une Lettre
de ma Fille-aînée, reftée avec le Frère,
rapela cépendant un inftant mon cœur à
la Traîtreffe: Agnès me mandait, Que
fon Amie avait mon Portrait dans fon
alcove, & que tous les matins elle lui
disait des douceurs… J'eús la faibleffe
de penfer, que fon indifference p^our l'é-
tat de notre Ami De-Rosièrts, venait
de fon atachement p^our Moi. L'On eft
fou à tout âge, mais furtout quand On
vieillit… Le jeune De-Rosières fut obligé de retourner dans fa Famille, où il
eft mort en Mars 1788, & j'ai fu la verité.

Au 4e voyage que fit Mlle Prodiguér,
en 9b^re, le Chevaliér venait d'arriver…
Le croyant touj^rs difposé à faire de Marion fa Conpagne, & ne doutant pas que
le mariage ne fût p^our l'hivér où nous en-
trions, elle frapa les derniérs coups à
mon repos & à mon bonheur, en atri-

1786 buant une indifposicion de ma Fille-cadète, au chagrin que lui avait causé la
maladie de M. De-Rosières. La Jeuneperfone elle-même confirma cette idée,
en montrant beaucoup de fenfibilité p^our
ce Jeunehome, dont les adieux nous a-
vait dechiré l'âme... Felicitète, malgré
tout-cela, craignant qu'une explicacion
ne fît difparaitre toutes fes interpréta-
cions, elle ala parler de la fuite de ma
Feme; elle fit rendre par L'Echiné une
visite au Chevaliér, aux genoux duquel
elle le fit fe jeter, p^our redemander fa Feme
au nom de fon Fils. Le bon Chevaliér
tout-atendri, vint me faire cette recla-
macion; & j'eús une peine infinie à juf-
tifier ma Fille-aînée dans fon efprit. Mais
le coup était porté. Le Chevaliér ne put
foutenir l'idée qu'Un L'Echiné pourait
venir fe préfenter chéz lui, fous le titre
de Beaufrère... La perfide Felicitète, de
ce mom^t, fut fûre de fon criminel fuccés.
Tel fut le tour que me joua ma tendre A-
mie.... ¶ Mais le Chevaliér tenait fi
fort au deffein de f'allier à Moi, qu'il ne
rompit pas encore avec Nous: 20-fois
On fut fur le point de conclure; & Felicitète, reftée exprès à Paris, fit touj^s
differer, parcequelle raifonait avec art,
& qu'elle préfentait fans-ceffe à Un Ho-
me-d'honeur l'épouvantaïl de L'Echiné.

Elle

Elle aurait échoué cependāt. Le Che- 1786
valiér eût une indifposicion : Il vonlait
terminer. Sa Parente áyant apris qu'il
était malade, vint lui rendre visite. Elle
avait fait une decouverte : C'était
Une Dᵐᵉ de-condicion, âgée de 36 ans,
prefqu'auffi riche que le Chevaliér lui-
même, d'un caractère doux, d'une figure
encore agreable, que la mauvaise-volonté d'Un Frère-uniq, mort depuis peu,
avait condannée au celibat, & qui desirait de fe marier à Un Vieillard honête,
afin de refter dans les bones-grâces d'U-
ne Famille intereffée. Il y eût Une entrevue. La Dᵐᵉ convint. Malgré cela,
le Chevaliér tenait encore à ma Fille...
L'impudente Felicitète, pᵒᵘʳ le determi-
ner, osa lui dire, que j'étais en pourpar-
ler avec le Dʳ, pᵒᵘʳ la doner à fon Fils,
(alors un enfant ; mais le Chevaliér l'i-
gnorait)... Sans s'informer, & après a-
voir dechiré Une Lettre qu'il m'écrivait,
mon meilleur Ami, l'Home que j'eftimais le plûſ (car je l'eftimais à l'égal du
Dʳ), me dona le chagrin le plûs cruel que
j'aye éprouvé, en épousant la Dᵐᵉ Noble
à mon infu !... Ainfi la prédiction de
Mad. Parangon, que je ne ferais jamais
heureux, acheva de fe verifier. . O
mon pauvre Nicolas ! (m'écrié-je quelquefois), ta vie eft enpoisonée-!... J'i-

XI Partie.   K k

gnorais cependant encore la cause de mõ malheur; j'ignorais mon malheur même: il me fut caché plûs de 18 mois; c'eſt-à-dire, juſqu'au moment où il fut ſans remède, par la mort de mon Ami le Dr, arivée le 1r 8bre 1788. C'eſt ma derniè e Perte; c'eſt la plûs irreparable.... Mais avant d'y venir, achevons ce qui regarde le bon Chevaliér De-Sr Sarm.

Il était marié, mais il me le cachait. Quelques torts de Felicitète firēt que je ne la menageai plus. De ſon côté, elle ſe couvrit de rougeurs & de boutons: Enlaidie, elle en devint plûs mechante, & dans un voyage à Paris, pendant lequel elle ne vint pas nous voir, elle decouvrit au Chevaliér toutes ſes perfidies... Cet Honête-home n'était pas à ſe tepentir de ſon mariage précipité, depuis lequel il ne nous invitait plus. Il fremit d'hotreur.

Nous ignorions encore le mariage mes Filles & Moi. M. De-Sr Sarm l'aprend: Il veut nous inviter encore une-fois, nõ chéz lui, où nous aurions vu ſa Femē, mais dans ſon ancién logement de la maiſon du Marbriér, qu'il enprunta de ſes Succeſſeurs. C'était en 1789. Comē il était malheuréux, ſa Parente voulut bién contribuer à lui doner cette ſatiſſaction. Elle l'avait renplacé: ce fut chéz elle que le Dînér ſe dona. Nous étiõs invités

Moi, ma Famille, M. Merciér, & Un 1789
M. Cuñòt, Ingenieur... La fète d'adieu
que le Chevaliér nous donait, fut com-
plette. On nous fervit entr'autres Un
fuperbe Turbot. Il avait resolu de nous
tout declarer. S'il ne pouvait f'y resoudre, fa Parente devait le faire. Après
le Dînér, on nous conduisit à Une Co-
medie-Bourgeoise, jouée par Une Penfion de Jeunes Dᶦˡᵉˢ : On nous y dona 3
Pièces ; la *Raporteuse* de Mad. *De-Gen-*
lif ; la *Broüette du Vinaigriér*, de M. Merciér ; & ma Petite Pièce *Sa Mère l'alai-*
ta, dèflors recue aux *Italiéns*. Le Chevaliér De-Sᵗ Sarm avait eû de Marion,
18 mois auparavant, une belle copie de
cette dernière Pièce ; & le digne Chevaliér, par une delicateffe qui entrait dās
fon noble caractère, en nous invitant M.
Merciér & Moi, nous fesait la plüs grande politeffe qu'On puiffe faire à des Auteurs, de leur doner une Fête avec leurs
propres Ouvrages... Je n'étais pas prévenu : la furprise me fut infinimᵗ agreable, & chaffa une penfée que j'avais eüe
en voyant fervir le Turbot, *C'eft un dî-*
nér d'adieu !... Je penfai aucontraire,
que Nous alions terminer, & qu'avant le
depart, le Chevaliér alait nous demander
notre jour. Les égards qu'il marquait à
Marion, me confirmaiēt dans cette idée.

K k 2

Les Pièces achevées, Nous alames faire conpliment à nos jeunes Actrices, qui avaît renpli les rôles des 2-sexes : J'avais trouvé Celle qui fesait *Charlote* adorable, & je lui detaillai tout ce qu'elle avait bién joué. Elle en parut toute glorieuse. La vue de M. Merciér, dans la Pièce duquel elle avait fait l'Amoureuse, la flata, les flata Toutes, audelà de ce qu' On peut imaginer ! On se le montrait dans toute la salle : —Voila l'Auteur du *Tableau-de-Paris !...* Je me trouvai plüs heureux que jamais... En sortāt, nous jouïssions du plüs beau ciel : dans la traversée des Jardins, je montrai les constellacions, en les noñant, à la Fille de la Dame Parente, l'Une de nos Actrices, qui avait très-bién rendu ma *Georgette.* Le Chevaliér, en voyant l'interêt que la Jeunepersone mettait à l'Astronomie, nous dit, en lui frapant la joue : —C'est la 1ʳᵉ leçon-. [Quel motif eût-il de parler ainsi ? car c'est pᵒᵘʳ le coup que je crus le mariage fait !] Arrivés à la maison, je vis de l'enbaras. Peu s'en-falut que, dans l'idée où j'étais, que le Chevaliér regardait coñe une inconvenance de me parler chéz lui, je ne le prévînsse... Que l'On juge de l'effet que mon discours aurait produit !...

On mit les Chevaux à la voiture pᵒᵘʳ

Nous reconduire, & nous partimes, fans 1789
qu'On m'eût rién dit. Ce qui me parut
très-naturel !... Je demeuraí encore 15
jours dans une fecurité profonde ! C'eſt
que mon Ami le D^r n'etant plus, Nous
ne voyions Perfone. Mais à cette époque,
le hazard me decouvrit ce que j'avais tât
d'intérêt de favoir ! Un nouvel Ami du
Chevaliér, qui ne me conaiſſait pas, di-
nait chéz la Veuve Duchêſne : Il y racontait à Cuñot l'hiſtoire du mariage du
Chevaliér De-St Sarm, & jufqu'à notre
dern^re partie, fans nomer les Maſques ;
deforte que je fus le feul inftruit. Il ex-
pofa toutes les menées de Felicitète, en
la nomant Traîtreſſe. Il apuya fur le Tableau, p^our rendre la fatyre generale contre les Femes ; enunmot, il m'aprit toût
ce que j'ai raconté. Il le tenait du Chevaliér lui-même, & de fon Secretaire,
qui étant p^our Mlle Felicitète, l'avait vi-
vem^t fecondée. Dans les temps où nous
étions exclus par elle, fouvent il était
chargé de nous inviter, & aulieu de le
faire, il repondait ce qu'elle lui avait di-
été. Quand, à la fin du Dînér, l'Ami
du Chevaliér me coñut, il parut interdit.
Pour Moi, j'étais au-defefpoir de mon
malheur, & furieux contre Felicitète !...
Hâ ! Louife & Terèſe, où êtes-vous ? Où
es-tu, Virginie ? Les Catins valét mieux

1786 que les Hoñêtes-femes come Mlle Prodi-
1789 guér...   ¶ Je n'aí plus eú de nouvelles
du Chevaliér, depuis ce moment. Sans-
doute son Ami lui revela que j'étais ins-
truit...   J'ai perdu l'Ami le plüs aimable & le plüs chër; je l'aí perdu, par la
malice d'Une Coquette, qui m'avait pro-
digué les louanges & les faveurs.

Cependant, je n'étais pas encore sou-
verainem^t malheureux: J'aí obfervé, depuis ma jeuneffe, que je ne tonbe pas dās
le précipice, j'y defcens : mais je n'en
arive pas moins au fond tout froiffé....

Après ma rupture avec Felicitète. je
ne m'ocupai que de mes Ouvrages. On
inprimait les FRANÇAISES. Je mis en
ordre LA FEMME-INFIDELLE ; puis IN-
GENUE-SAXANCOUR, ou LA FEMME-
SEPARÉE : Enfuite, je me donaí tout-
entiér à la conposicion des PARISIEN-
NES, IV Vol. que je regarde come les
plüs utils des LXV qui conposét l'entière
Collection des CONLEMPORAINES.

L'inpreffion de ces IV excellens Vol.
n'était pas achevée, au comencement de
1787, que ma tête fermentait deja pour
LES NUITS DE PARIS, qui ont renplacé
LE HIBOU-SPECTATEUR NOCTURNE.
Cet Ouvrage m'enbaraffait, áyant dabord éte conçu fur un plan different. Mai^s
un-foir, en revenant très-ému de ma fta-

cion annuelle à la ruë *Saintonge*, je pris 1787
par des ruës médiaires & inconues, au- 1789
lieu de fuivre la belle ruë *Loüis*, & je me
trouvaí, je ne faís coment, dans la ruë
Payénne, folitaire en plein-jour, & qui
l'eſt encore plûſ la nuit. Vèrs le milieu
de la ruë, à ces Petits balcons, les feuls
qu'On y voye, j'entendis foupirer audeſ-
fus de ma têté. Je me redreſſe, & je vois
Une Feme, à laquelle j'osaí parler. Ce n'é-
tait pas la Marquise De-Mntlmbrt; mais
alors fa charmante idée f'amalgamait à
ce que je voyais, & mon imaginacion
f'échauffa. Je fentis quel devait être le
but & la marche des NUITS : Je conçus
l'idée de les conposer de tous les faits
reellem^t arrivés, dont mes promenades
nocturnes m'avaít rendus temoin pend^t
tout le cours de ma vie. Mon nouveau
Plan tracé, mon Ouvrage me rit, & fut
aux 3-quarts faiɪ.

J'inprimaí ma Petite-Pièce intitulée,
LA MARCHANDE-DE-MODES , ou LE
LOUP DANS LA BERGERIE, dont le fujet
eſt pris de mes amuſemens ſerotinals
avec Zefirette & les Jennes Monclar.

J'avait fait auparavant LA MÈRE-
IMPERIEUSE , fujet tiré de LA FILLE-
NATURELLE. ¶ Je conposaí 2 ÉPIME-
NIDES , l'ANCIÉN , ou le GREQ , & le
NOUVEAU , dont le fouſtitre eſt la SA-

1787
1789
1793

GE-JOURNÉE. ¶ LE PÊRE-VALET eſt
une Pièce intereſſante, tirée des CON-
TEMPORAINES. ¶ La recepçion de ma
petite Pièce m'avait encouragé, j'en fis
Une d'un genre abſolum' neuf, intitulée
L'ÉPOUSE-COMEDIÉNNE: Elle eſt tirée de la MIMOGRAFE. ¶ L'AN 2000
a le defaut d'être fait avant la Revolucion ; mais il la ſupose faite, & préſen-
te les mœurſ qu'On aura dans 200 ans.
¶ LE LIBERLIN FIXÉ eſt tiré de mon
ÉCOLE DE LA JEUNESSE, dont l'édiciō
ſe trouve depuis longtemps épuiſée.
¶ Le ſujet de l'AMOUR MUET, eſt le
même que celui du VIe MODÊLE du Nᵉ.-
ABEILARD, qui porte le même titre.
¶ EDMOND, OU LES TOMBEAUX, eſt
un ſujet dont la base eſt dans la Dernᵉ
Partie du PAYSAN PERVERTI.

Dans ma Dramomanie, qui me tint de
1784 à 1791, j'alaí juſqu'à faire Un Drame en V Volumes. C'eſt Tout le CŒUR-
HUMAIN DEVOILÉ mis en PIÊCES regu-
lières, ou en SCÊNES detachées : Auſſi
l'intitulaí-je LE DRAME DE LA VIE:
Il a été inprimé on 1792-93, & contient
pluſieurs details omis dans cet Ouvrage-
ci, dont il eſt le SUPLEMENT.

A la veille de la Revolucion, en 89,
j'inprimai le THESMOGRAFE, Vᵉ Vol.
des IDÉES SINGULIÈRES. ¶ Je fis en-

ſuite Une XVe PARTIE aux NUITS DE 1789
PARIS ; puis Une XVIe. C'eſt dans la 1794
XVe, intitulée LA SEMAINE NOCTUR- 1796
NE, qu'eſt le recit de l'infame calomnie,
qui me fit arrêter le 28 8bre, à 16 heur^s
du ſoir. Còme ce Livre exiſte encore,
j'y renvoie. ¶ J'avais inprimé les FI-
LLES DU PALAIS-ROYAL en 89 : C'eſt
Une 4e Suite des CONTEMPORAINES,
qui les porte à 53 Vol. ✝ Les PROVIN-
CIALES, que je conposai en 89, & auxquelles je reünis les TABLEAUX DE LA
VIE, furẽt inprimées en 90, 91, 92, 93,
94 : Elles portẽt les CONTEMPORAINES
à 65 Vol. d'Hiſtoires. ¶ Enfin, j'inprimai cet Ouvrage-ci. ¶ Je ne parle pas de
2 mſſ que j'ai conposés cette añée 96, ni
des peines que je me ſuis donées p^{our} la
mise en ordre de ma FILOSOFIE, en 6
Petits Vol. dont *BONEVILLE* a inpri-
mé les 3 I^{res} *Parties*, contenant la FISI-
QUE : Il en reſte 3, la MORALE, la PO-
LITIQUE, & la RELIGION : Puiſſé-je
avoir le courage & les moyéns de les mettre au jour !.......... [Voyéz, p^{our} de
plûs amples details ſur chaque OUVRA-
GE, la REVUE GENERALE que je fais de
mes Productions à la fin de Celui-ci].

Pendant que je conposais tous ces Ouvrages, & que de temps à autre, je repre-
nais M.-NICOLAS, les paſſions achevaīt

 de mourir dans mon cœur. Ma reputaciõ m'atirait quelques bones-fortunes, dont j'étais loin de vouloir & de pouvoir profiter ! Je voyais l'Abbé *Roì*, dont le Jeune La Reynière m'avait doné la conaiſſance. Nous eûmes des relacions d'affaires, p^{ou} Un Journal que j'avais intitulé, LE CONTRADICTEUR, deſtiné à relever les bevues de tous les Autres, & à venger les Gens-de-lettres de leurs injuſtices. Roì ſe fesait fort d'en obtenir le privilége, à-condicion d'être de-moitié. J'alai ſouvent chéz lui, ruë *Guenegaud.* Sur mon paſſage, je rencontrais la jeune Simâr, dont l'air, la demarche, &c^a étaient ce qu'On peu voir de plüs voluptueux. Elle devint ma Muſe en 86 ; car il m'en falait touj^{ts} Une p^{our} travailler, & quelquefois plusieurs. Celle-ci demeurait au Carrefour de la ruë *Daufine....*

A l'entrée de celle *Mazarine*, par laquélle je paſſais touj^{ts}, était Une jeune Blonde, encore enfant, mais ſi jolie, qu'elle me frapait aü cœur. Je ne pouvais me laſſer d'admirer cette aimable Blonde, qui tint la balance avec la brune Simâr. Ces 2 jolies Perſones me ranimaır, lorſque mon imaginacion était épuisée. Ce qui me ſurprenait, c'eſt que la Mère de la blonde *Victoire-Letort*, était Une Brune preſque noire.... Je fus long-

temps à la reconaître (ainfi que Celle d' ᷄
Adelaïde-Simâr. L'Une étaitfille d'Un   1786
M^d-de-vin de la ruë *Sthonoré* ; l'Autre   1788
(MAD. Simâr) était Une D^lle de la ruë ᷄
Denis , fille d'Un Limonadiér près *St-*
magloire, que j'avais hantée en 61 , in-
mediatem^t après mon arivée à Paris, &
dont je n'ai dit mot, quoique je l'éùfſe
revue en MARS 1770, chéz Agate & chéz
MOI... ¶ Un-foir, que j'admirais Victoire, alors caufant dans le comptoir de
l'Epicière voifine, le Mari de Celle-ci,
Petite BRune qui avait été jolie, le trouva mauvais. Nous eûſⁱnes querelle. La
Mère de Victoire vintfur la porte. Une
Feĩne, qui paffait, ſ'arréta... Un voile
tonba defûr mes ïeux ; je reconus MAD.
Letort. L'autre Feĩne , mère d'Adelaïde, entra auprès d'elle. Je la fuivis....
—Madame (dis-je à la 1re), me remet-
téz-vous-? Elle me regarda. Sans-doute elle fe rapela mes traits furlechamp ;
car elle me fit affeoir entr'elle & fa Voisine. —Où nous fomes-nous vus ? (me
demanda-t-elle). —Vous étiéz Mlle E-
milie-Rônaìr. —C'eſt juſte ! Et vous ê-
tes Mr-Nicolas-Bertrò. —M. Bertrò !
(ſ'écria MAD. Simâr)... Effectivement !
Hâ ! le bon Apôtre ! —Paix ! aimable
Limonadière à la jolie chauffure ! Sachéz
que j'admirais votre Amie dès 1763, lorſ-

qu'elle portait le deuil de fa Mère : Elle avait l'âge de fa jolie Victoire-... A ce nom, les larmes vinrêt aux ïeux de la Dame. —Ma chère *De-Courtives!* dit-elle à fa Voisine); fi tu favais come il l'examine, depuis quelque-temps, fans la coñaître! Il paffe, & reviént fur fes pas, afin de la voir encore! —Et Adélâïde donc? Il la fuit tout le long de la ruë *Standré*, quand elle reviént de chéz fa Sœur la Foureuse! —Eft-ce qu'elles feraiët fœurs? —Sans-doute. Mon Aînée auffi. —Il n'eft pas poffible! —C eft la verité! En 1756, que nous demeurions vis-à-vis la ruë *Jean-Robert.* J'étais fur le pas de la porte de mon Cousin le Miroitiér vis-à-vis la ruë *de Grenelle-Sthonoré;* je le pris p°ʳ mon Cousin le Foureur à-côté; je me jetai à fon cou... Il m'entraîna.... —Quoi! c'était vous! (lui dis-je), qui étiéz alors fi potelée?... —Il fait le refte (ajouta t-elle).

Victoire entra. Sa Mère l'appela; elle l'enbraffa, & la mit fur mes genoux..., Ce moment fut delicieux!... L'Epiciér nous aperçut, & ne pouvait en revenir!.... Mad. Simâr, enchantée de cette fcène, me conduisit la renouveler chéz elle. Et je fentis que la brune Adelaïde m'était auffi chère que la blonde Victoire.

Adelaïde a été mariée en 88. Pour ma

jolie

1787

jolie Victoire , image rapelante de ma
Zefire , elle eft … en Italie. J'en fuis privé , depuis 39 , & je mourrai , fans la revoir !… O douleur !

Raporterai-je à préfent quelques A-
vanturettes isolées , fans fuite , fans interêt, come toutes celles des Vieillards ?
Je prendrai ce parti , p^{our} quelques-unes
où fe trouvera de la moralité ; & come je
ne dois rién fuprimer , je renverrai les autres à mon KALENDRIÉR : Par les dernières, je prouverai une trifte verité , deja énoncée : C'eft que , malgré l'effervefcence des paffions , nous fomes très-ver-
tueux , dans la jeuneffe ; que nous le fomes moins dans la maturité ; que dans
le declin , toute la delicateffe fifique &
morale s'évanouit; que fi tous les Vieillards ne font pas des fcelerats, c'eft moins
par Principes, que par inercie. Voyéz
les vieux Puriftes , quelle méchanceté !
… Il faudrait, p^{our} rendre les Vieillards
vertueux par goût, que l'âge avancé fût
honoré ; que l'ambicion, la gloire, rem-
plaçaffent , par leurs effets , la fenfibilité de la Jeuneffe, & l'énergie de la Vi-
rilité. J'ai , toutes les añées , depuis ma
50e , aquis une infirmité, en perdant au
moral une vertu. Si je ne fuis pas devenu
un fcelerat, come tant d'Autres, c'eft que
le facré principe de la Reciprocité m'a

XI Partie.   L l

1787 retenu, que je manque de pouvoir, &c. Qu'On juge, après cela, de tout le mal que peuvêt & doivêt faire, un vieux Roi, un vieux Miniſtre, un vieux Juge, un vieux Richard, dans tous les états…. Hâ! ce ſont ces Vieillards viciés, qui font toutes les Catins, qui nous racrochêt au Palais-Royal, & ailleurs. Jeuneſgenſ! vous n'avéz que les reſtes flétris par la main décharnée & le ſouffle impur de ces impuiſſans Vieillards! Ils ont, dès l'âge de 9 à 10 ans, palpé, froiſſé, fané, trituré, ce que vous adoréz!… Ils ont ſouillé ces bouches riantes…. Ils ont doné l'habitude de l'inſenſibilité inſultante, & du mecaniſme automate…. Ne cachons donc rién: montrons en Moi ce que ſont tous les Vieillards; le cyniſme même eſt un merite, quand On devoile le Cœur-humain. Qui oſera m'imiter? Perſone. Car ce ne feront ni Scaturin, ni Silès, ni Sniſle, ni Evebellu, ni Nilmil, ni Teneug, ni tant d'Autres; ils auraiêt trop à rougir!

1787 & 1788 me tinrêt abſorbés dans le travail des NUITS DE PARIS. Cependant je remarquai differentes jolies Perſones, qui voyaient mes Filles. La 1re fut *Esil-Prodiguér*, nièce de Felicitète, quî venait les prier de ſ'intereſſer p^{our} elle auprès de ſa Tante. Cette Jeuneſille

était dans les modes, & n'avait pas dans
ſes Maîtreſſes & ſes Compagnes une conduite fort exemplaire : mais elle était
douce, polie, complaiſante. Mes Filles
l'accueillirét, & elles écrivirét à la Tante.   La Petite, qui voulait me faire ſa
cour, parcequ'elle me croyait le Favori de
Mlle Felicitète, venait me voir travailler
dans mon lit, à l'heur où, fatigué, je voulais prendre un moment de diſtraćtiõ. Elle
alait juſqu'à m'embraſſer, en m'apelant
ſon Papa. Elle était grande, faite au tour.
C'était une belle Brune : Elle apuyait ſa
jolie bouche ſur la miénne... Je pro-
teſſe ici, que je ne profitai pas de l'éga-
rement, ou de la corrupçion de cette Enfant ! Et mon motif, ce fut mon reſpeć
p^{our} la pudeur de mes Filles, auxquelles je
n'aurais pas voulu doner la ſociété d'une
Compagne de mauvaiſes-mœurſ... Es il
eſt aujourdhui mariée, & reconaiſſante.

Mes Filles avaît pour amies, 2 Sœurs
très-aimables, l'Une très blonde, l'Autre
très-brune. *Flaviénne* avait pour moi un
grand merite ! J'avais adoré ſes beaux
ïeux ſur l'Ile S^t louis, avant de la conaître. *Melanie*-Todiugar la ſœur-cadète,
& Flaviénne dînaît ſouvent à la maiſon.
Un Dimanche, que je travaillais dans
mon lit, j'apelai Une de mes Filles. Ce
fut Flaviénne qui ſe préſenta. Je n'oſai

1787 recevoir d'elle le ſervice dont j'avais beſoin ; elle devina, & me le rendit malgré
moi. En m'apuyant ſur elle, je vis une
belle gorge, que je louaí. Flaviénne, lorſque je fus debout, me fit ſes confidences.
—Un-peu de beauté (me dit-elle) m'a
perdue. J'ai pour amant Un 1ᵉ Clèrc-
de-Notaire. Il me crut, & je me crus moi-
même aſſéz bién, pour que ſa Famile paſ-
ſât ſur mon peu de fortune. Il me per-
ſuada de le laiſſer me rendre mère. J'y
conſentis avec peine. Mais enfin, je me
rendis… Je ne le devins pas. Mon A-
mant deſeſpère de m'obtenir, &… j'ai
perdu ma jeuneſſe. Je voudrais l'oublier,
le quiter… Vous n'avéz pas de Feme; je
ſais que vous m'avéz trouvée aimable, puiſque vous me l'avéz dit, ruë *des-Nonain-
dhières* ; prenéz-moi? Vos Filles y con-
ſentét-? Je fis à Mᶫˡᵉ Flaviénne des ob-
ſervacions ſur mon manque de fortune,
& ſur le tort que notre familiarité ferait
à ſon établiſſement !… —Ce tort eſt fait
(me repondit-elle) par ma fréquentacion
avec mon Amant, & je le reparerai aucontraire, en ceſſant de le voir-… Je
calmai le deſeſpoir de cette aimable Dᶫˡᵉ,
& je lui procuraí Un Tâilleur veuf, qui
l'a épouſée… Melanie, ſa cadette de pluſieurs añées, qui était inſtruite de tout,
fut enchantée du denoûment. Elle avait

fait bién des imprudences, & entr'autres;
Un Enfant. Elle vint auffi un-jour me
proposer d'être ma douce amie? —Ma
Reine (lui repondis-je), vous êtes trop
vive, & vous avéz trop d'apêtit, pour
être le lot d'Un Vieillard. Il vous aime-
rait trop pour lui, & trop-peu pour vous.
Une erreur, où j'ai doné en 1780, m'a
gueri pour jamais de la manie d'avoir
Une Jeuneperſone. Mais je conſerverai
de la reconaiſſance de votre propoſicion.
Faites-moi parler à votre 1ᵉ Amant?
—Je n'en veux plus! —Au 2ᵈ? —Je ne
ſais où le trouver. —Au 3ᵉ? —J'en voudrais Un... qui ne me conût pas enco-
re-. Ce fut ce que je fis, & cette Eveil-
llée a été mieux mariée qu'Une-autre.

Il y avait au Quai *de-Gévres*, Une
jolie Mercière, héroïne d'Une CONTE-
MPORAINE, dans laquelle cette Belle
ſ'était reconue. Elle me remarquait depuis ce temps-là. Lorſque le Quai fut detruit, elle ala demeurer ruë *des-Nonain-
dhières*, vis à vis la *Trinité*. Nous nous
liames par ſa Petite Fille, que je voyais
chéz ſa Grand'mère Mad. Trapèſ. Nous
devinmes amis, je la préſervai de quelques imprudences. Son aimable & provoquante figure, lui atirait cent Adora-
teurs, qui tous cherchait à l'égarer. U-
ne Fille-de-boutique de ſa Mère, qui fait

1788 aujourdhui la Dame & le Prude, l'avait
presque perdue : Je la sauvai.

Une des plûs delicieuses Conaiſſances
que j'aie faite dans ma vieilleſſe , eſt celle
de Mad. *Laruëlle.* Je voyais ſouvent
avec mes Filles Une grande Feme , d'u-
figure imposante autant que belle ; ſe-
rieuse , modeſte , peutêtre un-peu triſte.
Ce fut par-là qu'elle m'intereſſa. Cepé-
dant je ne m'informais pas d'elle ; je ne
demandai pas même qui elle était. Un-
jour que j'alais faire mon tour de l'Ile-
Stloüis , j'aperçus de-loin Une ſuperbe
Feme , que j'admirais , ſans la reconaître encore. Lorſque je ſus auprès d'elle ,
Mlle Laruëlle me ſalua , en ſouriant. Je
la remis. —Madame eſt la Beauté que
j'admirais ! —Vous aléz faire votre tour
de l'Ile : Quelqu'un desirerait bién de
le faire avec vous ? —Ce ſerait une faveur précieuse de votre part-!... A ce
mot, elle me prit le bras. † Arrivés ſur
l'Ile, elle me dit : —Mlles vos Filles ne
vous ont pas parlé de moi ? —En auqu'
une manière, Madame. —En ce cas,
je vous demande la permiſſion de vous
faire une confidence ?... Je ſuis mariée;
mais je porte mon nom de Fille. Malheureuse avec Un Mari, que j'abhorrais,
je l'ai quitté... J'ai fait bién pis aux ïeux
du monde: je ſuis venue demeurer chéz
Un autre Home, dont je mène le comer-

ce ; & cet Home était mon amant, avant
mon mariage. Je n'ai pu m'y refuser :
Souverainem.^t malheureuse, avec le plüs
execrable des Maris, brutal, cruël, libertin, aviliſſant,... proſtitueur.... j'ai
tout eſſuyé, avant de prendre un parti
extrême. J'ai Une Fille de 13 ans (j'ai
été mariée à 14): Je me plaignis à mon
1.^r Amant, que mes Parens avaît rejeté.
: : Voyéz ſi vous pouvéz demeurer chéz
MOI, en qualité de Fille-de-boutique :
Vous y ſeréz la maîtreſſe, & vous verréz come nous aurions été enſemble. Non
que je veuille vous proposer un comerce
criminel ! Vous êtes mariée; je reſpec-
terai votre vertu, comé ſi vous étiéz mon
épouse. Je ferai plûſ; p.^{our} ôter tout ſujet
de ſcandale, j'épouserai votre Fille, tout
enfant qu'elle eſt, & ſans l'aimer autre-
ment que come votre Fille-. Nous en
ſomes-là. Si vous ſaviéz toutes les horreurs que m'a faite M. *Moreſquin*.....
[J'ai raporté une partie de ces horreurs,
ſous le nom de cet Home, dans INGE-
NUE-SAXANCOUR ; & ce qu'il y a de
ſinguliér, c'eſt qu'Un autre Home inno-
mé, a montré ce Livre partout, come é-
tant ſon hiſtoire]. Ces horreurs ne peu-
vent ſe dire. Qu'il ſuffise de ſavoir, qu'
auqu'une partie de mon corps n'était reſ-
peĉtée : Il m'aviliſſait audeſſous des Ca-

tins : Il me cedait, à mon infu… Je m'
arête : un pareil recit fouillerait votre
imaginacion. —Il faut me le faire?
[Elle me le fit, & j'en ai composé l'Ouvrage que je viéns de nomer, en l'amalga-
mant avec l'hiftoire de ma Fille-aînée].

Cet entretién établit entre nous Une
forte de familiarité. Non, jamais je n'ai
conu de Feme auffi vertueuse, auffi aimable, auffi fenfée que cette Dame de 29 ans.
Elle maria fa Fille à 14 ans, come elle
l'avait été elle-même, & elle demeura
decenm.ᵗ chéz fon Gendre. Cette adorable Amie me rapela ᴍᴀd. Parangon:
Même beauté, même raison, même atachement. Ce fut à fa prière que j'impri-
mai Iɴɢᴇɴᴜᴇ-Sᴀxᴀɴᴄᴏᴜʀ, qui indi-
gna tant Une Dame Dᴇ-Bᴏᴜꜰꜰʟᴇʀs !
mais j'aime mieux avoir fatiffait ma vertueuse Amie, que ᴍᴀd. De Boufflérs ; ce
Livre confolait l'âme profondem.ᵗ ulce-
rée de ᴍˡˡᵉ Laruëlle, morte à 32 ans de
la poitrine, à Villoison, entre les bras de
ma Fille-aînée, au mois de 9bʳᵉ 1791,
en lui disant : —Ma Sœur ! (car nous
fomes fœurs, étant reünies dans le même
Livre de ton Père, & y áyant tellem.ᵗ les
mêmes avantures, que ton Mari a cru fe
reconaître dans le mién) ; je fuis vengée,
puifque le Livre eft vendu : Il a fait horreur, fous fon execrable nom : ᴊe meurs

contente; & je dois cette satisfaction à
mon Ami votre Père-. Et elle expira.

Il est des Gens qui, en lisant les *Me-*
moires du Duc de-Richelieu, enviẽt son
bonheur! Je suis loin de leur ressem-
bler! Cet Home me fait pitié! Il n'a jamais conu que le pla sir de la pire espèce,
celui de la fourberie & de la méchanceté.
Pour être heureux paar l'amour, il faut
adorer les Femes, & non pas les regarder
come Un vil Instrument de volupté, ainsi que fesaīt Richelieu, son Fronsac, Louvois, & tant d'autres Infortunés, dont
l'âme viciée a préferé le plaisir crapuleux
au bonheur. Les Femes que peint Richelieu, sans en excepter la Duchesse sa Fa-
vorite, atristét toutes, & Mlle Michelin
elle-même. C'e stqu'elles était mediocre-
m^t interessantes: c'est que toutes avaiēt la
folie d aimer Un Fat, qui n'áyant qu'une
amabilité factice & de mo de, devait aneã-
tit l'interêt qu'inspirerait ces Femes. Est-
ce la faute de l Abbé *Soulavie*, son Hi-
storiografe? Cela pourait être. Ce Gas-
con a une âme de bois, ainsi que *Cailha-*
Va, ainsi que tous leurs Pareils, qui n'ōt
jamais senti…. Aureste, tous les Grãds
avait l'âme énervée, blâsée, corompue,
& le vice seul avait des charmes p^{our} eux.

Je vais doner de-suite tout ce qui regarde les Femes galantes, afin de termi-

1777
1786

ner entièrem.^t leur article, & qu'On ait l'efprit abfolum.^t libre, p.^{o.r} lire, mediter l'importante Hiftoire de *Sara*, la plûs developante de toutes.

Il exiftait dans la ruë *Jean-Robërt*, 2 Sœurs, toutes-2 jolies ; mais Mlle *Irenag* la Cadète était Une fuperbe Fille !... Ces grandes & parfaites Béautés ne m'ôt jamais plu. Mais le hazard avait produit avec Celle-ci, plufieurs añées auparav.^t, une étrange avanture! A un voyage de de St Cloud, les 2 Sœurs, & d'autres Jeunesperfones avait pris un batelet, que la corde de la Galiote fit chavirer. Six jeunes Béautés, & quelqu.s Homes fe noyaïēt. Heureufem.^r elles était près du bord, où nous érions arrêtés, Un Libraire, mon Beaufrère Bizët & Moi. Nous fauvames les Dames, en entrant dās l'eau jufqu'à la ceinture, & nous les portames évanouies dans Une Auberge... Nous les foignames : Mais elles ne revenaient pas, furtout la belle Irenag. Bizët, fort-libertin, dit qu'il falait employer le grād moyén ! Et fans rién ajouter, il emporta l'Aînée. Le Libraire en fit autant. Et 2 Belles reffufcitées... Je les avais dabord fortem.^t desaprouvés! Mais ils en reffufcitèrēt 4. Je ne favais que dire. Il en reftait 2. Je pris la Belle Irenag ; je lui fis come Elie au Fils de la Veuve de Sarep-

ta... & elle reſpira. —Où ſuis-je? —Au
Cabaret-, (dit Tölliévi).... Tranſporté
de joie, j'en fis autant à la Dern.^{re}, & Tou-
tes-6 vêcurēt. Mes 2 Libertins proteſtè-
rēt qu'ils n'avaīt pas agi autrem.^t. Nous
ranimames auſſi les Homes.

9 ans après (en 1786) je me trouvai
dans une maiſon où dînait les 2 Sœurs,
que je ne reconus pas toutd'uncoup: au-
lieu qu'elles me remirēt facilem.^t, m'áyāt
un-jour aperçu à la porte de Mad. Duch-
êſne. Elles rougirent prodigieuſement,
& parurēt fremir, à ma vue... On ſe mit
à table. Elles ne mangèrēt pas. Elles
avaīt avec elles Une jolie Enfant, qu'On
apela *Roſette*, & que je nomaí *Bouton-
de-roſe:* Je la careſſaí beaucoup! Ce qui
me reconcilia un-peu avec les 2 Sœurs,
qui ſe diſaīt entr'elles: —*Le ſang parle-!*
Je ne les comprenais pas. Ce fut la Mai-
treſſe de la maiſon qui me mit au-fait...
—Hêlas! (repondis-je), cela n'eſt pas!
Et vous me donéz une 2.de preuve, que
la vertu peut doner des remords! [Louiſe
& Terèſe quitées ſont la 1.re]... O jolie
Enfant! que ne ſuis-je ton Père!... Et
je pleurai. Car peutêtre Roſette était-elle
la Fille du ſot Bizët, ou du ſcelerat Tölliévi!... On m'a, depuis le divorce d'A-
gnès-L, offert en mariage la charmante
Boutonderoſe: mais ma profonde miſère
m'a empêché d'accepter.....

1774
1789

Une 3 ou 4 Avanturette n'est pas moïs étrange.... Presque tous les jours, depuis 1789, je vois la celeste *Dælie-Togemir:* Je jouis de son sourire charmant. Son Père-putatif est-assêz indifférent pour elle. Quant à sa Mère, elle l'adore. Dælie est presque brune ; ses 2 Sœurs sont blondes, ainsi que leur Père & leur Mère. Dælie seule a les sourcils très-noirs, come mes Filles Agnès & Marion. Voici quelle est son origine. † Sa Mère avait été Une des Blondes les plus apêtissantes qui aient existé : Elle reünissait le charme de la figure, à celui du son-de-voix le plûs interessant. Elle était mariée depuis 5 ans, lorsqu'un soir, elle sortit avec son Mari, pour aler prendre l'air sur le quai, après une journée fort occupée. Un Confrère, qui avait à parler au Mari de choses interessantes & secrètes, tira son Associé à-l'écart. Le Mari remena son Epouse, en lui disant, qu'il avait oublié de se procurer un Livre, qu'On viéndrait chercher le lendemain. Il lui dit de laisser entr'ouverte la porte-de-derrière, par laquelle elle rentrait. C'était en 1774. Par-hazard, Un Voleur les écoutait, & par-hazard, je m'en aperçus ; car j'étais là, rôdant pour mon PAYSAN PERVERTI. Le Voleur entre un instant après la Dame, & come elle, plaque la porte. Je

le

le fuis, MOI, par fimple foupçon, mais
resolu come Un Cesar, & je ferme la
porte. Je le vois: Il entre chéz la Dame,
& fe cache, fans être aperçu, quoiqu'il y
eût de la lumiére: La Dame la pose dans
l'antichambre, où le Voleur était derrière
des ballots, pouffe fa porte, & fe met au
lit. J'entre alors. A mon air intrigué, à
mes regards chercheurs. le Voleur me
fupofa les mêmes vues qu'à lui. —Ca-
marade! (me dit-il bién bas, & n'avan-
çant que le bout du néz), un bon coup à
faire! Entendons-nous? —Oui (fufur-
rai-je): Va faire le guët dans l'efcaliér:
Je conais les aîtres-. Il y ala, promet-
tant de m'avertir au moindre bruit. Dès
qu'il fut forti, j'entrai auprès de la Dame, p^{our} la prévenir. Mais elle dormait
deja. Je ne favais que faire! car f'il é-
tait furvenu des Complices au Voleur,
que ferais-je devenu?... J'éveillai la Dame, qui me dit, en m'embraffant: —Mō
chër Mari-!... Et le Voleur, & le dangér, tout fut oublié..................

Le Mari ne tarda pas à revenir. Je l'
entendis fermer la porte d'entrée. Je
defcendis auffitôt; le Voleur auffi. Le
Mari redefcendit un étage, & nous mit
très-polim^t dehors, puis referma la porte
fur nous... Je croyais que le Voleur a-
lait me demander compte? Point-du-

XI Partie.   M m

1774
1789

tout ! il gâgna au pié , dès que nous fû-
mes fortis. Avait-il lu dans ma penfée?
Il eft certain que , fans lè compte qu'il
m'aurait falu rendre de ma propre conduite, je l'aurais fait arêter. † Lorfque,
dans la fuite, je vis l'aimable Dælie, j'o-
fai faire des queftions à fa Mère , fur ce
Fenomène de beauté?   Un foupir forti-
fia mes doutes. J'infiftaí ; je m'ouvris...
Mais l'aveu ne fe fit pas........

On voir , ce qu'On doit voir, que je
n'ai plus de faits préfens , mais feulem^t
des *reportés*. Ceci m'ocafione une reflexion : Coment fe fait-il qu'un crime fo-
cial , come l'adultère ou la fornicacion,
produifēt des fruits delicieux p° " le Coupable ! furtout lorfque le fecret & une
forte de timidité modefte bañiffent l'im-
pudence , le fcandale ? Serait-ce que l'
amour timide , & non fcandaleux eft toujours une vertu? Pour Moi , j'avoue les
fautes paffées , non punies , ou peutêtre
même recompenfées , afin de fatiffaire à
la Juftice-éternelle, par le mépris que les
Puriftes auront p^our Moi. Et-puis, il faut
que je dife tout ; il faut qu'On ait ici Un
Home tout-entiér.

Il en eft de-même des 2 Reportés fui-
vans, qui remontēt en 1777 & 1780....
Mlle Rofalie-P. l'aînée, cette Rofe brillāte
qui embelliffait feule tout fon Quartiér,
paffait journellem^t fous mes fenêtres de-

puis 1776, pendant fon aprentiffage de
modes à la *Montagne-Genovefaine.* Je n'
ofais lui parler : Ce ne fut qu'en 1778,
après la ceffacion de Virginie, que je ha-
zardaí de lui dire des douceurs en paffant.
Elle était touj^{rs} feule à la boutique de fa
Mère, durant le Dînér des Garfons. Elle
rougiffait les 1res-fois que je lui parlaí ;
elle fourit enfuite, & nous nous dîmes
quelques mots. Tout alait bién, & j'avais
obtenu la permiffion de lui prêter des Livres, quand Un Jeunehome, nomé *Tol-
liâm,* fe préfenta p^{our} le mariage, & la
rendit éperdûm^t amoureufe. Je me re-
tiraí refpectueufem^t devant le mariage,
qui fe fit le 11 juillet 1780. Je conus Sara peu de temps après, & Sara effaça tout.
Je revis Rosalie mariée le 24 7bre 1784,
& nous eûmes un entretién, depuis la ruë
des-Bernardins, jufqu'à la *Baftille.* Elle
aimait encore fon vilain Mari, qui rendait malheureufe la plüs aimable, la plüs
tendre des Epoufes. Je louaí fa conduite, & lui donaí de bons confeils.

Cependant fa Coufine Sofie la rempla-
çait à la boutique. C'était un autre genre de beauté : Celle-ci était brune cen-
drée, blanche, délicate. Je realisaí avec
elle le prêt de Livres. Elle avait Une
Amie, nomée Mlle *Marféne,* grande &
fuperbe Laìderon, touj^{rs} bién chauffée.

1780
1789

Un 25 Xb^re je rencontraí Sofie, Marſè-
ne, & Une Sœur de Celle-ci. Non, jamais rién ne fut ſi joli que Sofie ! Elle
était coîfée & chauſſée par les Grâces...
Je les ſaluaí; je la louaí, ſerpent tentateur.
Je courus ſur l'Ile, où je formaí Une jolie chimère. A mon retour, il était nuit:
Je la vis revenir de vêpres. J'entraí dãs
l'alée, ne me propoſant que de lui baiſer
la main. Lorſqu'elle entra, je ſoufllaí ma
bougie. La Belle, en me touchant dans
l'eſcaliér, me dit: —D'où-viént donc,
Moſieur *Loüis*, que vos éteignéz votre
bougie, quand je rentre-? J'embraſſaí
Sofie. —Aléz-vous faire come Dimanche ?... On ne ſaurait être habillée, que
vous ne ſoyiéz come Un Demon-?....
    Le lendemain, je vis ſortir Sofie : M.
Loüis, fort beau garſon, était ſur la porte.
Sofie lui dit en paſſant: —Hûh le Vilain-!
... —M^adeˡˡᵉ, lui dis-je, ne vous compro-
mettéz pas! C'eſt Moi, & non M.Loüis, qui
vous aí embraſſée hiér dans l'obſcurité...
J'aime mieux m'expoſer à votre colère,
que de vous laiſſer vous compromettre-.
La naïve Sofie me remercia dabord : puis
elle me gronda par reflexion... Cette a-
vanture avança ſon mariage avec Un A-
mi du Mari de ſa Sœur; car elle n'aimait
pas M. Loüis, & ç'avait le motif de ſon
remercîment. † En 1786, au mois de

7b^re, Rosalie, dont le Mari était abſolument ruiné, vint demeurer en chambre
garnie, preſque vis-à-vis mes fenêtres. Je
travaillais alors à bién oublier Felicitète.
Ce qui n'était pas difficil. Mais j'avais
à ſon ſujet le reſſouvenir que ma Fille A-
gnès m'avait doné d'elle par le *Vénéré* de
mon Portrait. En voyant Rosalie, mon
ancién goût p^our elle ſe ranima. Un-ſoir,
ſans préambule, j'alaí fraper à ſa porte.
Elle ne voulait pas ouvrir qu'On ne ſe
nomât. Je me fis donc conaître, & je
fus admis; mais d'un air de ſurpriſe! Je
fis des complimens; je marquaí de l'interêt aux affaires, &c^a. Je propoſaí de
de ſouper enſemble? On n'y conſentit
pas ſans difficulté: mais enfin l'On ceda. J'alaí chercher ce qu'il falait. J'a-
vertis en-même-temps mes Filles que je
ne ſouperais pas. Revenu auprès de Roſa-
lie, nous nous mimes à table. Elle me
parla d'une ſcène ſcandaleuſe, que LE-
chiné avait donée dans le *Jardin-des-
Plantes*, en ſouffletant Une jeune Dame, que Mlle Tòdiugar, avec laquelle elle
ſe trouvait, lui dit étre ma fille. —Je te
careſſe (lui diſait le Monſtre). —Un
beau Jeunehome lui donait le bras: Il
eſt le 1er qui m'ait plu, après mon Mari.
—C'eſt Un M. De-Rosières, Lieutenāt-
general... —C'eſt Un Militaire? —Nõ;

M m 3

1786 c'eſt Un Robin. —Hô ! que le Mari eſt
1789 laìd ! —Autant que méchant. —C'eſt
un grand malheur, de coucher avec Un
Home qu'On ne peut aimer !... Mais
Un joli Amoureux, come ce M. De-Rosières–... [Je vis par-là que la vertu
de Rosalie n'était plus auſſi ferme.] —Ce
n'était pas ſon amant (repondis-je)....
C'était le Prétendu de ſa Sœur. —Hâ !
qu'elle ſera heureuse–! Et la belle Rosalie m'embraſſa................

Au bout d'un temps conſiderable , je
ne ſais quel bruit ſe fit entendre. Un inſtant après , On heurta rudem'. —Quî
eſt-ce? (dit timidem' Rosalie). —Tòlliâm (repondit-On). —Je ſuis couchée :
je ne reconais pas cette Voix-là. —Ou-
vréz toujours? —Ma-foi non–. L'On
reſta plüs d'une heure à la porte. Ce qui
m'obligea de me cacher. Enfin, On quitta la porte. Rosalie regarda par la fenê-
tre. C'était ſon Mari. Elle le rapela , &
me fit monter au greniér. Tòlliâm entré
auprès de ſa Feme, je deſcendis. Mais je
ne pus jamais ouvrir la porte de ſortie...
Je remontai au greniér, bién honteux de
ma ſituacion , à mon âge!... Je reſtai-là
juſqu'entre 3 & 4 heures , que Tòlliam
ſ'en-ala. Je fus alors readmis. Mais ma
Nuit avait bién été une Nuit de *Strapa-
role*... Rosalie changea de demeure , &
je la perdis de vue. Elle eſt chéz Sofie,

J'ai aimé 14 ans Mlle Victoire-L. Elle 1786
avait Un Amant aimé. Je lui parlai p^{our} 1789
la 1re-fois, en 1786, aubout de 9 ans. Jamais sa Mère ne m'avait envisagé, que
ce jour-là : Je n'avais jamais recherché la
fluette & mince Reine-Giraud, dans une
grosse Fême toute-ronde. Le 26 Marſ,
étant entré chéz Victoire, protegé par
ma Fille Marion, que j'avais engagée à
devenir son amie, je lui exprimaſ les plûs
tendres ſentimens. Sa Mère nous entendait, d'une petite ſalle du fond. —Vous
ne le ſavéz peatètre pas (me dit-elle en ſe
montrant) : c'eſt que je ſuis Reine-Giraud, & qu'eile eſt mon aínée-. A ce
mot, que je compriſ, je preſſai Victoire
contre le cœur-paternel, en lui disant :
—Ma chère Fille! quel heureux jour!
O noble paſſion de l'amour! quels fruits
delicieux tu portes!... Tu es ma fille,
Victoire; voila ta Sœur-!... Mlle L. eſt
aujourdhui mariée à Un M. P—et.

Ce fut dans la maison de Victoire-L.,
que je conus les D^{lles} *Merlin,* ſi celèbres
depuis par le Procès *Ouʒ ihʒ,* & les turpitudes de *Dillipeʒ-*père. J'ai vu quelques-unes de leurs avantures, qui ſont
relatées dans les CONTEMPORAINES.

Une Conaiſſance infinim^t chère, eſt
celle de MAD. *Niloſ,* jeune Horlogère de la
ruë *Honoré.* Quand un inſtinct aveugle

1789
1793

me parle p^{our} Une Jeuneperfone, il faut que je recherche fon origine: La 1re-fois que je vis mad. Nilof, furnomée *La Jo-lie-Jambe*, & que je designe touj^{rs} fous le nom de *Filette*, dans mes Cahiérs ou *Memoranda*, elle était groffe de fon 1^r Enfant, qui eft refté l'uniq. Elle me parut fi jolie, fi intereffante, dans fa langueur, que je ne ponvais me laffer de la confiderer. Elle m'a procuré Une jouiffance delicieuse, dans un temps où je fuis incapable de toute autre fenfacion que celle de la tendreffe-paternelle… Je ne la voyais jamais, fans éprouver un fentiment d'aise & de bonheur, dont je ne pouvais me rendre raifon : car la beauté ne me touchait plus affez, p^{our} operer feule cet effet. On fait que je voyais a-lors Terèse tous les foirs, & que nous regrettions Loüise enfemble. Un-foir qu'elle était abfolum^t feule, fon Mari & fes Enfans étant à la promenade, nous caufames plüs amplem^t qu'à l'ordinaire. Je lui disais : —Mon unique & fincère Amie ! vous êtes Tout ce qui me refte de Loüise ! —Elle a Une Fille ! —Mais a-t-elle fon âme ? —Elle eft charmante. Le Mari de Loüise, avant de mourir, a marié votre *Alanette* un-peu malgré elle. —Coment, *mon Alanette* ? —Tant que le Mari de Loüise a vêcu, la delicateffe

semblait s'oposer à ce que je vous disse,
que la Fille-aînée de mon Amie était
à vous-deux : aussi ses 2 autres Filles sont-
elles beaucoup moins jolies ! A-présent
que *Samud* n'est plus, je vais prévenir A-
lanette, & vous procurer les douceurs de
la paternité . Nous n'en dimes pas davantage, ce soir-là. Mais je quittai Terèse, l'âme abreuvée d'un sentiment delicieux. Je passais devant la porte de
Filette, p.^{ou} la 1re-fois, je m'arêtai à la
considerer. J'admirais ses beaux cheveux
touffus & cendrés, le charme mignard de
ses beaux ïeux, la blancheur d'une main
de lis. Différentes pensées m'ocupaît
& me rendaïët inmobil : —Si Terèse a-
vait Une Fille de cet âge, je la croirais
mère de cette jeune Dame... Ma Fille
Marion lui ressemble... Cependant Filette travaillait les ïeux baissés & rougis-
fait. Je m'en aperçus enfin, & craignāt
de la fatiguer, je me retirai.

Le lendemain, je vis Filette, mais je
ne m'arêtai pas. Le surlendemain, j'eûs
une surprise bién agreable ! Terèse était
auprès de Filette ! Je m'aprochai vivement ! Terèse me sourit, & j'entrai.
Aussitôt les 2 Dames se levèrēt, & nous
passames tous-trois dans la salle du fond.
—Mon Ami (me dit Terèse) voila votre
Alanette-. Ce mot m'éblouit ! Je serais

1789
1795

ronbé; si Terèse ne m'avait soutenu, & fait
affeoir. Alanette fe mit fur mes genoux,
m'embraffa, & me dit : —Mon Papa!
je fuis inftruite… Hô! quelle vie que la
vôtre! Come vous avéz aimé Maman!
& come elle vous a aimé!… Mais il faut
que je life tous vos Ouvrages : cela con-
vient. J'efpère que la fenfibilité de vôtre cœur me rendra heureufe come Fille,
puifque je ne le fuis pas come Feme-…
A ce mot, elle fanglota… Mais elle fe
remit auffitôt. Ce nuage m'était necef-
faire : ce moment aurait été trop heureux!… ¶ J'aí doné tous mes Ouvrages
à mon Alanette, jufqu'aux VIII 1res Parties de celui-ci inclusivem^t. Elle les a lus
fans interrupçion. —Mondieu, Madame,
come vous liféz, depuis quelque-temps!
(lui difait on). —C'eft la 1re lecture qui
m'intereffe. —C'eft donc bién beau!
—Audeffus de tout ce que j'ai lu. Ce font
les Ouvrages de mon meilleur Ami-.

Pendant les douloureufes añées de la
Revolucion 90, 91 ; durãt les añées terri-
bles 92, 93, 94 ; celles de la famine 95
& demi 96, je goûtais le plaisir inexprimable de voir journellem^t & de recevoir les
careffes d'Une Fille adorée! Mais, hêlas! depuis le milieu de vindemiaire, je
ne l'aí plus!… Et Moi, pourquoi fuis-
je encore? Pourquoi la Nature n'a-t-elle

pas pris ma vie, aulieu de celle de ma
chère Fille ! . . . . . .
Le trait fuivant reporte fon origine
fort-loin! puifque ce ne fôt que des Pet^{tes}-
filles que j'ai retrouvées chéz Un celèbre
Joujoutiér, dans le même temps où j'é-
tais entièrem^t abforbé dans ma tendreffe
p^{our} Filette-Alanette. Auffi la reconaif-
fance de Mlles *Enágram*, & de Mlle *Ebor*
leur mère, ne me causa-t-elle pas Une é-
mocion fort-vive. Toutes les fois que
je paffais devant la porte de Leonor, nièce de mon Ami Ebor, je la fixais. Elle
ala f'imaginer que ce n'était pas elle que
je regardais, mais une jolie Blondine-ce-
risée, très jolie, quoique grêlée, âgée de
14 ans, & dont elle croyait qu'un Vieillard libertin était desireux. Je m'aperçus de fon regard foudroyant. Je ne le-
vai plus les ïeux fur elle. Mais un-foir
áyant vu là mon Ami Ebor, j'en-
trai, p^{our} me condouloir avec lui fur la
mort de notre bon Ami Guitlebërt. La
Dame fut raffurée, en voyant en Moi l'A-
mi de fon Oncle. On parla de fon mariage, à l'ocasion d'un arangement d'affaires que fesait fon Mari, de fa Mère,
qu'On noma Leonor-*Poupart*. Ce nom
me frapa! je fis quelques queftions à mō
Ami, fur cette Leonor-Poupart? Je decouvris, par fes reponfes, qu'elle avait

demeuré dans une Penſion de la ruë des-
Cinq-diamans. Cet éclairciſſement me
fit reconaître dans cette Mère, Une A-
mie de ma Sœur Marie-Geneviéve, conue
en 1756 ou 57. Je ne m'expliquai pas
devant Ebor. Mais érant revenu quelques jours après ſeul, je demandai à la
Dame, Si Leonor-Poupart ſa mère ne
lui avait jamais rién confié? Elle rougit. Alors je me nomai; je detaillai tout
ce qui ſ'était paſſé. Leonor-Ebor me repondit : — Je vois que c'eſt vous. Voila
votre Famille (me montrant ſes Enfans)
puiſſe-t-elle vous être chère-!… Malgré
l'amabilité de la Famille des 2 Leonor,
je ne m'ocupai que de mon Alanette.

Ma paternité m'a doné quelquefois de
violens accès de douleur! Telle eſt celle
de ma chère *Yvette*, dont l'origine re-
monte à 1769. Quand je conus ſa Mère, plusieurs mois avant l'avanture de
Victoire-Saintonge, elle était Cuiſinièr.
Nous nous rencontrames le ſoir du derniér feu de la *St Jean*, qui eût lieu, cette
même añée. L'apêtiſſante Yvette ſe trouvait dans la Foule. Un Groupe de Com-
pagnons, auprès duquel j'étais, forma le
projet de l'enveloper, avec Une-autre
grande Fille de Dijon, fort-pâle, & de
leur faire des inſultes très-graves, come
de leur mettre la main dans le ſein, tandis

di s que d'Autres la glifferaït plüs infolé-
ment encore. Un Nomé *Kalküf*, Fla-
mand, qui fe trouva de ma conaiffance,
m'invita naïvem^t à ètre de la fète. Je pro-
fitaï de fon avis, p^{our} avertir les 2 Jeunesfilles du traitement qu'On leur préparait.
La grande Dijonèfe ne put éviter fon fort;
il fut mème pire qu'On ne me l'avait an-
noncé, à ce que j'apris le lendemain par
Kalküf; elle avait été violée, elle 10e...
Je préfervaï la gentille Yvette, en la difant ma Maîtreffe. Voila quelle fut notre 1re entrevue.... Elle conaiffait la Dijonèfe : c'était fon Amie; deforte-qu'elle
fut fon accident, qui, heureufem^t pour
la jolie Pâle, n'eút d'autre fuite, que de
lui rendre fes couleurs. Vèrs le mois de
9bre, même añée, encore faiı & vigoureux, puifque c'était avāt le fatal préfent
de 1770, je rencontraï les 2 Amies aux
2des d'*Audinòt*. Elles étaït feules, parcequ'elles avaïet à fe parler; elles avaïet
éloigné leurs Epoufeurs, étant toutes-2
fur le point de fe marier; Yvette avec Un
vieux Laquais-Palfreniér, qui avait a-
maffé un fort pecule; ou, p^{our} mieux dire,
qui avait eú le fecret, à la mort d'Un
Maître celibataire, de mettre la main fur
une bourfe de 50-mille liv. dont feul il
conaiffait la cachette. *Ofcariette* lı Dijonèfe époufait un vieux Maître-d'hô-

XI Partie.   N n

1769
1770

tel, qui en était devenu éperdûm[t] amoureux. L'Amant d'Yvette meubla un hôtel-garni, qui lui forma un agreable établissement… On sent qu'Yvette ni Oscarette ne pouvaît être éprises de pareils
Maris. Dès que j'avais paru, Yvette m'
avait reconu p[our] son Préservateur. Elle
dit à son Amie : —Tiéns, Oscarette,
voila ce Monsieur, qui m'a empêché
d'être… come Toi, le jour du Féu de la
S[t]jean : Si tu l'avais écouté, tu n'aurais
pas été tant… patinée. [On sait que les
Bourguignones prononcét tous les mots,
même les plus forts]. Je les saluaí, &
me plaçai derrière elles. Nous causames,
nous rimes. J'apris à Oscarète, que je la-
vais sa deconfiture. —Bon! (dit Yvette) ; elle épouse Un Vieux ; elle a eú d'a-
vance les violons de son mariage, qu'
elle n'aura peutêtre pas après. —Tu ne
les as pas eús, toi, avec Monsieur? car
tu m'as asséz parlé de lui pour ça? —Nõ-
ma-foi! j'en jure;& Monsieur peut le dire.
—Hô-oui! il le dirait aussi! —Et pourquoi non? cela me ferait trop d'honeur,
pour que je ne m'en vautasse pas. —Bõ!
bon! (reprit la Dijonèse), tout ce que
vous diréz tous-2, & rién, c'est la même chose. Tenéz, tout-come votre rencontre ici: C'est un rendevous. —Pour
ceci (dis-je en riant), c'est la verité! si

vraìe, que le foupér eft comandé pour 1770
2 on 3 , chéz le Traiteur de *Bellevue* ,
aubout de ce Boulevard. —Hâ ! fi c'eſt
vraì ! (f'écria Yvette): N'en croi rién,
Oſcarette ! C'eſt une adreffe , mais bién
polie! pour nous doner à foupér : Mais
je ne faurais accepter ; & tu le fais bién,
mon Amie , puiſqu'On nous atend. —Il
eſt vraì qu'On nous atend. Mais ton invitacion auffi a l'air bién veritable! —Et
elle l'eſt ! (m'écriai-je). —Alons, alōs,
Yvette , nos Vieux fe pafferons de nous,
mon Enfant: puiſque tu as doné ce joli
rendevous, je ne veux pas te le faire mā-
quer... A demain les affaires. Il faut
f'eſquiver, & foupér ;... coucher même.
—Avec moi-? (ajoutai-je en riant)....
Nous plaisantames beaucoup dans les entr'actes, & les 3 Pièces achevées, nous
fortimes. —J'entraînai les 2 Belles au
Cabaret de *Bellevue!* je choisis une chā-
bre à 2 lits. On nous fit atendre le fon-
pér juſqu'à 11 heur˙. Je ne m'ennuyaí
pas. Des careffes decentes. mais vives ,
come je favais encore les faire, nous amu-
sèrent tous-3, les Belles & moi. Il ne leur
échapa auqu'une plainte fur le retard...
Enfin On nous fervit une Poularde au
creffon, une Carpe frite , 3 bouteilles de
vin , & du deffert. Nous reftames a table juſqu'à 2 heures , mangeant, buvant,

riant, nous amusant. A la fin, On regarda les montres. On ſe recria: —Deux heur*es*! Que devenir?... Que dira-t-On? —Nous alons paſſer ici la nuit. Une affaire vous aura obligées de coucher dehors-. Je proposaí de ſe coucher. Deux lits! 2 Feñes enſemble! Il n'y avait rién à riſquer... Après bién des paroles, On en convint. Je me hâtaí de me coucher... Les 2 Bellès m'imitèrent auſſitôt. Je m'endormis bonem*t*. Cependant 2 heures aprés, je ne me trouvaí pas ſeul. . Y avais-je été? Etait-On venue? Je l'ignore abſolum*t*. Je n'étais pas home à n'en point profiter. Mais était-ce Yvette, était-ce Oſcarette? Je ne le ſavais pas... Je me rendormis. A mon reveil, On était encore à côté de Moi. Mais à l'usage, je conus clairem*t* que c'était Une autre Perſone... † Le matin, 9 heures, nous nous éveillames tous-trois les Belles dans leur lit, Moi dans le mién. Je ne dis pas un mot: Elles ne parlèrĕt pas davantage; mais elles rougiſſaiĕt & riaiĕt. Quant à Moi, je fus prévenant, empreſſé, tendre (ſuivant mon usage avec les Feñes que j'avais eúes: —Hô! le charmant Petit Home! ſe disaĩt-elles à part.) J'avais 35 ans. Nous fimes venir le dejeûnér du Caffé-*Cauſſin*... Nous nous ſeparames à 11 heures. Elles étaĩt ſorties avant Moi, & tandis que je m'a-

prochais du comptoir, où l'On m'amusa **1770**
un-peu, elles disparurēt. Alors On me **1794**
declara, que tout était páye, jusqu'au dejeûnér de Caussin. —Voila come On
traite les Jolis Garsons [me dit la Maîtresse]. Que leur avéz-vous donc fait,
qu'elles ne cessaīt de se repeter: —C'est
le plūs charmāt des Homes! —Mais, é-
tait-ce un rendevous [a dit la Grande].
—Non, envérité! —C'est du hazard qui
vaut du neuf-!... Je petillais. Je voulais courir. —Vous ne les ratraperéz pas:
Elles m'avaīt chargé de vous amuser...

Voila quelle fut l'origine de mon Y-
vette, jeune & jolie Persóne, come tous
les Enfans de l'amour, qui n'ont pas été
deformés aux *Enfans-Trouvés*... Pour
Oscarette, elle eût Un Garson. Je n'aí
su tout-cela qu'en 1794. J'étais alé chéz
Yvette la Mère, pᵒᵘʳ y voir Un Home de
ma conaissance, qui y logeait. En l'at-
tendant, je causais avec la Fille & la Mère, seules en ce moment. J'avais deja revu plusʳˢ-fois cette Feme, mais en passāt,
& sans la remettre. Ce jour-là, je m'é-
tais assis, & elle me considera. De son
côté, elle fit un sourire, qui la rajeunit de
10 ans. —Mais, Madame, nous nous somes vus quelque-part? L'air que vous venéz de prendre tout-à-l'heure, me rapèle
Une Jolie-feme de ma conaissance-. Elle

ſourit encore, come la 1re-fois. Sa Fille
nous regardait, avec ſes beaux ïeux, dont
le caractère me frapait. — Vous aviéz ce
teint, ce ſourire, & ces ïeux là ; mais
ils étaīt moins grands. — Non; vous les
avéz plüs grands que Moi. — Vous êtes
Mlle Yvette ! en 1769 ! — C'eſt lui, ma
Fille ! c'eſt ton Père !... Embraſſéz-la.
C'eſt une liberté que Perſone n'a prise encore ; car je la ſurveille autant que je l'ai-
me-. La Mère d'Yvette lui dit de reſter
ſur mes genoux, & de m'embraſſer à ſon
tour. Quel contaĉt delicieux !... Hâ ! la
paternité eſt plüs douce que l'amour !...
—Oſcarette a eú Un Fils [me dit Yvè-
te-mère : Vous la verréz quelque jour-.
... Si les douceurs de la paternité ſont
les plüs grandes dont l'Home puiſſe jouir,
les chagrins qu'elle cause ſont auſſi les
plus cruels ! Un Scelerat conu, a trompé mon Yvette, & l'a reduite au deseſpoir ! — Pourquoi ne le nomes-tu pas ?
—C'eſt que ſon nom ſouillerait ma plume... c'eſt que je veux me venger... O
vengeance paternelle ! quelle rosée tu es,
pour un cœur alteré !...

Je n'ai plus de ces jouiſſances delicieuses à vous présenter, mon Leĉteur : ou
ſ'il m'en reſte quelques-unes à raconter,
elles ſeront abreuvées d'amertume. Je les
reserve pour la fin de cette Partie. Je vais

présenter le detaíl de quelques invitaciōs extraordinaires, par des Perſones relevées. Puis je rendraí compte de ce qui peut avoir quelque raport à MOI, dans notre Révolucion.

Ce fut le **25** Janviér 87, que je paſſaí une demi-journée d'autant plûs delicieuse, qu'elle eút pour cause le merite qu' On me prêtait, d'après la lecture de mes Ouvrages, & que j'obtins le rare avantage d'augmenter au decuple cette bone-opiniō, par l'exposicion de ma FISIQUE, aujourdhui imprimée. Ce fut l'Abbé *De-Fontenaì*, l'Auteur des *Affiches de Province*, qui m'invita, de la part du Duc *de-Máillì* & du Comte *de-GemonVille* ſon ami. Le motif doñé, fut l'envie qu'avaīt de me voir 2 Academiciéns de Province, dont l'Un était Auteur de la *Feuille de Picardie*. Cette dernière qualité n'était pas engajante, & je fus ſurlepoint de manquer à l'invitacion. Mais l'Abbé, qui n'était pas encore mon éñemi, parcequ'il n'était pas encore jaloux, revint à la charge la veille au ſoir, chéz MAD. Duchêſne, & je m'engajaí ſans retour. Je pris, en paſſant par la ruë *Saint andré-des arcs*, n° 44, l'Abbé, dont la demeure était ſur mon chemin, & nous alames à l'endroit indiqué, ruë *Jacob*, chéz le Comte. Come il était en Hôtel-garni, tout me con-

1787 firma dans l'idée, que c'était des Academiciéns Picards, à leur aise. La familiarité s'établit en-consequence : Nous
causames de choses indifférentes: Ce fut
à table, que je començaí à me developer.
J'obfervaí, que les Homes avec qui j'é-
tais, devaient être des Gens de plaisir;
car tous les mêts étaient recherchés, delicats; les Huîtres était rares, & excellentes, à ce qu'on dit, car j'en mangeais
p.^{our} la 1re-fois, les Perdreaux furent à l'
Orange, le paté de Mauviètes, la Poular-
de, tout était delicat: Le vin de Bor-
deaux était le meilleur poffible. Le
Champagne petillait, &c. Il me vint
en penfée, que le *petit-Bergér* du Val-
lon derrière le *Boutparc*, était reellem.^t
traité en Roi, ce jour-là: Il ne lui man-
quait que des fenf neufs, & *Marie-Fouard*;
ou fon équivalant, la celefle Letort; ou
la jolie Simard, que je ne conaiffais pas
encore pour mes Filles, en ce moment. Je
lâchai un mot de ma FYSIQUE, qui frapa. Il fut relevé. — Vous conaiffez ces
matières-là! Nous verrons. Je le promis. A la fin du dînér fpendant lequel
j'avais porté la liberté auffi loin quelle
pouvait aler, avec le Duc furtout, dont
la figure était moins imposante que celle
du Comte: je lui demandais à boire, je
lui parlais à l'oreille, de quelques ridicu-

les de nos Convives, furtout du bon *Dar-*
naud ; car nous étions 6 à table, Mâilli,
Gemonville, Darnaud, Merciér, Fontenaì, Legrand-Dauxi, & Moi. Legrand
taciturnait ; Darnaud *bourdait* ; l'Abbé *hypocritait* ! Merciér *grâveſſait* ; le
Duc, le Comte & Moi, nous *gaudiſſions;*
car Perſone ne gaudit come Moi, quand
je me crois avec de Bons-Enfans]. Après
le dìnér (disais-je), On forma un demi-cer-
cle de Fauteuils devant un grand feu, & l'
On me ſoma de ma parole ? Ce fut alors
que je començai l'exposicion de ma Fisique, telle que je l'ai imprimée cette a-
ñée 1796...... ¶ Elle fut aplaudie juſ-
qu'à l'entousiaſme. Le Duc, touj.^{rs} ſous
le nom d'Academicién d'Amiéns, me ſau-
ta au cou, & m'embraſſa 2-fois. Le Cõ-
te, home-de-plaisir, maisinſtruit, y trouva des choses qui le mettaīt à l'aise, & il
était dans l'ivreſſe ! Il ne me nomait plus
que l'*excellent Home* !... Mon ſyſtème
était admirable p.^{our} lesGenſ--du-monde.
Mais les Savans marquaīt de la morgue.
Je n'en jouis pas moins de toute ma gloire,
d'autant plûs grande, en cemoment, que
je la croyais departie par des Academiciéns, eſpèce d'Homes, dont je n'avais
jamais obtenu l'approbacion. . . (Hêlas !
toute cette gloire ſ'évanoùit, come ſ'é-
tait tant de fois évanoui mon bouheur !)

1787   Le lendemain, j'alaí voir l'Abbé De-
Fontenaì, l'inſtrument dont On ſ'était
ſervi p.ᵒᵘʳ m'inviter. Il m'aprit qu'On a-
vait voulu profiter de mon ignorance du
monde & des usages, p.ᵒᵘʳ voir la ſimple
nature, unie à beaucoup d'eſprit naturel.
[Ces Genſlà ignorait que j'avais vu le
Genre-humain : Les Boñes-Genſ, chéz
mon Père ; la plate Bourgeoisie à Aucerre ; la Canáille à Paris ; la boñe Bourgeoisie, chéz Bultël-Dumont ; la Magi-
ſtrature des 2 genres, & même la No-
bleſſe, chéz M. LePelletiér-de-Morfon-
taine ; l'Auteurâille, la Medicâille, l'In-
trigâille, l'Actriçâille, la Charlatanerie
de tous les genres, chéz mon Ami Guillebërt, qui ſe plaisait à me faire étudier
ce monde-là ; la Finançâille, chéz M. De
LaReynière-père ; Tout le monde chéz
ſon Fils : Je n'étais donc pas ſi neuf].
On avait voulu (dis-je), profiter de mon
ignorance prétendue, pour me voir au
naturel. Il m'avoua, qu'On avait été
ſurpris de mon aisance, qui marquait
beaucoup de bon-ſenſ, puiſqu'elle n'é-
tait pas l'effet de l'usage (ce furët ſes expreſſions) : Qu'On avait beaucoup plûs
obtenu qu'On n'eſperait, ne croyant trouver en moi qu'un Romanciér à l'imaginacion exaltée, & non pas Un Fiſicién
tranſcendant. L'Abbé ajouta, que ce-

pendāt ma Fisique était fauſſe, puiſqu'elle
n'était pas conforme à l'Ecriture-ſainte,
& qu'On devait me conſeiller de ne pas
la publier, pour ne point compromettre
ma tranquilité. —Savéz-vous avec Qui
vous avéz dîné? [me dit l'Exjeſuite F.].
—Avec des Academiciéns, dont l'Un
eſt de-plûſ Auteur de la *Feuille de Picardie*. —Avec le Duc De-Mâilli [reprit-il], & le Comte De-Gemonville...
—Soit (repondis-je). —Vous avéz fait
ſenſacion: vous avéz pris; mais beaucoup!... J'en ſuis d'antant plûs charmé,
que cela eſt rare!... Mais je ne vous conaiſſais pas ainſi? —C'eſt que je ne me
montre pas inutilemᵗ ou dangereuſemᵗ!
—On veut vous revoir. On doit vous
faire trouver à dejeûner avec la Ducheſ-
ſe, avec la Princeſſe *de-Chalais* ſa ſœur,
& la Comteſſe *Argenſon* leur amie, qui a
beaucoup d'eſprit! —Je reverrai avec
le plûs grand plaisir les Academiciéns
d'Amiéns: Je les feliciterai de leur bone-fortune; car il vaut mieux être Duc,
que Feuilliſte-. L'Abbé, qui l'était, ſe
mit à rire blanc, & je le quittai.

L'invitacion avec les Dames, n'eût-
lieu, qu'après une 2ᵈᵉ avec le Duc & le
Comte. Nous nous amuſames come la
1ʳᵉ-fois, & le mot, *M.-le-Duc*, ordinai-
rement éteignoir de la familiarité, ne

1787 l'éteignit pas. Je fus le même, à ce mot *le-Duc* près, que j'ajoutais après *Monsieur*. Legrand-d'Auxì contraria un peu mon sillème, mais avec politesse: Je crus voir qu'il était fâché de ne pas l'avoir imaginé. Pour le gros Fontenaì, il n'imagine rién: C'est un de ces Etres, qui n'ont point de fond, & seulement de l'aquit en idées comuniquées, soit par les Maîtres, soit par les Livres... Je ne perdis cependant rién encore auprès des 2 Academiciéns d'Amiéns.

Enfin arriva le grand dejeûnér. Ce pauvre Darnaud n'en était pas... Je fus d'une liberté d'esprit singulière, & d'une grande gaîté avec les Dames. La Princesse *de-Chalais*, sœur de la Duchesse, est une belle-femme, à-l'excepçion des dents. La *Duchesse*, que je pris dabord p^Our une Feme-de-chambre, est une excellente Feme. C'est elle, que la *Reine*, Daufine encore, apelait *Sa Mère*, pareequ'elle avait l'air-de-raison bone de *Marie-Terèse*: La Comtesse-*Argenson*, fille, était laìde, un-peu bossuë, mais très-aimable, & la plûs jeune des trois. Ce fut-elle qui dit: —Demandéz-lui donc le mot de ses Intrigues? toutes les particularités de ses Ouvrages-? J'expliquai mes intrigues romantiques, & je m'arrêtai sur mon affaire de Mad. *Laugé*,

qui

qui les amusa beaucoup, telle qu'elle eſt
dans mon KALENDRIÉR.   Ce dejeûnér
fut très-gaí! Je n'y mangeaí pas. Je me
reservais p.ᵒʳ le DÎNÉR, qui, de-même que
les deux 1.ᵉʳˢ, fut un Dînér d'*Apiciüs*. J'y
parlaí encore Fisique. Nous avions pour
Convives M. *Durfort*, & un Marquis *de-
Jumilhac*, qui ſe fesait honeur d'être *ignorant come une Carpe*.   † Aprés le Dînér, nous alame³ au *Palais-Royal*, où nou³
nous abouchames à quelques Originaux,
que je ne conaiſſais pas; le Marquis *de-
Ximènes*, Un vieux Valetdechambre de
Loüis-XV, *N'enparlonsplus*, qui ſe reſſou-
venant de ſon ancién metiér, était le Papa
de toutes les *Filles* du *Jardin*. Ces 2 Homᵉˢ
étaít des Bouffons, dõt le Duc & le Comte
ſ'amusèrẽt un moment.   ¶ Ils me con-
duisirẽt enſuite au Parquet des *Italiéns*,
d'où je vis à mon aise toute la laídeur de
2 Acteurs, Home & Feme, dont l'âme eſt
encore plûs laíde que le viſage...

J'aí fait depuis, après la mort du bon
Duc de-Mâillí, une partie plüs agreable encore, chéz le Comte De-Gemonville & ſon Epouse, en Fevriér 93. Il y
avait à ce Dînér M.ˡˡᵉ *de-Sebrice*, anciénne Femedechambre du Petit Daufin, &
les Cit³ *Delíle* le Poète, *Lalande* l'Aſtronome avec ſon Epouse. Ce fut pendant
ce Dînér, que le Cit. Delíle me fit Un

XI Partie.   O o

1788
1793

100
Eſtamp.

1793 éloge vraì, touchaut, de mon Avanture avec Sara, qu'il avait lue, en revenat
de Strasbourg. Ce qui me surprit infiniment, c'est qu'il me demãda ensuite très-
serieusem.', De Quî j'avais apris son A-
vanture ? — C'est qu'elle nous est comu-
ne à Tous-2 (repondis-je). Si vous sa-
viéz combién de fois il m'est arrivé, a-
près avoir fait Une CONTEMPORAINE
où j'avais certaine Persone p.' Heroïne,
de m'entendre dire : —Hâ ! voila Mad.
Telle traìt p.' traìt-! Et je ne conaissais
pas cette Feme qu'On nomait... C'est que
tous les Homes & toutes les Femes ont à-
peu-près les mêmes avantures, áyant les
mêmes passions. [Ainsi, en fesant ici ma
veritable Histoire, c'est celle du Genre-
humain que je fais; il n'y a que le Roman fatanstiq qui soit faux]... Je ne me
seis complu (ajoutaí-je au Cit. Delîle),
dans les Details delicieux de la 1.re Partie
de SARA, que parceque l'instinct m'in-
diquait, qu'ils était generaux-. (Vous les
aléz voir, Lecteur, dans la XII.e Partie,
& peutêtre vous y retrouveréz-vous, come
l'Abbé Delîle, si vous avéz eú l'âme sensible, come Lui & Moi!) † L'amusement devait être complet, cette demi-
journée. Auprès du feu, l'aimable Saint
brice nous detailla les particularités de la
Fuite du Roi. [On peut les voir, dans le

XVIe Vol. des NUITS : Qnoique cet 1793
Ouvrage ait été cartoné pendant le temps
de la terreur, par Un de mes Amis, je
ne les repeterai pas]... On la pria ensuite de nous doner les détâils de sa sal-
vacion de la Prison de *La Force*, avec
Mad. & Mlle *De-Tourzel*, lors des maf-
facres de 7bre 92. Elle l'v refusait. M.
Lalande se mit a genoux le 1er, l'Abbé
Delile en fit autant; je les imitai : —Un
mot! Un mot qui sera la verité—? Nous
la flechimes. Elle nous raconta, Coment
le Municipal *Tallién* les avait tirées de
prison, à-travërs les fabres nus, & les
avait conduites, elle & Mlle De-Tourzel,
dans le *Petit-Stantoine* : Quant à Mad.
De-Tourzel, le même Municipal avait
eú la précaucion de l'envoyer furlechāp
à *Stepelagie*) : Coment elle avait été cōduite chéz ses Parens, par le Cit. Tallién
lui-même, qui les avait chargés de la re-
présenter : Coment On ne l'avait pas encore redemandée.... Ce recit fut très-
intereffant, & pour l'en remercier, chaqu'
un de Nous fit son recit...... Je n'ai revu qu'une-fois depuis Mlle St brice.

En 1789, au mois de 9bre, je fis un Dînér
à-peu près du genre de celui des Academiciéns d'Amiéns. Depuis 2 ans, je conaiffais M. *Senac-de-Meilhan*, alors Inten-
daut de Valenciénnes. C'eft chéz lui,

1786
1789

ruë *Bergère*, que j'avais vu la Marquise De-
Clermont-Tonerre, qui s'interessait beaucoup à Sara, & 2 charmantes Anglaises,
de 14 à 17 ans, dont l'Aînée m'a fourni
l'idée de ma *Charlote*, dans sa *Sa Mère-
l'alaita*. Je revis ensuite M. De-Senac,
à l'occasion de ses *Memoires du Duc de-
Richelieu*, dont l'avide *Buisson* a privé
le Publiq, en publiant la plate & ridicule
Compilacion de *Soulavie* : Quélle difference, si l'On avait l'Ouvrage de Meil-
han, avec l'élegance, le goût & le vrai
ton du monde, qui convenait à ces *Memoires* : Mais ces vils Bibliopoles aneā-
tissent la Litterature !... C'est après notre renouvellement de conaissance, à la
Revolucion comencée, que je fus mis d'
un grand Dînér, qui ne comença qu'a l'
issue de la seance de l'*Assemblée-Nacio-
nale*. J'étais arivé à 2 heures : mais On
atendait 2 Dames, & plusieurs Homes.
J'avais trouvé Un Sourd deja arrivé, le
Maître & les 2 Fils de la maison. Le Sourd
prétendu était Un Acteur, mandé pour
amuser la Compagnie. Il n'amusa que
MOI, avant que je le conusse, par une Histoire, asséz bién contée, de son Frère,
Gentilhome Lorrain, qu'On avait voulu
pendre avec le licol de son cheval, en venant à Paris. A 4 heures-& demie, je
vis arriver Tout le monde. Une des Dames était une sorte d'Amazone, ayant

tous les mouvemens mâles, la voix hau- 1789
te. le regard affuré : On me la dona p.^{our}
Mlle Denis, M^d de moufseline ráyée à
Cambraì. L'autre Dame était plüs timide, ou plüs fière : On ne lui dona point
de qualité. Je remarquai un Petit Home, qui refsemblait à *J.-Jaques*, pour la
propreté ; Un beau Garfon de 20 à 25
ans ; un Home à fisionomie ouverte ; Un-
4.e un-peu boîteux, & je crois deux-
Autres, que je remarquai peu. Je me
trouvai entre la M^de de-Moufseline-ráyée,
& le Propet, en furtout de laine blanche. La M^de me fit des amitiés, me re-
peta plusieurs-fois, *Que dit le Peuple ?* 101 Eſtamp.
& ne voulait causer qu'avec moi. Le
Sourd, lui, racontait, qu'il avait manqué d'être pendu en route, dans un village, parcequ'on le prenait pour un Officiér ariftocrate, fon Frère, qui fesait route de la Loraine à *Méts*. Il mettait fon cor-
net, pour entendre les queftions qu'on lui
fesait. Il impacienta la M^de-de-Moufse-
line-ráyée, qui le dit tout-haut. On
parla politique ; on était à la fource ;
mais je ne m'en doutais pas. Après le
dìnér, j'eús occasion de dire quelque-
chose, qui plut beaucoup à l'Home à fisionomie ouverte ; il paraifsait le Mari de
l'autre Dame.... Mad. Denis me goû-
tait : Elle demanda de me venir voir ?

O o 3

1789 Ce qui me furprit un-peu, dans une occasion, où repondant quelque-chose fur
le PAYSAN-PERVERTI , je loüai Mad.
Parangon avec fenfibilité, c'eft que j'entendis alors le Propet en laine blanche,
dire, *Cela eft romanefque.* Ce qui ne
que me convint pas... Enfin, l'heure de
fe retirer arriva. ¶ Le lendemain , M.
De-Meilhan m'écrivit : § *Mad. Denis,
Mde de Mouffeline ráyée, eft la Duchef-
fe de-Luynes : l'autre Dame, la Comteffe de-Laval: L'Home qui Vous a que-
ftioné avec tant d'interêt fur le PAYSAN
PERVERTI, le Vicomte de-Laval :
Le Beau Fils, qui fe fesait nomer Ni-
codème, Mathieu-Mantmorencì: L'Home un-peu âcre , un-peu boiteux, l'E-
vêque d'Autün : L'Home au furtout
blanc (le Propet), l'Abbé Syéyes. Quant
au Sourd, Vous l'avéz deviné... C'eft
pour Vous que cette Compagnie eft venue. On m'avait chargé de Vous inviter.*

Je ne fais quelles vues On avait fur
MOI: mais On m'examina beaucoup !...
Il y a grande aparence que je ne convins
qu'à 2 Perfones, la Duchefle, & M. De-
Laval: la 1re m'avait entretenu pendant
tout le Dìnér; & le 2d, après, en me mar-
quant les égards les plüs obligeans... Cependant l'Abbé Syéyes m'envoya le len-

demain tous ſes Ouvrages politiqs. Mais
le croira-t-On), je ſuis encore à le remercier, & à lui faire reponſe! La Du-
cheſſe de-Luynes me rendit une visite,
aubout de 3 ſemaines: Elle était en A-
mazone, cōduite par l'Abbé, exprécepteur
des Jeunes De-Meilhan: Come elle avait
un chapeau à plumët, ma Fille Marion,
qui la reçut, l'apela conſtanm^t *Monſieur*...
La dernière visite que m'ait rendue
cette Dame, avec ſon Neveu, Un Mont-
morencì, eſt inſcrite au 27 Juillet 93.
J'obſerve ici, relativem^t à l'Abbé Syéyes,
que lorſque je me mets à être ſot, je decuple en idioterie les Homes les plüs bornés.

J'en ſuis parvenu à l'Une de mes Liaì-
sons les plüs honorables & les plüs agré-
ables, tout-à-la-fois: Je veux dire, celle
avec Mad. la Comteſſe *de-Beauharnais*.
Elle comença au milieu de 1787. Je fus
préſenté par M. Merciér. Il eſt impoſſible d'exprimer avec combién de grâces &
de biénveuillance elle m'accueillit! Mad.
De-Beauharnais au talent brillant de
la Poéſie, joint une douceur angelique de
caractère: ſon regard, & le ſon de ſa
voix indiquët cette qualité, la plüs précieuse de celles de ſon ſexe: Sa tàille fut
moûlée par les Grâces, & ſe pliait, avec
une voluptueuse ſoupleſſe, à la molleſſe
provoquāte de ſa marche. Elle fut belle,

1789
1796

& l'était encore. (Voici des añées que je ne l'ai vue! añées de douleur & de privacions!) On fent, à la voir, à l'entendre, à la lire, combién les plaisirs de l'amour, acordés par elle, doivét avoir eú de delices & de charmes!... Elle a des traìts de Mad. Parangon, de ces traìts celeftes, fous lefquels la Divinité fe voile quelquefois, p.^{our} doñer aux Mortels une idée de l'Eternelle-Beauté, & du bonheur qu'elle procure!......

J'alais chéz la Comteffe tous les vendredis-foir. Avant le foupér, On causait avec la Compagnie, touj.^{rs} nombreuse, jufqu'à 11 heur.^s &-demie, qu'On fe mettait à table. L'entretién devenait alors general.... A minuit un-quart, On revenait dans le fallon, & l'On était les maîtres d'y paffer la nuit, la Maîtreffe de la maifō ne vous abandonait pas. Je m'en fuis fouvent retourné à 5 heur.^s du matin. C'était le temps des lectures, qui durait ordinairem.^t jufqu'à 3 heur.^s J'y ai lu certaines EPOQUES de cet Ouvrage-ci. Les Convives qui reftait, caufait alors entr'eux. C'était le temps des Anecdotes fecrettes (come celui de l'arrivée était doñé aux Nouvelles-publiques). On pouvait venir dans cette Société, fans y rién aprendre; arivant tard, & f'en-alant de bone-heure. C'eft après 3 heur.^s,

que le Marquis *DelaGrange*, ex Officiér
des Mousquetaires, nous racontait les
Anecdotes des 2 Cours des Loüis-XV & de
Louis XVI. Ce n'était pas Un genie que
cet Home, mais il avait une excellente
memoire! J'ai profité de ces Anecdotes
du vieil Officiér, dans les PROVINCIA-
LES, où l'On trouve des choses qu'il est
étoñant que j'aie sues, soit dans les PA-
RISIENNES, qui sont aux 1ers jours de
chaque Mois, soit dans les HORS-D'ŒU-
VRE qui terminét chaque semestre; dans
LE DRAME DE LA VIE, & dans les XV
à XVIe Vol. des NUITS DE PARIS.

J'ai vu, chéz la Comtesse, *Cubières*,
successeur de *Dorat*; *Cazote*, qui m'ac-
corda la plüs tendre amitié; *Rabaud-St-
Etiénne*, alors espèce de FAT; *Laferté*,
& *Vic-d'Azir* son BEAUFRÈRE; Comte *Ar-
conati*, Italién, sorte de Cosmopolite, qui
a visité toute la Terre, même la Laponie;
Robinson, Anglais, né d'une Mère In-
dousse, & qui avait le caractère roman-
tiq-exalté de la Nacion de cette Dern^{re};
Stanislas-Potocki, frère du Grand-Ma-
rèchal de la Couroñe de Pologne, home
plein d'esprit, d'amenité, écrivant en Frã-
çais, aussi purem^t que nos meilleurs Auteurs; j'ai imprime de lui, dans le XIVe
Vol. des NUITS, Un ESSAI plein de
goût & de conaissances, sur les TABLE-

AUX DU SALLON DE MDCCLXXXVIII;
le Jeune Prince *Czatorinski*, auſſi beau,
qu'inſtruit & modeſte: cependant un-ſoir
nous eûmes un petit differend. Je ne le
conaiſſais pas, & il était en petit habit
gris. Il dépréciait Ariſtote. —Jeunehome! (lui dis-je), parléz des Grandsho-
mes avec plûs de reverence! Conaiſſéz-
vous bién cet ARISTOTE, que vous oſéz
juger ? C'eſt le Père du bon-ſens, de la
Logique, & des bones règles de la Litterature : On le blaſfème, come On blaſfème aujourdhui la Divinité-... Le Jeune Prince, d'après mon expoſicion, convint de ſon tort avec douceur. Je vis encore Un autre Comte-Prince Polonais,
je crois *Malakeuſki*, avec lequel nous
eûmes une converſacion delicieuſe, à un
ſoupér preſque-ſolitaire. Tous les Polonais que j'ai vu chéz la Comteſſe, étaïet
les plûs aimables des Homes. Le Marquis
Dela Grange, dont j'ai parlé. Le Prince
Gonzague, depouillé de la ſouveraineté
de Mantouë par la Maiſon d'Auriche,
dans la Perſone de ſon Ayeul, p^{our} avoir
pris le parti des Français, dans la guer-
re de la Succeſſion d'Eſpagne : Celui de
nos ſoupérs eſt le dern^r de ſon nom. Le
Fils de *Buffon*. Un Comte Suiſſe, qui a-
vait Une Fille auſſi belle que Julie-D'E-
tange. Preſque tous les Litterateurs eſti-

mables. Une foule d'Officiérs diſtingués. 1789
En-un-mot preſque toute l'Europe. 1794

C'eſt devant cette Société éclairée que 1796
j'ai lu mes 1ʳᵉˢ EPOQUES. O combién
Mad. Parangon y fut admirée ! — La celeſte Feme-! (ſ'écriait la Comteſſe). Cō-
bién On a aimé Zefire !… Je n'ai pas été
plüs loin que Louise & Terèse, ne voulāt
pas lire mes dernières EPOQUES à des
Inconus. ¶ C'eſt dans nos converſa-
cions particulières après 3 heurˢ, que la
Comteſſe elle-même a ſouvent raconté des
traits intereſſans. Tel eſt celui dont On
aſſure qu'Un Home conu a composé Un
Ouvrage très-piquant, intitolé, LES
POSTHUMES; ainſi que d'autres Anecdotes, qui la concernaît perſonellement.

J'ajoute, en finiſſant cet article, que
Mad. De Beauharnais ſ'eſt intereſſée au
mariage de ma Fille-cadète avec ſon Cousin *Edmond*, fils de *Pierre-R.* mon Frère,
qui était reſté laboureur à Saci, dans le
Domaine de *Labretone*, & mort 1778.

J'ai conu par la jeune Esil, dont j'ai
parlé, Ure Feme infinimᵗ reſpectable,
Mad. *Letâhc*, qui, deguisée dans ſes bo-
nes-œuvres ſous ce nom, ſ'était fait de
la biénfesance la plüs prévenante, une
jouiſſance d'habitude & de neceſſité. Cette
Feme, delicate & ſenſible, l'Heroïne in-
nomée de mes NUITS DE PARIS, reti-

rait, avec une dextérité infinie, les Jeunesfilles des occasiõs prochaines de chute ou de libertinage. Elle ne contrariait pas, en Janseniste févère, les inclinacions de fes Obligées ; Elle ne leur fesait pas, come les Devotes, porter les livrées de fa biénfesance : Elle les laiffait dans leurs habitudes non-vicieuses, conferver leur manière de fe mettre. Par-exemple, Esil, jolie brune, un-peu coquette, en recevait differens cadeaux en nipes, même en argent, & en parures. Après lui avoir doné le folide, Mad. Letâhc fut que la Petite-Perfone avait une envie demesurée d'une robe blanche, & d'un jupon de deffous falbalaté. Quoique cela fût du luxe, la Biénfaitrice le dona : — Mon Esil eft jolie (dit-elle) ; Un Home n'aurait qu'à doner le fin jupon blanc de deffous, avec la robe de mouffeline , & ma Fille ferait perdue-!.... Elle ne fcrutait jamais la conduite de fes Obligées. Quãd On voulait lui parler contr'elles, la vertueuse Letâhc interrompait : —Les ai-je donc obligées, p^our m'en faire redouter? Tant que ces pauvres Enfans fauront que je ne crois que du bién fur leur compte, elles auront touj^rs une porte ouverte pour revenir à la vertu : dumoins elles me menageront, & ne lèveront pas le mafque du vice-... Tout fen chagrin était de ne

pas

pas avoir une fortune aſſéz conſiderable, 1777
pour ſecourir tous les Malheureux. Elle 1787
jetait ſes dons avec une indifference cou-
rageuſe, & abandonait le ſuccès à l'E-
tre-ſuprême. Elle aimait à jouir cachée,
de la vue du repos, de la conſolacion,
du contentément, de l'aiſance qu'elle a-
vait procurés. ¶ Ce fut par Esil qne Mad.
Letáhc conut toutes les Jeuneſperſones
dont je parlerai biéntôt, & qu'elle vint à
leur ſecours. Elle començait dèſlors à
ſ'intereſſer vivem^t à Moi.... Hélas! elle
n'eſt plus, cette Feme celeſte, cette 2^{de}
Parangon, elle n'eſt plus, au moment où
moi-même j'aurais beſoin de ſoulagem^t!
Elle n'eſt plus! & je ſuis reduit à la pleurer, come toutes les Perſones que j'ai autrefois aimées, & auxquelles je fus chër!
... Elle n'eſt plus! & nous exiſtons encore, mes Filles & Moi, à la mercides Mé-
chans, qui nous devoreront!...

Le plüs celèbre des Homes que j'ai co-
nus eſt certainem^t le Cit *Caron-de-Beau-
marchais.* Je l'avais abordé dès 1778, à
l'occaſion deſon Imprimerie de *Kell,* dont
il me propoſa d'être le Prote: mais il y
avait plüs de 10 ans que j'avais quité ce
genre d'ocupacion. J'étais cependant tenté d'accepter, par un effet de mon admiracion p^{our} VOLTAIRE, dont On y alait
imprimer les inmortels Ouvrages. Ce

XI Partie.   P p

1777 fut le Cit. Beaumarchais qui acomoda mō
1780 afaire de la XXVIe CONTEMPORAINE,
avec *Marie-Rosalie.* Cette aimable Féme desirait ardenm.^t de voir un Home,
qui avait tant fait parler de lui : Elle eût
la satisfaction toute-entière: car non-seule-
m.^t elle le vit chéz son Avocat *Picard*, mai.^s
elle entendit de sa bouche la *Nouvelle* d'un
bout à l'autre ; & come elle y était fort-
louée, ce fut par M. De-Beaumarchais
qu'elle le fut. Elle m'en remercia, lorsque
je la-revis au mois de 7.bre suivant, chéz
ma Fille Virginie sa Parente, qui voulut
absolum.^t que nous scellassions la reconci-
liacion dans ses bras... Hô ! quelle aimable Enfant que ma Virginie, & que la
Nature l'emporte sur l'amour dans mon
cœur !.... Ma relacion avec le Cit. Beaumarchais, fut dabord d'affaires. Je lui
donaí, sur notre Ortografe, 18 remarques
qu'il comuniqua à l'ACADÉMIE-FRAN-
ÇAISE d'alors, qui n'en aprouva que six.
Mais On vit, peu de temps après, par la
dispute sur *Voyiéz* & *Soyiéz*, inserée au
Journal de Paris, que Delaharpe, Cory-
fée du Corps-Academique, ne savait pas
l'Ortografe... Nous eúmes ensuite des
particularités, dont je ne parleraí pas,
relativem.^t à Une Persone, à-l'égard de
laquelle j'ai de grands reproches à me faire ! Elle m'a écrit 5 à 6 Lettres, sous un

nouveau nom (*Turcoïdauber*), Lettres 1788
auxquelles je n'ai pas repondu, faute de la 1793
conaître. Il faut touj.^rs repondre, fauf
à ne pas repliquer. ¶ On fait, ou On
ne fait pas, qu'un certain *Bergaſſe*, depuis Un de ces Brigands celèbres, qui
ont cru que la route de la fortune tournait *à-droite*, était devenu éperdûm.^t amoureux de MAD. *Kornman* : Il fut écon-
duit. Enragé du non-fuccès, cette Mau-
vaise-tête (il était Précepteur des Enfans-
Kornman) fe mit du côté du Mari, avec
ce clinquant, qui paſſait alors p.^our du talent, & qui n'eſt qu'un ridicul aux ïeux
des Genſ fenfés. Ce fut contre 2 Furieux, Un avide Mari, qui acusait fa
Féme, p.^our envahir une riche dot, & un
Procateur qui n'avait pu feduire, que le
Prince DE-NàſſAw recomanda l'Oppri-
mée à l'éloquence poignante de Beaumarchais. Mais Bergaſſe eût alots les Rieurs,
parceque LeNoir, generalem.^t haï, fe trouvait, dans cette affaire, l'acolyte du Pro-
fligateur du Parlement-MAUPEOU.

    Ce fut après le triomfe que Beaumar-
chais obtint, malgré le Publiq, que je fus
invité à ce beau dînér, que je raconte _{Vme}
dans LE DRAME DE LA VIE. C'eſt en- _{Partie.}
core dans le même-temps que j'aſſiſtaí au
Dînér d'*Eugenie*-cadette, fille de M. De-
Beaumarchais: [l'Aînée eſt la Pièce de

Teatre de ce nom]... Plaçons ici Une *Comparaison* que je trouve sous ma main: PERTINAX & BELLEMARCHE.

Il existe à Paris, 2 Homes-de-lettres, qui ont de singuliérs raports ! Il se trouve entr'eux une grande ressemblance p^our le genre d'esprit, p^our le faire, la manière de travailler, les inclinacions, la situacion (une chose exceptée), le style, & le but des Ouvrages. † Bellemarche a fait *Eugenie* : Pertinax, la *Mère-imperieuse*. Bellemarche *les Deux-Amis* : Pertinax *la Prévencion-Nacionale*. Bellemarche *le Barbiér-de-Seville* : Pertinax *l'Epimenide Greq*. Bellemarche *Figarò, ou la Folle-Journée* : Pertinax *le Nouvel-Epimenide, ou la Sage-Journée*. Bellemarche *la Mère-coupable* : Pertinax *le Père-Valet, ou l'Epouse adorée après sa mort*. Bellemarche *Robert chef de Brigands* : Pertinax *les Fautes sont personellès*. Bellemarche *Tarare* : Pertinax *L'An 2000*: Et de-plûs, *le Loup dans la Bergerie, l'Epouse-Comediénne, le Libertin-fixé, Sa Mère l'alaita, l'Amour muët*. Bellemarche a fait Une Fille au-moins : Pertinax 2 au moins. Bellemarche a fait ses *Memoires*, où sont 2 *Contemporaines* fort-interessantes ! Pertinax a fait plüs de 1001 *Contemporaines*, dont la plüpart sont d'un vif interêt. Bellemarche a fait beaucoup d'affaires : Per-

tinax beaucoup de Livres , au nmbre de
plüs de 180 Vol. Voila bién des affaires!
Tous-deux menagent tellemᵗ le papiér,
qu'ils écrivēt surtous les petits morceaux
blanc⸱ qu'ils peuvēt rencontrer , n'eûſſet-
ils qu'un travērs-de doigt , & un revērs
de libre. Tous-2 font des vērs durs; temoins *Tarare*, & toutes les *Chanſons* Bellemarche : Temoins toutes les *Ariettes*
de Pertinax , & ſes vērs qu'On a lus dans
2 *Contes* , inſerés dans les *Contempo-*
rvines. Tous-2 ſont ardens , vifs , em-
portés ; & toujours prērs à être boñes-
genſ. Tous-2 aimēt les richeſſes , & ſou-
tiénnēt que le mépris qu'en font certaines Genſ, n'eſt qu'une fanfaronade : Mais
l'Un les aima en Amant heureux ; l'Autre , en Amant rebuté. Tous-2 ont paſ-
ſionemᵗ aimé les Femes : Mais elles ont
enrichi Bellemarche , & apauvri Pertinax. Tous-2 ſont hautains, & ſentēt leur
mérite : Mais Bellemarche a Quelqu'un
qui ſent le ſién avec lui ; tandis que Pertinax eſt tout ſeul a ſentir qu'il en a :
Tous-2 bravēt égalemᵗ le mépris inſo-
lent de leurs Contemporains les Auteurs,
dont auqu'un ne les vaut. Ni l'Un , ni
l'Autre n'eſt de l'INSTITUT-NACIONAL
avec 10-fois plûs de titres qu'il n'en faut.
Tous-2 ſont timides , en paraiſſant audacieux. Tous-2 ont peint la Nature,

telle qu'elle eſt·.. Voila les reſſemblan-
ces. Et voici les differences: L'Un a toujours été heureux avec la fortune ; l'Autre, touj.ʳˢ malheureux. Ce qui viént plütôt des circonſtances , que de l'adreſſe...
Enfin , p.ᵒᵘʳ tout dire en-un-mot , ſur la
ſituacion de ces 2 Homes contemporaïs,
Tous-2 ont eúrȇt Une Sara : Mais l'Un
eſt *Cresuſ* ; l'Autre eſt *Irus*.

La ſcène la plüs delicieuse que j'aïe eúe
chéz M. De-Beaumarchais, eſt celle du
jour où l'intereſſante EUGENIE était en
penitence , p.ᵒᵘʳ une faute legère. Elle ne
dînait pas à table : On m'envoya lui tenir compagnie pendant ſon petit repas
ſolitaire. Elle n'était pas gáie ; elle n'é-
tait pas triſte : elle avait pris l'air con-
venable. Elle me montra ſes Livres d'é-
tudes. Je l'amuſai beaucoup par l'explicacion des Eſtampes des *Metamorfoses
d'Ovide.* Je les lui expliquais hiſtorique-
ment. Car j'aí p.ᵒᵘʳ principe, come On l'a
vu , dans les 3 ı.ᵉʳˢ Vol. de la FILOSO-
FIE DU Mʳ-NICOLAS , que tout eſt hiſ-
toriq dans les Fables anciénnes , qui ne
ſont que des verités defigurées par des
Fourbes ou des Ignorans. L'aimáble Enfant paraiſſait me comprendre , & ſes
reponſes, ſes regards, reſpiraït l'inteli-
ligence. Elle avait 9 ans.... Mais qui-
tons un-moment cette intereſſante En-

fant, aujourdhui bélle & charmante Perfone. † A table, Une Dame nous raconta l hiſtoire de la fureur érotique d'un
ſinge. Elle était l'Heroïne ; ainſi elle
mettait de l'action dans le recit. On rai-
ſonait à-perte-de-vue, ſur le goût de-
préférence d'Un Animal, p^{our} Une Fe-
melle d'une autre Eſpèce que la ſiénne.
J'en ai doné la raiſon dans l'Ouvrage
cité, qui fait partie de celui-ci. Nous
en étions-là, quand entre les feuillages
d'une terraſſe, On entendit une Voix
douce, qui clamait: —Madame *Dupré!*
Madame Dupré-!… Cette jolie Voix demandait indulgence, en voyant un caroſſe
préparé p^{ou}r la promenade. Il eſt impoſſible d'exprimer combién ſon air ſupliant
avait de grâces naïves, combién le ſon
de ſa voix était touchant ! Elle fut par-
donée, & la tendreſſe paternelle, un moment ſuſpendue, n'en fut que plüs vive.
Le Père nous raconta, coment il avait
manqué 3 ou 4-fois de perdre cette Enfant, par differens accidens, tous exprimés ſur une Medaille d'or, qu'elle portait
ſur la poitrine, & qu'il nous fit voir. Hô !
que la tendreſſe paternelle p^{our} Une Fille
meritante eſt un doux ſentiment !

    Ce fut en 1788, que je conus le Cit.
Arthaud, de Lion, home inſtruit & home de goût, ſolide en certains principes

1788
1797

filosofiqs. Je le conduisis chéz la Comtesse De-Beauharnais, qui le goûta beaucoup. Auffi puis-je dire que Mad. De-Beauharnais eft la feule Feme-de-lettres entièrem: nt aimable, que j'aìe conue.... Nous nous revimes M. Arthaud & Moi, en 1789, au comencement de la Revolucion, & nous fîmes aux *Tuileries* quelques Dîners, dont étaît le Cit. Merciér, & 5 à 6 Autres. Un an après, il eût une *Sara* : Il m'écrivit à fon fujèt. En 92, au moment où j'étais dans le plûs grand embaras, par une banqueroute que j'esfuyais, mon nouvel Ami, pauvre auparavant par un effet de fon infouciance, herita d'Un Oncle riche, & vint à mon fecours. Mais biéntôt, par un effet de l'état actuel des chofes, une fortune prefqu'inmenfe, fe reduifir en *Infcripçion*, & je me retrouvaï plûs bas que je n'étais auparavant. C'eft ma fituacion actuelle, affreufe au-point, que j'aí été forcé de laiffer publier cet Ouvrage, qui certainement dèvait ne paraître qu'après Moi... Je ne parlerai pas de la Sara du Cit. Arthaud : c'eft à lui d'en faire l'hiftoire. Il la prétend Defcendante des Stuarts : A-la-bone-heure, furtout fi cela prête quelque merite. † Dans le temps de fa fortune, il donait à manger. Je dînais chéz lui avec le Cit. Merciér, le jour où fut prononcé le decret d'arreftacion de ce Der-

niér. Ce fut le Cit. *D'Arlande* qui lui a-
nonça fon malheur. —Hâ ! je fuis per-
du-! (f'écria Merciér).   Il avait raison.
La mort des LXXIII était jurée ; des
incidens particuliérs les ont fauvés. Auffi regardais-je Merciér come mort. La
Nièce adoptive du Cit. Deffaut, amie de
Mlle Sanloci, penfait fi parfaitem^t de-même p^{our} fon Oncle, qu'elle fe précipita...

Le Cit. Arthaud voulait fervir la cho-
se-publique.   Il dona differens Dinérs,
p^{our} expofer fes idées aux Députés qu'il
y invitait. Je m'y fuis trouvé avec Merciér reffufcité; les Cit. Lanjuinais, Louvet, Gregoire, Lanthenas, Roux, &c^a.
Mais, ou fes idées était trop filofofiques,
ou des raisons politiques, fans-doute tem-
poraires, empêchérét de les accueillir.
[Voyéz à l'*Explicacion* des Eftampes,
relativement au Citoyén Louvët].

Ce n'eft qu'à fon retour de Suiffe, &
après fon excellent *Extrait des Contem-*
poraines, inferé dans le *Journal de Neuf-*
châtel, que je me fuis lié parfaitem^t a-
vec le Cit. Merciér. Auparavant, quand
il me louait en face, je penfais qu'il fe
moquait de MOI, & je m'en demandais la
raison ?... Quand On me montra fon
TABLEAU de Paris, où je fuis tant loué!
je fus convaincu que c'était ferieusement,
mais je tombai dans un étonement profond! Un Auteur Parisién me louer! ce-

1796 la n'eſt pas poſſible ! Il a fait une *Heroï-
de*, & il me loue ! il eſt donc d'une autre
pâte que les Autres-?.... ┼ Un Cit. *Cheniér* n'aime pas le Cit. Merciér, qu'il ac-
cuſe de *folie*, & Moi, d'être ſon *acolyte
en folie* ! Et pourquoi ? Coment ? Qu'
eſt-ce qu'Un Acolyte ?... Mauvais Poëte, mauvais Tragediſte Cheniér, laiſſe-
moi ; je ne ſuis pas ton Frère ! Je ſais bién
que tu as pris tes mœurs au Páys où tu és
né, à Byzance, près dv Serail ! mais
laiſſe-moi ; je n'ai point d'heritage à partager avec toi !... Aprens cependant,
Calomniateur, que je ne ſuis point l'*acolyte en folie* de Merciér, ni ſur Deſcar-
tes, ni ſur Voltaire: Nous ſomes diame-
tralemᵗ opoſés. Futil Roquet, avant d'é-
crire, inſtruis-toi, & ne ſouïlle pas de ta
bave menſongère, l'Home de genie ! Te
ſouviéns-tu de l'*Hymne* bourſoufflée que
tu fis pᵒᵘʳ la *Féte de l'Etre-ſupréme* ? Il
n'y avait ni Poéſie, ni Filosofiie : On ſe
moqua de Toi...... Ton acolyte en folie,
(ſon nom m'échape) c'eſt ce plat *Journaliſte*,
calomniateur come Toi. Je ſuis de l'avis
de Merciér ſur les *Loteries*, ſur le Reta-
bliſſement de l'impôt du Tabac & du Sel,
parcequ'ils ſont inſenſibles....... Mais la
colère m'emporte... ┼ Je me ſuis trouvé chéz M. Merciér, à *Mont-rouge*, dãs
des temps plûs heureux ! Un voyage riant ; un ſite charmant ſur des jardins ; le

lointain d'une campagne ondulante ou
fleurie; Une Compagnie agreable: Vous
y étiéz alors, douce, naïve, innocente, ô
Vous, fa Sara, depuis aigre & perfide!…
Ce fut à elle que je dis, en dînant-là avec
Collot (alors bon encore), Courcelles,
(qui bâtiffait le *Teatre du Marais*); leurs
Femes, Raimond, & 2 Autres: —Quoi!
fi aimable, fans beauté-!… Elle a chā-
gé depuis (hélas! tout change! infortunés Mortels!…) § Nous ne nous voyons plus qué rarement, le Cit. Merciér
& Moi. J'ai voulu contribuer à fon bonheur: Il f'y eft refusé par ignorance; j'é-
tais fûr de ce que je promettais.…

Un amusement que je me reproche-
rais d'oublier de decrire, parcequ'il fut
delicieux, eft celui des Dejeûnérs du Jeune La Reynière. Ces Dejeûnérs avaīt p^{our}
but la reünion de tout ce qui avait quelque mérite, foit à la Capitale, ou dans
les Provinces. Ils confiftaīt en Café-au-
laīt, en Té, en Tartines de Beurre, avec
des Anchois: Il començaīt à 11 heures,
& finiffait à 4, par un Aloyau, ou un Gi-
got de 15 à 18 livres. On ne buvait que du
Cîdre avec la viande. On était libre avec
decence. On pouvait amener quî l'On
voulait, 2, 3, 4 Perfones. Le Café était
faible, & l'on ne rifquait rién d'en prendre tant qu'On pouvait. La dose était

1785
1789

de vingt-deux tâffes. Deux Marfyas, dont les bouches à robinét donaïét dans la falle, verfaïét l'une le café, l'autre le lait, de-forte que chaqu'un fe dosait come il l'entendait.... † La converfacion començait. Elle roulait fur toutes fortes de matières. Enfuite On fesait des lectures de manufcrits ; les Poëtes recitaït leurs vèrs ; les Dramatiftes declamaït leurs Pièces & en preffentaïét l'effet. C'était un vraï Musée. Le Cit. Pons de Verdun nous y a lu les 1^{rs} Chants d'un joli Poëme, qu'On devrait l'engager à finir. Il eft vraï que Fardeau nous y a lus fes Epigrammes : mais elles ne bleffèrent Perfone, & l'On en rit aux larmes. † Jamais amusement ne fut auffi varié, auffi libre : On y fesait une foule de Conaiffances agreables ; Ou abandonait facilement celles qui ne l'étaït pas. Les Parens du Jeunehome desaprouvaït fes dejeûnérs, & peutêtre avaït-ils raison : mais le Publiq & nous ne pouvions que lesaprouver infinim^t. Ils ont ceffé, à fa captivité, demandée par fa Famille, en 86. [Voyéz toutes fes Lettres, deja citées].

Lorfque je composais l'HISTOIRE des FILLES DU PALAIS-ROYAL, en 1789, je decouvris une infinië de chofes étonnantes, come On peut le voir dans les III Volumes qui portét ce titre. Mais mon

mon *Aquilin-des-Escopétes* n'aprit pas
tout alors; puisqu'il ne decouvrit rién de
ce qui le concernait personnellem.^t. Ce ne
fut qu'en 90 & 91, que penetrant plûs
avant, par la continuité d'observacions,
il trouva enfin ce qu'il était loin de penser
à chercher.   † On sait que le *Nouveau-
Palais-Royal* est devenu le rendevous
universel des Mocions, des Affaires, des
Plaisirs, de la Volupté, de la Debaûche,
du Jeu, de l'Agiorage. de la Vente d'Argent, d'Assignats, de Mandats; & par-
consequent le Temple, ou le *Prostibulum*
de l'Observacion.   Ce celèbre Bazard
m'atirait donc par lui-même, & par les
agremens que je rencontrais sur la route.
Je voyais dabord Dælie ou Adèle, Mad.
Tesaumenu (Mlle Nazanje n'y était plus)!
Filette ou Alanette, les Filles de Leonor-
Ébor, Cerisette, Prunette & Dapiette,
(noms que leur Oncle le Poëte leur avait
donés); la Fille de Petronille, Limonadière au coin de la ruë *de-Grenelle* ; A-
delaïde Tipetin, & enfin quelques Jeu-
nes-Palatines, qui m'interessait malgré
moi.   † Dabord, la Politique m'ocupa,
ainsi que Tout le monde. Je tâchai de penetrer quel était l'esprit des Mocions qui
se fesait : & je compris, non sans éton-
nement, que toutes, ou presque toutes,
était instiguées par l'Etrangér. J'enten-

XI Partie.   Q q

1789 dis begáyer Camille..... Mais je le haïſſais deja..... Je ne prenais auqu'une part à ces Mocions, parceque n'étant d'auqu'un Club, ni dans l'affiliacion d'auqu'un Parti, j'aurais pu aler à contreſens, en voulant ſervir la bone-cause.... § Parlerai-je ici de la REVOLUCION, de cet évènem[t] étrange, dōt le bruit grondera longtemps encore dans la ſuite des ſiècles!... Non : Je l'ai decrite dans les 2 derniérs Volumes des NUITS, dans Un Ouvrage mſſ achevé en 96 ; & enfin j'en donerai une eſquiſſe nouvelle, à la ſuite de cet Ouvrage-ci méme, qui ſera terminé par l'article POLITIQUE, le derniér des IV de LA FILOSOFIE DU M[r]-NICOLAS, dont le 1[r] eſt la FISIQUE, le 2[d] la MORALE, le 3me la RELIGION... Revenons donc au PALAIS-ROYAL, & traçons-en un Tableau qui étone, qui effráye la Poſterité! ¶ Infortuné! atiré par de jolies Figures, par des Tâilles ſweltes, je m'écartais des Groupes, alleché par la Volupté (dumoins je le penſais), & je ſuivais tantôt Victorette, tantôt Septimanète, Seraſine, Eſtelle-Henriette, Cecile, Roſette, Lutine, Féderique, Soſiette, Eleonorine, Yvette, Celeſte, Dorotée, Nina, Reine, Alzacette, Iſſine, &c[a]. Ignorant encore par quoi j'étais a-tiré, je me disais tout-bas : —Hô! ſi, dans ma jenneſſe, ces ſortes de Feñes

eúſſent été auſſi provoquantes, j'étais 1790
perdu-! J'ignorais que ce n'était pas la
Volupté qui m'atirait. Cependant j'en
voyais de Charmantes, qui ne feſaït auqu'une impreſſion ſur Moi, tandisqu'Une
Nouvelle (Folleville) que la Matrullê pro-
menait p.^{our} la 1re-fois, me fit évanouir de
ſaiſiſſement... ɟe la demandai : J'étais
le 1^r, heureuſem.^t! elle avait encore ſa
fleur , n'áyant été vendue que le matin
du même jour à la plûs achalandée des
Matrullês du *Palais-Royal*, par ſa Mère, Catin ſurannée. Mad. Letâhc vivait
encore : La Mère de l'Enfant me la ceda, dès la 1^r mot, en me voyant : —Je
ſuis ce que je ſuis (dit-elle à la grande
Matrullê); mais c'eſt juſte , puiſque c'eſt
ſon Père. —Coment cela (m'écriaí-je)!
—Regardéz-moi !... ɟe ſuis cette belle
Feme , que votre Ami Guillebërt apel-
lait ſon *cautère*, & que..... en 1777...
Notre Fille a 13 ans paſſës. Elle eſt jolie, parceque pendant tout le ᴅínér , je
vous fis petiller de deſir. Ce fut la raiſō
p.^{our} laquelle le ᴅ.^r me ceda... Depuis ſa
mort, ɟe ſuis tombée dans la miſère ; ɟe
me ſuis livrée... Mais j'ai eú horreur de
voir expirer ſous mes ïeux la virginité
notre Fille : ɟe l'avais éloignée ce matin,
come On envoie tuer hors de ſa vue la
Colombe innocente-!........ Pendant

1791
1797

105
Eſtamp.

qu'elle parla, j'achevaí de la reconaître:
— Quoi! vous êtes Mad. *La···* ? — N'a-
chevéz pas mon nom–! (ſ'écria-t-elle):
Je me nome *La Folleville*, à-préſent-...
Je conduiſis l'Enfant chéz mon eſſenciel-
le Amie, qui non-ſeulem^t la maintint
dans la même parure où elle était, mais
qui tira ſa Mère de l'aviliſſem^t, rembour-
ſa la Matrullê, &c^a... O Feme vertueuſe,
ſublime, je me proſterne devant Toi, &
t'adore, come Une Divinité! Depuis ta
mort, je ſuis un Etre nul & ſans pouvoir!

Telles était les diſtractions qui m'ara-
chaît aux Groupes. Mais j'en avais encore d'autres. Tantôt je me ſentais ti-
râillé par Un Racrocheur de jeu: tantôt par un Jeune Pederaſte, ou par Un
Filou, qui affectait la même manière de
palper. Tantôt Un Aboyeur de Curio-
ſités, me preſſait d'entrer voir en cire, les Voleurs qui ſont en Perſones naturelles dans le Jardin & ſous les Arcades. MERCIÉR a fait du NOUVEAU-
PALAIS-ROYAL, un Tableau qui fra-
pe par ſa verité : ¶ J'y ſuis, ſous ces Arcades, ſerres-chaudes de toutes les Plantes empoi-
ſonées qu'On a pris ſoin de ſemer dans les Depar-
temens! Voila le foyér des cabales, des diſcordes
civiles! Voila l'Antre où l'Agiotage devore la
fortune-publique, & condanne à la mort de faim,
des Familles, des Villes, des Contrées entières,
reduites au plüs affreux denûment, par un trafic ſo-

1791
1797

fennel & meurtrier! Les voila ces audacieux Spo-
liateurs de nos dernières ressources! Les voyéz-
vous marcher par bandes, la tete haute, le regard
effronté, touj^rs le curedent à la bouche & la main
au gousset, pour faire resoner leurs louis? Ils ont
le teint vermeil, le ventre rebondi : le sourire de
l'ironie est sans-cesse sur leurs lèvres; ils bravent
le regard de l'Home-de-bién & les patrouilles qui
les separent sans les diviser; ils se rejoignent en
gtouppe come des globules de vif-argent; ils vont,
viénnent, s'accostent, se divisent par pelotons, qui,
un instant après, font masse; Celui qui se trouve
au milieu, done le mot d'ordre: c'est un signe,
un geste, un demi-mot, qui change à toute heure,
& soudain ils se passent le cours du louis, crayoné
rapidem^t sur une adresse de lettre. La voila cette
Armée ennemie que soudoie & qu'entretiént le Cabinet Britanique! Les guinées ont ravagé notre
papier-monnoie & ont attaqué le credit publiq.
Sous le perron de la rue *Viviénne* sont les Brigands
subalternes, qui executent les ordres des Chefs,
avec une ponctualité non moins étonante que leur
adresse à saisir les moindres nuances du comande-
ment. Leur costume est assez uniforme: c'est un
bonet de poil à queûe de renard : Hercule, le
plûs fort des Homes, se couvrait de la peau du
Lion, qui est le plûs fort des Animaux; Ceux-ci
qui sont les plûs fins & les plûs rusés, s'affublent
de la peau du renard, qui est le plûs astucieux, le
plûs voleur, le plûs carnaciér entre les bétes. Ils
sont en veste, en botes sales, ont les cheveux gras:
leur mine est patibulaire, leur bouche livide, leur
rire sardoniq; leurs yeux, qui at rent les portefeuilles, sont mobils & clignotans, come ceux des singes, qui s'étudient sans-cesse à voler, sans être a-
perçus: leur langaje est moqueur ou obscène. Ils
se tiénnent près des tavernes qui leur servent de
repaires: ils s'y enfoncent, & puis ils reparais-

Q q 3

sent. Ils vont tendre leurs filets dans les coins obscurs, come l'Araignée; puis sortent précipitanm* pour doner l'éveil à leurs Complices. A la porte des Spectacles (car ils n'y entrent jamais), ils ne lisent que les Affiches de ventes : jamais les arrétés du Directoire & des Autorités constituées qui les repriment On dirait que les lois ne les regardent pas, tant ils sont calmes & froids dans leur inobservance, ou leur violacion. Ils boivent souvent : mais la soif de l'or tempère en eux la soif du vin ; & leur sobriété n'est pas une vertu, mais une atension à ne point perdre la tète & le fil de l'agiotage....
¶ Des Femmes se mêlent parmi eux, & font le même metier; elles y mettent plûs d'astuce encore, & lisent les chifres plûs vîte que les Homes : La souris qui enléve une miette de pain, & qui se renfonce dans son trou avec la rapidité de l'éclair, voila leur image : On n'a pas besoin de leur parler, elles devinent. Ce n'est point là qu'On vole les Portefeuilles : On y pompe, come par une force atractive, ce qui est dedans, & d'un ton si simple & si misericordieux, que ces Agioteurs semblent, en vous volant, vous avoir rendu service......

Je laisse, p^our le moment, le reste de cet énergiq & veridiq Tableau, auquel je reviéndrai peutêtre, en finissant.

Je renvoie à mon SUPLEMENT deja cité, p^our le reste des FILLES, qui ont quelque raport avec Moi. On verra combién ces recits seront interessans!

Mais j'ai oublié Un de mes Amis, qui est le 4e de Ceux dôt On m'a touj^rs dit du mal, & dans qui je n'ai trouvé que du bién. C'est M. *Dutartre-de-la Bourdoné*, dont M. Bultël-Dumont m'avait doné la con-

naiſſance. Nous nous convinmes dabord.
M. Dutartre avait pris de Moi une haute
opinion, p.^{our} le PAYSAN-PERVERTI,
dõt un Siléſ, & tant d'autres de cette acabit, font encore une ſi abſurde critique !
Voici les propres paroles qu'il me dit :
— Je ſuis peu ſenſible aux malheurs ima-
ginaires : J'ai lu tous nos bos Romans:
Aucun'un n'a fait ſur Moi la moiñdre ſenſacion, pas même *Pamela*, ni *Clariſſe*,
ni l'*Heloïse* : Vous êtes le ſeul qui m'á-
yiéz fait treſſaillir, & pleurer une-fois
dans votre *Páysan!* C'eſt lorſque votre
Edmond a été gémir ſur les Tombeaux,
& qu'il ſ'eſt retiré, à l'aproche de deux
Epoux vertueux : Il écrit : — *Tu as dit
à ta Femme: Aléz-Vous-en ; il y a du
ſerin : la rosée pourait Vous faire mal.
… La rosée ! c'étaient mes larmes !* ….
J'ai ſenti mon cœur ſe contracter & bon-
dir… J'ai fermé le Livre, & ſavouré le
ſeul atendriſſement de lecture & de Teatre, que j'eúſſe éprouvé de ma vie-….. M.
Dutartre avait de ſuperbes Tableaux, entr'autres la jolie Vierge de *Rubénſ*, qui
venait de la ſucceſſion du Prince *de Con-
ti*. — Quelle charmante Coquine! (m'é-
criaí-je): Je l'aí vue au *Palais-Royal*.
— Il y a donc longtemps! — Mais non !
— Cela pourait être. Celle-ci eſt de Rubénſ. — Voltaire auteur a fait auſſi ſa

Pucelle. —Le mot eſt joli ! (reprit Dutartre)… Nous achevames de voir ſes
Tableaux ; car il était fort riche en ce
genre. ¶ Je m'étais aperçu qu'il avait
entr'ouvert une porte, & fait un ſigne…
Nous entrames dans cette Pièce. Sous
un grand bocal du verre le plüs fin, était
une ſuperbe Satue, qui me parut de cire.
Ses traits reſſénblaît parfaitem* à ceux
de la Vierge de Rubénſ. Elle était habillée come les Statues Grëques, & parfaitem* belle, de la tete aux piéds. Après un
aſſéz long examèn, je crus m'apercevoir
d'un legér mouvemeut. Auſſitôt Dutartre m'enmena. ¶ A une autre visite,
après un moment de converſacion, je vis
entrer Une charmante Perſone, qui reſſemblait encore à la Vierge de Rubénſ.
—Hé! (m'écriai-je) c'eſt *Póline-V !*…
—Elle-même. Mais le ſecret? —Je vous
en repons. Mais coment eſt-elle ici? —Je
vais vous le dire. Un Home était à dînér chéz Un Libraire de la ruë *Jaques*,
où il vit Une jeune Perlière de la ruë
Bourg-l'Abbé, qu'il trouva charmante!
Il causa beaucoup avec la Belle, ſ'en
éprit, & ſe promit de la revoir. Il
croyait riſé d'avoir ſon adreſſe; il ne la
lui demanda pas. Mais Une Belleſœur,
jalouse de cette nouvelle intimité, avait,
à tout hazard, prit la précaucion de la

lui faire refuser. L'Home épris ne put 1781
retrouver l'intereſſante Pôline... ¶ Six 1791
mois après, paſſant par le *Palais-Royal,*
il aperçut Une Feme, qui reſſemblait
parfaitem.^t à ſa Pôline. Il accourut ; il
lui parla ; & ne fut pas encore détrompé.
Il lui dona la main juſque chéz elle....
C'était Une Feme-publique. Elle était
groſſe... Mais il faut vous dire ce qu'é-
tait cette Feme. ¶ Un M^{tre}-Ruemirp
avait Une Fille charmante, que ſeduiſit
Un certain Eiremxidal : Pôline devint
enceinte. Au-deſeſpoir, elle quita la mai-
ſon-paternelle, & ſe proſtitua. La Mère,
auſſi mauvaiſe-tête que la Fille, au lieu de
faire chercher Pôline, dont elle ſut le
ſort, la fit paſſer p^{our} morte & enterrer.
C'eſt à cette époque que mon Home la
rencontra. † Atriſté de ſ'être trompé,
mais charmé d'avoir trouvé Un Portrait
vivant de ſa chère Pôline, il lui proposa
de ſe charger de l'Enfant qu'elle portait.
Pôline y conſentit. Il la mit chéz Une
Sagefeme, qui la cacha rigoureuſem^t ; &
elle y mit au monde Une Fille, qui eſt
devenue la charmante Enfant que Vous
venéz de voir. Mon Home l'a elevée a-
vec le plüs grand ſoin : mais avec une
ſingulière habitude : Elle ſe met nue ſous
ce bocal, quand On l'exige. Il me l'a
cedée, parceque je la deſirais, à-cauſe

1781
1791

de ſa reſſenblance avec ma Vierge, & du bocal, qui m'a ſouvent doné une ſcène très-agreable..... Les condicions ont été, que j'acheterais un bién-fonds de 1.500 liv. de revenu net à la Jeuneſille, & que je me chargerais de la Mère. Ce que j'ai fait. —Avéz-vous encore la Mère ? Il ſona. Pôline-V parut. Elle me regarda : —O mon ancién Voisin! come les Autres, vous m'avéz crue morte, quoique vous m'áyiéz-eûe au *Palais-Royal* ; & j'ai voulu vous avoir, à cauſe de notre conaiſſance, car je me donaí... Vous me rencontrates encore, ruë *Daufine* : je me donaí encore. Vous êtes le ſeul Home auquel je me ſois donée avec plaisir, & vous étes l'auteur de ma Pôline.... Ce mot me frapa du plûs profond étonement ! Mais je me rapelaí les 2 rencontres, où je n'avais cependât pas remis Pôline, mais où j'avais eú p^our elle un goût qui m'avait étoné !.... Je reconus a-la-fin parfaitem^t Mlle Pauline-V. Dès que je l'eûs aſſuré, M. Dutartre ala briser le bocal, en disant : —Il ne ſervira plus à la Fille de mon Ami-! ..

Telle eſt cette avâture extraordinaire, qui prouve 2 choses, l'amitié qu'avait p^our Moi Un Home qu'On prétend qui n'en avait pour Perſone, & l'honêteté de ſes ſentimens. On exprimerait difficilemét

ſes égards envèrs Pôline, quand il la conut entièrem.... Cet Ami n'eſt plus !

Je ne paſſerai pas ſous ſilence mon
honorable liaiſon avec le General *Ju-
liénne-Belair*, cet excellent Citoyén, Pa-
triote des 2 bouts, qui a ſi bién ſervi la
Patrie aux camps de Soiſſons & de Maubeuge, avec ſon épée, & par ſa plume,
en donant une foule de Plans ſalutaires,
qui lui meritĕt la reconaiſſance de tous les
Honètes-genſ.... Nous ne ſomes inti-
mem liés, que depuis 93. Sa maiſon eſt la
dernière où j'ale fait des Dînérs agreables
[*1796*]. Il eſt vrai qu'ils avaiĕt p^{our} moi
Un charme particuliér, inconu à d'Au-
tres. Le voyage même avait Un charme particuliér qui me remettait à 15 ans.
Le plaiſir d'aler voir Un veritable Ami,
égayait mon imaginacion : Une chimère
aimable la rempliſſait ; dès ma ſortie de
ma demeure, & ſe féïfiait davantage encore, en decouvrant la campagne : Je
me croyais à Courgis, dans mes jeunes
añées, penſant à Jeanette, & rêvant le
bonheur. A l'arivée, l'Amitié franche,
la Bonté de cœur, la Beauté naïve, les
Talens agreables, l'Innocence formaiĕt
Un cercle de Grâces autour de l'heureux
Convive. L'amuſement au Jardin précedait le Dînér : La nature fleurie n'y eſt
qu'un acceſſoire ; les utiles expériences

1794
1796

d'agriculture du General en font le principal. Tantôt il avait effâyé la manière
de remuer & d'aërer la terre ; tantôt celle
de femer, en économisant les 4-5mes de
la femence : tantôt en femant à des é-
poques tardives des grains de mars, ou du
feigle de Ruffie... Pendant le dîner, l'
entretién eft dabord aimable ; il deviént
enfuite intereffant, favant quelquefois,
quand Lalande, Dupont, Brünn, on le
General lui-même veulét le rendre inf-
truétif. La musique fuit le dîner. La
Harpe legèrem^t & favanm^t pincée, la
Guitarre foupirant les amours, le brillât
Forté-piano, & le violon qui les vaut
touf, f'alternent & fe reüniffent p^o r en-
chanter l'oreille, tandis que la voix de
Feme, plüs delicieuse que tous les Inf-
trumens, parle & touche au cœur....

On reviént. Nouvelle jouiffance. Cô-
bién de fois une Voix argentine n'a-t-
elle pas au-loin prolongé les Adieux !...
Un beau ciel étoilé invitait à l'examiner.
On differtait ; On filosofait, & la trif-
teffe ne retombait dans mon fein, qu'en
rentrant dans la Ville !.... Hélas ! ils
font paffés, ces beaux jours ! je me fuis
condanné à ne les revoir jamais !

Quelles Conaiffances ai-je encore, que
je puiffe me rapeler avec plaisir, avec interêt ? *Bralle*, l'Ingenieur-hydrauliq
de

de la Ville, fut mon ami: mais l'eft-il
encore?... Je n'en faís rién, tant il y a
longtemps que je n'aí entendu parler de
lui! J'y aí été 10-fois, fans le trouver.
Mes jambes fe font lâffées, mais non pas
mon cœur. Peut-on oublier Ceux chéz
qui l'on a trouvé le vraï plaisir! On les
regrette, hêlas! & c'eft le contraire d'oublier!... Mon cœur f'atendrit, en câ-
fant ceci. Car je faís où eft le bonheur,
mais il eft trop tard, p^{our} aler le chercher!
Dans quel excès de malheur je fuis ton-
bé! fans apui, fans confolacion!....

Je m'érais proposé, fi je publiais cet
Ouvrage, d'en faire-faire, fur la miénne,
qui devait refter en magazin, une édicion
où tous les noms auraït été deguisés, laiffant en depôt les veritables, fous mon
cachet, entre des mains fûrés, p^{our} n'ê-
tre brisé qu'à une époque determinée. Je
ne veux faire de mal reel à Perfone au
monde. Quant à l'imaginaire, il me
femble que je dois peu m'en inquiéter...

Affis au terme de la vie, je tâche de
ne pas m'abandoner moi-même, & je
lute, par le travail, contre la neceffité.
J'aí plufieurs Petitsenfans, dont 3 font
Orfelines. La vieilleffe paternelle, qui eft
la confolacion des autres Homes, eft devenue p^{our} moi un abíme d'inquiétudes, un
infuporrable fardeau. Et comefi tout de-

1769
1795

vait m'accâbler, je porte aujourdhui la peine d'anciéns écarts. Lorſque je fesais mon PORNOGRAFE, mes ſenſ étaient trop *accenſibles*, p^{our} que je ne ſucombaſſe pas quelquefois; & come j'étais toujours tendre, même avec les *Filles*, les plûs blâsées devenaiët fecondables. Il eſt reſulté de-là, qu'aubout d'un terme, come de 15 à 24 ans, j'avais rendues mères, dans l'eſpace de dix ans, une 60^{aine} de ces Infortunées, arachées ainſi par l'amour & la Nature, à la brutale debaûche & à l'inutilité. Car ſi tous les Homes me reſſemblaiët, les Proſtituées ne ſeraīt pas tout^{es} des *Femmes-perdues*; elles ne ſeraīt pas non-plûs auſſi avilies, ni même auſſi méprisables, puiſqu'elles n'outrageraīt jamais la Nature: Elles pouraīt avoir des mœurſ dans leur miserable état.... Ce ne ſont donc pas des remords que je vais exprimer, mais des regrets. Quelques-uns de ces Enfans ſont heureux, parcequ'il reſtait à leurs Mères de l'âme & des ſentimens. Mais d'Autres, les plûs pauvres, ou les plûs dures, ou les plûs corompues, ont mis ces Etres innocens aux Depôts-publiqs: D'Autres ont fait pis encore, à-l'égard des Filles, qui ſe trouvaīt jolies; elles les ont élevées p^{our} leur ſervir de reſſource. On en a vu quelques-unes, come la Petite Dupleſſis, a-

laiter Une Fille, parcequ'elle était leur 1769
Portrait : Dupleffis quita fon vil état, 1790
pour ne pas doner mauvais-exemple à la
fiéñe. Mlle Lebrun, fa Compagne, eût un
Garfon, qu'elle mit en Nourice, & qui
eft aujourdhui dans l'aisance par fa Mère.
Mlle Julie-D'Etange, & beaucoup d'Autres, ont-eú des Enfans, qu'elles ont élevés honètem^t. Mais la plüpart des autres
Mères-*Publiques* n'ont formé les Filles
qu'elles ont trouvées jolies, que pour en
tirer parti quelque-jour. Ainfi la plüpart d'entr'elles fe font páyées fur leurs
propres Enfans des frais de leur éducacion! Et voila mes regrets! n'áyant pu
l'empêcher, fans fortune, & ne les con-
naiffant même pas! Ces Malheureuses
ont vendu de tendres Fleurs en-herbe,
& avant la puberté. Elles profitèrēt des
prémiffes de la Proftitucion, & les laif-
ferēt aler, dès qu'elles ne purēt les rete-
nir. C'eft à l'infame *Palais-Royal* que
tous ces fanglans facrifices fe font faits.
Il m'en falait une fréquentacion affidue,
pour decouvrir ces Enfans, au termomè-
tre de mon cœur : car fans lui, leur re-
conaiffement aurait été impoffible. Je le
dois à une indagabilité naturelle, dont la
cause parait superfticieuse, mais qui ne
m'a pas encore trompé. J'alaí reguliè-
rem^t tous les foirs au *Bazard*. Laiffant-

1769
1790

là tous les Imbroglios perfides, si bién
decrits par Mercier, toutes ces Aftuces
inmondes, qui *charmaient* les autres ïeux,
après la 1re Decouverte dont j'ai parlé,
je me laiffaí guider, à la fuite des *Filles*,
à l'aìmant de mon goût. Quand donc
Une Jennebeauté ne me fesait pas fou-
lever le cœur, par fa chauffure plate, &
qu'aucontraire, je la trouvais enfantine,
agreable, j'examinais curieusement fes
traìts, & je ne tardais das à y decouvrir
le talifman. C'était ordinairem¹ dans les
ïeux, les fourcils, la forme aquiline du
néz, & quelques autres detâils. La mise
de *1792* était delicieuse, furtout pour
l'Adolefcence; un fourreau, degajant une
tâille fine, fwelte, joncée; une longue
jupe cachant la turpitude des piéds-plats,
ou n'en laiffant voir que la pointe agreable; une coîfure *capricieuse*, c'eft à-di-
re, volontaire, & non-fujète : Voila ce
que j'avais toujᵗˢ desiré aux Femes, & ce
qui m'enchanta, en *1769* ou *70*, dans la
jeune Mˡˡᵉ *Sôlle*, qui, áyant toute fa tâille, était reftée en fourreau... Il eft impoffible d'exprimer combién, fous ce co-
ftume, quelques-unes de ces Jeunesbeau-
tés me paraiffâient touchantes? Je les e-
xaminais : je comparais les impreffions;
je reflechiffais: Ces impreffions n'étaient
pas les mêmes pour toutes: Une jolie E-

trangère me repouffait. Par-exemple, la
1re-fois que je vis *Henriette-Eftelle*, je la
trouvaí très-jolie, infinim^t jolie! Elle é-
tait avec Une Compagne : Elles m'inful-
tèrent, en me prenant pour Un Abbé ;
elles alèrent jufqu'à me fraper !... Je ne
pus cependant la haïr ; je n'en voulus qu'
à fa Compagne... Auffi Eftelle dépuis,
me fit-elle amitié, me rechercha. Mon
cœur vola audevant d'elle ; j'alaí chéz
elle le jour ; nous caufames, & nous de-
couvrimes la verité !... Je remets ces
detâils, pour en venir au Dînér que je
fis au Bazard impur, avec Toutes-celles
que j'avais reconues, & tirées de la per-
dicion, au-moyén de Mad. Letâhc, fecõ-
dée par ma chère, mon aimable Fille-na-
turelle *Rosalie-Pierrefarazin* & fa Sœur
Sofie. Les D^{lles} que je parvins à reünir,
font *Dorotée-Decan*, Mad. *Drahciug* &
notre Fille *Leonora* ; Mlle *Drafiob*, mère
de *Brunette* ; Mme *Favrin*, mère de la
Jeune *Petitebeauté* : Mlle *Adelaïde-Fó-
lin*, mère de *Lutine*: J'avais obtenu Mlle
Desgrès, quoique fille-de-boutique, avec
Cecile, Rosette & *Federique*, fes nièces,
du même âge qu'elle ; enfin, *Septima-
nette* & *Septimanillette*, avec Mlle *Des-
glands*, qui les avaĩt rendues à l'honête-
té... J'avais reçu la veille une Lettre de
Mlle *Adelaïde-Colart*, qui me marquait,

de *Caïénne*, où était son établissement, qu'elle *y était remariée*, & qu'elle me priait, *si je conaiffais des Filles aimables & fans fortune, de les lui envoyer;* m'affurant que je pouvais leur promettre *Un Mari dans l'aisance, & toutes fortes de bons-traitemens…* J'étais bién-aise dé comuniquer cette Lettre à mes Filles, en leur fesant envisager, que si Quelqu' une d'entr'elles était tentée de profiter de l'invitacion, elles auraient l'agrement de fe trouver, en arrivant, chéz Une Sœur. … Nous étions tous raffemblés à 2 heur'. Rosalie & Sofie, prévenues par Moi, ne fe laifférēt pas atendre. Je les fis toutes conaître les Unes aux Autres, en les nomant par leurs noms, en fpecifiant les relacions que j'avais avec Chaqu'une d'elles. Nous dînames. J'avais l'air d'Un Patriarche, au-milieu de mes Femes & de mes Enfans. — Hô! le beau moment! (m'écriaî-je) ¶ Tandis que j'oubliais ainfi, p^our quelques inftans, les peines de la vie; que mes Filles fe fesaient des amitiés, & promettaient de f'aimer, il furvint 3 Grandes Femes, l'air honête, quoique hardi. Leurs Maris les fuivaiēt. On les entendait, dans l'efcaliér; ce qui n'empêcha pas les 3 Sœurs de venir fe jeter à mon cou, en m'apelant leur Père! Mes Filles les prenaïēt pour leurs Sœurs.

103
Eftamp.
oubliée
p. 3182.

105
Eftamp.

Mais je leur dis la verité, telle qu'On la 1791
trouvera au 27 9bre, lorſque les 3 Femes 1795
eurent été rejoindre leurs Maris.

Après le Dîner, je lus la Lettre d'A-
delaïde-Colart, que je leur fis conaître,
pour ce qu'elle m'était. Je vis dabord la
joie briller dans les Yeux de Sofie-Vau-
dreuil, de Rosalie-Pierre-Sarazin, & de
mes autres Filles réünies... Nous par-
lions très-haut. Florence, Cecile & Jo-
sefine-Tolliévi nous écoutaiét. Elles vinrent me prier de les recomander à Mˡˡᵉ A-
delaïde-Colart, les Homes qu'elles avaît
n'étant pas leurs Maris, mais des Concu-
bins auxquels leur Père les avait donées.
Je le promis, ajoutant neanmoins, qu'il
falait agir avec prudence, depeur que ces
Homes ne fiſſent du ſcandal... Je mar-
quai des craintes encore plûs vives à mes
Filles. Mais Rosalie & Sofie me repré-
sentèrét, que c'était ce qui pouvait leur
arriver de plûs heureux, dans leur situacion, que d'aler au loin contraçter un honête mariage. J'en couvins, & j'écrivis à ma Fille Adelaïde-Colart.

Toutes mes Filles du *Palais-Egalité*
ſont enfin parties pour la Colonie de *Ca-
iénne*, les Unes entraînant les Autres...
Je reçois, en 1795, des nouvelles de Mˡˡᵉ
Colart, qui m'informe de l'arivée de toutes ces Jeunes-perſones, & de leurs ma-

riages avec de riches Propriétaires. On
s'était empreſſé de les rechercher; elles
avaient inſpiré de fortes paſſions. Elles
étaiët toutes bién établies, & ſurtout ſages: Je leur en avais fait ſentir la neceſſité.

Voilà ce que j'ai nomé *Nouvelles*, dăs
ma Note iniciale.

Je m'étais doné une petite Imprimerie, croyant en tirer un parti avantageux
p^{our} ma ſubſiſtance: mais elle n'a fait
qu'accelerer ma ruine. Croirait on que
2 Ouvriérs m'imprimèrent exprès une
feuille ſur une-autre, que nous alames
devant le Juge-de-paix *Huë*, auſſi ignorant que le petit Prote de *Clousiér*, nomé arbître, était de mauvaiſe-foi, & que
je fus condănné à páyer l'ouvrage gâté?
Ce petit coquin de Prote aurait mérité
châtiment. Mais il voulait avoir ces 2
Ouvriérs. ¶ J'avais traité avec *Guillòt*
le Libraire du mſſ du CŒUR-HUMAIN
DEVOILÉ: mais cet Home étant mort,
le marché ſ'eſt trouvé rompu. Je ne ſais
ſi c'eſt un malheur. J'ai vendu à perte,
come je l'ai deja dit, toutes mes impreſſions faites depuis 10 ans, & je me trouve
abſolument ruiné. Je finis come le crai-
gnait Mad. Parangon! J'ai tout perdu!
mais ce que je regrète douloureusement,
ce ſont mes Amis des 2-ſexes; ce ſont
Ceux de mes Enfans qui m'auraït conſolé,
& qui ne ſont plus

En 1993, ma Fille Agnès-R. me qui-   1793
ta. Elle avait demandé & obtenu le Di-   1794
vorce, quelques mois auparavant... Je
m'atendis dèslors qu'Agnès-L. ne tarde-
rait pas à l'imiter. Mais ce ne fut pas en
tout. Agnès-R. avait agi avec decence,
& malgré la conduite d'Un infame Mari, elle motiva sur *l'incompatibilité d'humeurs* : La perfide Agnès-L. aucontraire, mit dans sa conduite tout l'odieux
qu'elle put y mettre: On était au-milieu
de la *Terreur* de *Salut-publiq*, quand je
vis ariver un-matin, à la porte de ma petite Imprimerie, que j'avais encore, le Sans-
culote Juge-de-paix Huë, qui, d'un air
grave, me fit le *ſt* redoutable! Il y ajouta Un mot qui n'était pas rassurant. —
On veut Te parler-. J'avance. Un-autre Home, placé derrière la porte, me
pousse, & je me trouve entre 2. — Enfin,
mon tour est venu! (pensai-je). Et mon
imaginacion fougueuse, qui me rend si
malheureux toutes les nuits! qui me fit
tant souffrir, durant ma rupture avec la
jeune Sara, mon imaginacion vagabon-
de me peignit l'Audience Revolucionai-
re, Dumas ou Coffinhal, leurs sitisangues
Jurés; les banquettes; les Gendarmes à
baïonète tirée; le foudroyant, *Tu n'as
plus la parole!* la Tonte frissonante des
cheveux; les mains hideusem.[t] ligaturées

1794 derrière le dos; la charrette; les huées d'une Populace effrenée; la defcente ferrant le cœur; le fatal efcaliér; le renverfé fur la planchette; la chute bruyante du Couperet... les flots de fang... Huë interrompit ces reflexions: —Ouvre ta porte. Nous venons mettre les fcellés chéz Toi. —Les fcellés! —Oui..... Je friffonais, pendant la longue interrupçion. —Aviéz-vous donc quelque chose fur votre compte? —Hé-oui! J'avais parlé à notre Tribune du *Panthéon*, j'avais reclamé en faveur du Miniftre *Rolland*, auquel le *Peuple-Souverain* & Sansculotes avait retiré fa confiance. Je craignais qu'On ne f'en reffouvint, & alors j'étais perdu... Enfin, le Juge de paix dit: —Où est ta Feme? —Il y a 9 ans qu'elle a quité la maison. —C'eft de fa part que nous venons mettre ici les fcellés-. A ce mot, je refpiraí, & l'indignacion, moins accâblante que la terreur, y fucceda. Huë visitait revolucionairem[t], pendant que fon Greffiér écrivait le Procès-verbal. Il lut entr'autres, toutes les Lettres, oubliées dans un tiroir, du Cit. Beaumarchais relatives à une *Camille*: J'en fus très-fâché! Je les aí detruites depuis, en écrivant deffus l'hiftoire de mon Divorce: Mais il ne trouva pas, heureusem[t]! la dernière Re-

ponfe du Miniftre Rolland , cachée au
fond... On ne me trouva ni argent , ni
affignats ; On mit le fcellé fur rién , p^{our}
la confervacion des prétendus droits de
Mlle Agnès-L. qui avait abandoné fans
motif, pillé, ruiné la maifon ! les droits
d'Une Feme, qui n'a pas fait fon rôle,
rempli fes devoirs ! L'Épouse de Scaturin racomode les bas de fon Mari : voila, quelle qu'elle ait été, Une Feme ref-
pectable , & qui ne peut être blâmée que
par Une Intrigante , come Mlle *Ionferf-*
ud ! Heureux Scaturin ! tu es plüs coupable que moi tu le fais ; d'oû-viént le
Ciel ne te punit-il pas de-même ? C'eft qu'
il ne f'eft pas trouvé p^{our} elle de Corrupteur auffi dangereux que Toi !... Agnès-
L. qui f'était reservé de doner fes motifs,
n'en eût que de pitoyables : Elle fe des-
ifta du fcellé , fans inventaire, à la recepçion de 2 Lettres auffi vraies que ter-
ribles, que lui écrivirêt fes Filles... Le
Divorce fut enfin prononcé : L'avoir demandé eft le feul plaifir que m'ait fait
Mlle A.-L. depuis 30 ans. Je raporterai
peutêtre par la fuite , les 2 Lettres dont
je viéns de parler.

Aujourdhui, refté feul, trifte, isolé, caf-
fé par de longs chagrins, je me fuis à-la-
verité mis en penfion chéz ma Fille Marion : Mais elle eft veuve, depuis le mois

1795 de Juillet 1794, de mon Neveu, fils
1796 de mon Frère, dont elle a 3 Enfans au
berceau. Ainfi, nous fomes fans fecours.
Je tais les peines que nous éprouvons,
parcequ'il eft inutil de les raconter.

J'ai un avis à doner aux Genf-mariés;
c'eft qu'une-fois unis, il faut demeurer
enfemble, atachés l'Un à l'Autre, fe fe-
courant mutuellement, fe pardonant fes
torts. J'ai l'experience qu'il n'y a que ce
moyén d'éviter la ruine, les angoiffes de
la vieilleffe. Jamais les Enfans, quelque
cheris qu'ils foient, ne font p^our leur Père, come Une bone Epouse,... come é-
tait ma Mère p^our mon Père.........

Il me refte à decrire le derniér coup
de maffue que m'ait porté la Nature, ou
plûtôt A.-L. en 1795. On fe rapelle la
funefte ataque, dont j'ai parlé au comencement de cette EPOQUE, en 1785. Mais
alors j'avais comis Une temerité qui me
jetait dans l'incertitude. 10 ans 2 mois a-
près, le 27 Germinal, je n'avais rién à
me reprocher. Et cependant les mêmes
fymptômes fe manifeftérét, avec une ad-
dicion infinim^t grâve, la fupreffion entière. Je dis à mon Imprimeur: —Je
n'ai pas 24 heures à vivre-. Et je n'en
fut pas plûs trifte. J'avais cependant a-
lors un grand fujet de peine! Cet Ouvrage-ci, auquel j'étais extrémem^t ataché

1795

ché, était imprimé jusqu'à la VII *Partie*, & je le laissais imparfait, avec Un Mss tellem.t inexact, que je suis le seul qui ait pu le cáser. Aussi n'avais-je pas destiné (je le repète), ce que j'imprimais ainsi p.our le Publiq: C'étàit une copie meilleure que le manuscrit, copie que je devais encore corriger, avant de la livrer à l'impression; & ce que j'avais imprimé, n'était que pour Moi & mes Amis... On saura peurêtre un-jour ce qui a changé ce beau plan.... Je me mis au lit, sans-doute pour mourir. Ma Famille alarmée recourut aux Chirurgiéns : Un Ignorant, Un Maladroit m'estropièrét; je rendis une pinte de sang par la sōde. J'atendais la mort; mais elle était trop douloureuse; je demandais seulem.t qu'On me l'adoucît. Ce fut alors que parut Un Dieu, Esculape lui-même, sous les traits de *Chopart!* L Ignorant, honteux de sa faute, me l'amenait. La vessie remplie, remontait jusqu'à l'estomac; tout le cofre était gonflé, douloureux. —C'est Un Home mort (dit Chopart): mais essáyons-. Il me fait mettre sur le dos : il insère la sonde. Le passage s'y refuse : Il la guide en-dehors. Il se dirige autrem.t encore, en depit des glandes gonflées de sang hémorroïdal. La sonde cause des douleurs inexprimables : Enfin,

XI Partie.   S s

1795 elle penètre. Chopart le fent: —Vivéz!
(me dit l'Habil-home). Et l'urine jail-
lit... La fonde d'argent refta 4 jours,
aubout defquels elle f'enboüa. Il falut
me l'ôter. On la remplaça par la fonde
de gome élaflique, que je gardaí le même nombre de jours. † Le derniér, 8e
de ma maladie, je me trouvais encore fi
mal, que je fis mon teftament. Je retiræ
moi-même la fonde, & je m'abandonais
au fort, quand le Profeffeur *Laffut* arriva. J'avais befoin de bains: Il me
propofa de venir les prendre aux *Ecoles-
de-Santé*? J'y confentis furlechamp, &
j'y fut porté 1 heure aprês. J'étais fi bas,
que le Profeffeur *Pelletan* defefperait de
ma vie. Mais dès que j'eús pris le 1ᵉ bain,
je me trouvaí fi vifiblemᵗ mieux, que je
continuaí jufqu'au 1ᵉ Praireal: j'en pris
25. Chopart me fauva la vie: Laffut me
la conferva, fecondé de l'habil Pelletā.
A la campagne, ou fous le regime ignorant des *Jacobins*, j'étais mort. —Hé!
qu'importe à la Republiqne? (me repō-
drait Dumas, come à Lavoifiér). Mais
il m'importe à moi, qui ne devant exif-
ter qu'un inftant dans l'inmenfité des fiè-
cles, aí quelqu'interêt à me conferver:
Qui fait, fi le bonheur ne m'atend pas,
aubout de cette carrière que tu me racour-
cis: & un inftant de bonheur eft un inf-

tant de Divinité ; car c'eſt être Dieu, que
d'être heureux... † J'étais donc à l'Hôpital. J'y aí paſſé le beau mois Floreal
tout-entiér. Mais ce n'eſt pas-là l'Hôtel-
Dieu ! On eſt proprem' aux *Ecoles* ; la
cuisine y eſt preſque bourgeoise ; l'air eſt
pur ; On y eſt seul dans Un bon lit, ſuf-
fisanm' isolé : Cependant, ſans les ſecours exteriéurs, Un Malade y langui-
rait, & j'y aurais peri. Qu'eſt-ce donc
que l'Hôtel-Dieu ? Le ſéjour de la mort.
Pourquoi mon Ami *Mitrif*, ancién Prê-
tre, ſe l'eſt-il donée, dans une ataque la
maladie ſemblable à la miénne ? [Et je
fus auſſi tenté de me la doner, avant
Chopart]. On n'a qu'à ſe faire porter à
l'Hôtel-Dieu: 3 jours y ſuffiront p^{our} mourir, & l'On ne craindra pas les ſarcaſmes
des Sots contre Un Etre aſſéz infortuné,
pour être devenu ſuicide. Voici ce que
j'aí vu à l'Hôtel-Dieu, quand j'aí voulu
examiner ce Gouffre inmonde : Une Jeunefille de 18 ans, d'une jolie figure, tomba malade d'une pleurèsie. Elle n'avait
Perſone audehors ; deſorte qu'elle reſtait
à la merci des Sœurs-de-ſalle. Lorſqu'
elle fut au plûs mal, il lui arriva... ce qui
n'eſt que trop ordinaire. Croirait-on que
ces Sœurs-de-ſalle ou Servantes, malgré les ordres des Chirurgiéns & des Mères, malgré les prières de cette Infortu-

1739 née , la laissèrēt pourir elle & son lit ! ..

1795 Elle mourut dans des douleurs inexpri-
mables¹, la peau enlevée de sur les os !...
Il faut esperer que le sage Pelletan re-
primera ces horribles abus. Je l'ai vu
soigner avec tant d'affection ses Operés,
aux *Ecoles-de-Chirurgie* , qu'On le peut
esperer de son humanité.... O Madame
Parangon ! si vous m'aviéz vu à l'Hôpital !

A l'occasion de cette cruelle maladie
de 1795 ; il ne sera peutêtre pas inutil
à mes Lecteurs , d'exposer quelles ont été
mes MALADIES , depuis mon enfance.

Je nâquis beau & bién constitué. Mais
je ne fus alaité que 7 mois : A cette é-
poque , la bone LOlive ma nourice, s'é-
tant trouvée enceinte, elle me sevra. Je
fus très-delicat ensuite. Le moindre cha-
touillement me fesait évanouir ; un petit
coup sur Un endroit sensible produisait
le même effet : Enfin le detail de quelque maladie degoûtante , ou la vue du
sang me fesaīt tomber sans conaissance,
avant même que l'usage de la raison me
donàt une intelligence parfaite de ce qu'
On disiat. C'est ce qui prouve que ce n'é-
tait pas l'imaginacion, ni le préjugé. J'é-
tais d'une sensibilité si grande , pour tout
ce qui peut faire impression sur nos organes , que les Contes des Voleurs & des
Revenans , me rendirent d'une timidité

semblable à celle d'Epicure, dont j'ai
remarqué, en mille occasions que j'avais
le caractère. Je serais mort, s'il avait
falu paſſer devant Un cimetière, depuis
l'âge de 5 ans juſqu'à 16, & même un-
peu plûtard. Je trouvais Un horrible
plaiſir à écouter les Contes, qu'On fesait
le ſoir aux veillées, en teillant le chan-
vre ; & ſi quelque besoin naturel m'obligeait de ſortir à la porte, mes cheveux
ſe hériſſaiët : Je ne manquais pas de voir
dans la cour des Monſtres hideux, avec
des ïeux de feu, qui vomiſſaiët des flâ-
mes, & qui me montraiët les dents. Je
rentrais avec précipitacion, ſouvent ſans
être r'habillé, je me refugiais au-milieu
du cercle des Veilleurs & des Veilleuses.
On ſe moquait de moi. J'aurais bién voulu ſentir qu'On avait raison ! Mais loin
de-là ! j'étais touché de la compaſſion la
plûs profonde, quand je voyais les Etrã-
gérs ſortir pour ſ'en-aler. Je ne conce-
vais pas, coment ils pouvaït ſe resoudre
à ſ'exposer à la fureur de tous les Monſtres que je venais de voir. J'ai dit, dans
ma 1re EPOQUE, de quelles frayeurs j'é-
tais agité les nuits, dès l'âge de 3 ans !
J'apelais ma Mère, que j'éveillais, & je
n'étais parfaitem^t raſſuré, que lorſqu'elle
m'avait repondu. —J'ai peur ! [criais-
je]. —Grand Nigaud ! (me disait mã

S s 3

1739
1795

Père), pourquoi nous éveiller ? de quo
as-tu peur, dans Une chambre, couché
au piéd de notre lit ? — Je vois le Demon,
qui me fait des grimaces-! Ma Mère me
repondait, Que c'était parceque. je n'a-
vais pas été fage. Mais mon Père la re-
prenait, en lui disant, Qu'il ne falait
pas doner aux Enfans des idées fauffes,
même avec Une intenfion morale… J'ai
depuis remarqué, que les Inventeurs des
Religions ont eú beau jeu, dans les co-
mencemens! car jamais Un Sauvage n'a
doné de Religion à fon Páys ; c'était toujours Un Etrangér, qui arivait d'une cō-
trée éloignée, plûs inftruite, & à qui l'occasion fesait naître l'idée de maîtriser la
penfée chéz Une Nacion innocente &
credule. La Religion-c'retiéñe n'eft peutêtre pas la plûs effráyante des fuperfti-
cions, quoiqu'elle le foit beaucoup ; temoins les tourmens auxquels fe condan-
nēt les Devots de l'Indouftan ; & dans
la Grèce, ces Furies qui pourfuivait O-
refte, dont les Remords était materiel-
ment perfonifiés : car il ne faut pas croire que les Fureurs d'Orefte foît des fables;
ce font les reftes hiftoriqs de temps ca-
chés dans les tenèbres de l'ignorance…
Jamais les Enfans n'aurait ces craintes
vives & dangereuses, fi elles ne leur était
comuniquées par des opinions abfurdes!

J'en ai aujourdhui l'experience sur ma 1739
Fille-aînée , acoutumée dès son enfance 1795
à être laissée seule sans lumière : elle s'en-
nuyait , mais elle n'avait pas peur : La
peur naturelle n'existe en nous que sur
des Objets reels , & non sur les chimères
qu'enfanta l'imaginacion des Esprits fai-
bles. Ces sortes d'Etres sont toute leur
vie bién audessous des Enfans! Ceux-ci
ne voient rién ; Ceux-là voient faux...
La peur fut en moi Une maladie longue &
cruelle ! mais elle ne fut pas ma seule
maladie morale ; elle fut accompagnée
d'Une-autre. † La sauvagerie était Une
maladie de mon âme , qui s'est prolongée en moi beaucoup plûs longtemps
que l'autre , puisque je n'en ai jamais entièrem' gueri. La vue des autres Homes
m'intimidait , m'effrayait même , dèsque
j'eús lusage de raison. La Nature ne m'a-
vait pas destiné à être Un Home social.
Je suis embarassé à trouver la vraie cause de ma sauvagerie. Je l'ai longtemps
atribuée à mon Frère-aîné , qui , à chaque visite qu'il fesait à la maison-paternelle , s'informait à ma Mère de mes petites fautes , & me donait pieusem' le
fouet , sous prétexte qu'étant mon Pa-
rein , il avait repondu de mes fautes au
batême. Mais depuis , en y reflechissant , j'ai senti que mon Frère-Parein ne

1739
1795

fit qu'augmenter ma maladie, qui venait
de l'étrange susceptibilité de mon imaginacion.... Cette timidité, qui me fesait
redouter mes Semblables, a duré jusqu'à
l'âge de 40 ans; & si elle cesse aujourdhui, c'est que le moral l'emporte sur le
fisiq, par 2 raisous; la vue de tant d'Homes qui ne me valent pas; ce qui me done
de l'indifference pour leur jugement; & la
diminucion de ma sensibilité. Car nous
mourons gradativem' depuis le moment
où nous avons cessé de croître; à-peine
jouissons-nous quelques jours de notre
parfait developem'. A 51 ans moins 10
jours, que j'ai aujourdhui 13 8bre 85, (63
ans 9 Janvier 97, en câsant), je m'aperçois
visiblement de cette diminucion de sensibilité, que j'avais crue longtemps la même en moi. En y reflechissant, je vois
qu'elle était exquise entre 14 & 15 ans,
époque à laquelle j'ai cessé de croître:
C'est alors que j'aimais *Jeanette-Rouf-
seau*, avec cette delicatesse, que je n'ai
jamais depuis retrouvée dans mon cœur.
C'est à 17, 18, 19, 20, 21 *an*, que j'adorai
Mad. Parangon: ma sensibilité sans-doute
était encore exquise; mais la Ville & ses
plaisirs y portaient journellem' ateinte.
Si j'avais aimé Mad. Parangon au Village,
à cette dernière époque, je l'aurais aimée
aussi purem' que *Jeannette :* si nous nous

étions parlé, mon amour pour Mlle Colète
eût été le fentiment d'adoracion le plûs
entiér, le plûs refpectueux qui aìt exifté
dãs le cœur humain... Ma timidité avec
les Etres de mon efpèce, fi longtemps
prolongée, fut non-feulem^t ce qui m'en-
pêcha de parler à Mlle *Jeanette-R.*, mais
depuis à Paris, jufqu'après mes 40 ans
revolus, il fuffisait qu'Une jolie Marchã-
de me plût, pour que je n'osaffe acheter
chéz elle : Je ne mè fuis aguerri là--def-
fus qu'entre 45 & 60. Et c'était precise-
ment la timidité vaincue, qui donait tant
d'effronterie à mes paffions, en certaines
rencontres; j'étais Un Home ivre, tiré
de fon caractère par Une exaltacion mo-
mentanée. Mais mon enhardiffementeft
Une preuve de la diminucion de ma fen=
fibilité fisique. Ma timidité, come la fièvre de certains Malades, diminue avec
mes forces. On m'objectera, que j'ai cependant beaucoup aimé, dansma 1re jeu-
neffe; Mlle Madelon, Mlle Manon-P., Mlle
Colombe, Mlle Emilie, Mlle Mariane-T.,
Mlle Edmée, & jufqu'à Mlles Doris & Dir-
cé-B. Je repofs, que j'étais alors ivre de
desir, hors de moi-même;& en-outre, ac-
cueilli par les Jeunesperfones. Sans ce
derniér point, jamais je n'aurais osé leur
parler. Je fuis encore aujourdhui fi timide, pour demãder l'argent qui m'eft dû,

1744
1795

que cette demarche est mon plûs grand
suplice : je vais dix-fois, avant d'entrer.

La maladie corporelle à laquelle je fus
le plûs sujet, dans mon enfance, après
l'évanouissement, c'était la colique. J'en
étais souvent ataqué; sans-doute à-cause
des alimens que je devorais trop avidem^t,
dans la faim que j'amassais à courir les
champs, pour chercher des nids, ou garder les MOUTONS : l'air de Saci est très-
vif sur les collines aux piéds desquels est
situé le Village : En arrivant, je me je-
tais sur le pain tendre, que je mangeais
avec des noix, ce qui me le fesait devo-
rer avec Une double avidité. Dans la colique qui survenait, je n'avais pas d'autre
manière de me soulager, que de me mettre le ventre sur Une bassinoire échau-
ffée, & la douleur cessait presqu'aussitôt.
Ces coliques ont disparu, à la petitevariole, que j'ai eûe à 11 ans-&-demi

Mais j'étais sujet à Une autre sorte de
colique, dont j'ai encore aujourdhui des
ataques (85 ; elles ne sont presque plus
rién, en 96, à-cause d'Une autre maladie, dont je parlerai). Je puis avoir cette
dernière colique, sans la provoquer; mais
je suis sûr de l'avoir, en la provoquant.
Elle est la suite d'Une irritacion dans les
vaisseaux deferans, irritacion dont On va
conaître la cause par mon recit. La 1re.

fois que je fus ataqué de ce genre de maladie, j'avais joué avec mes Sœurs, mes
jeunes Frères, & 2 ou 3 Filles du Village, plûs âgées que moi: Quoique je n'a-
teignîſſe alors que 9 ans, j'avais éprouvé
de l'érotiſme, en badinant ave Marie-
Fouard, Celle que je préferais. A paren-
ment que ſemblable aux jeunes Arbres,
qui portent des fruits avant d'avoir pris
leur acroiſſement, j'étais deja Home in-
terieurem^t: les vaiſſeaux ſ'empliſet, ſe
gonflèrēt, & j'éprouvai Une douleur in-
conue. Un abatement inconcevable l'ac-
compagna, quoiqu'il n'y eût pas eú d'é-
miſſion. Je ceſſai de jouer, & j'alai me
coucher dans un coin de l'étable aux Moutons, ſur du fumiér chaud. La douleur ſe
diſſipa en 3 heures. Cette colique ne revint pas d'elle-même: mais elle ne manqua jamais, dès que la même cause l'excita;
toutes les fois que les careſſes amoureuses
ne furent point ſuivies de la jouiſſance.
Elle m'a pris journellem^t dans ma cruelle maladie de 1770, avec Une violence
inexprimable, & il paraît que les glaires
deſcendus de l'eſtomac, y contribuaient
auſſi p^o^r leur part. Je ne l'eús pas en
1776 (ſans-doute que l'Eau de mon A-
mi le Dr Guillebërt m'en préserva); ni
cette añée 85 (ni en 95); d'autres ſymp-
tômes ſe ſont manifeſtés. En voici la rai-

son. ¶ En 1779, il m'arivaun Un accident terrible! Un matin, je m'aperçus
d'Une deperdicion! Un examèn repeté
me convainquit qu'il érait reel. Il m'a-
ffaiblit plûſque 20 ans de travail, me dona le mal de poitrine, & mina mon temperament Ma paſſion p^{our} les Femes, ſãs
être aneantie, fut diminuée de-moitié.
Je lus alors *Aſtrüc :* Un conſeil à doner
à toutes les Perſones ataquées d'Une maladie, c eſt de ne jamais lire les Ouvrages de Medecine ou de Chirurgie qui en
traitét. Je ne ſaurais dire combién la le-
ĉture d'Aſtruc me fit de mal! ſans mon
Ami Guillebërt, qui me rafermit, elle
m'aurait fait mourir. Mais les plûs grãds
maux ont preſque touj^{rs} leur avantage:
Par-exemple ici, ma deperdicion me delivra de mes coliques ſpermatiques, ou
ou dumoins les rendit très-ſuportables.
On a vu que j'avais eû juſqu'à 11 ans
la *leĉti-minĉion*. ¶ La Rougeole m'a-
vait gueri de fréquens accès de fièvre,
dont ma jeuneſſe était aſſaillie. De-même, la Petitevariole me delivra de mes
coliques & de ma faibleſſe de conſtitucion. Il faut encore ici avertir les Parens, qui ſont obligés de mettre leurs Enfans en penſion, combién Une diminu-
ciõ d'alimens peut être funeſte. Ce ne fut
pas l'avarice du Mlle Bertiér de Joux qui
me

me retrancha des alimens ; ce fut ma timidité. Mais il pensa m'en coûter la vie,
& ma petitevariole en fut beaucoup plûs
dangereuse. ¶ Je n'étais bién qu'à Saci : c'était p^our moi le Paradis-terreftre.
Bién fous ont été les Rabbins Juifs, de
tant differter fur la fituacion de l'*Edèn!*
Il eft partout où l'Home eft né : c'eft le
fol natal qui eft notre Paradis-terreftre.
Temoin la maladie du Páys, que j'ai fi
cruellem^t éprouvée à Vermenton, & lors
de mō 1er voyage à Paris. J'étais auffi fufceptible du *tœdium-Patriæ*, que les Suif-
fes eux-mêmes. Je nomerai cette violente
affection, la *maladie-patriale*. ¶ J'eûs,
en fortant de *Joux*, Une Fièvre-tierce,
accompagnée de delire, & dont je fouffris
horriblement pendant tout l'Hivër. Au
Printemps, On voulut faire paffer ma
fièvre par des purgacions : Mais la Petitevariole fut le plûs efficace des remèdes.
C'eft ce qui me fait croire qu'On f'eft
trompé, en regardant la Petiteverole come recente : c'eft l'expurgacion d'Une
gourme naturelle, auffi anciénne que le
Genre-humain: Cette gourme a lieu dās
toute l'animalité ; elle eft très-visible p^our
les Chevaux, p^our les Agneaux, & c^a. Les
fouffrāces que j'éprouvai, dans les comen-
cemens de cette maladie étaīt inexprimables! Ma fièvre d'érupçiō fut acompagnée

X Partie.   T t

1745
1796

d'Un delire de fureur: Il me femblait que j'avais des ferpens dans le fein : je fautais du lit ; je les fecouais ; ils me tombaient fur les piéds , & je pouffais des heurlem^s de fráyeur. Mō Père, tout fort qu'il était, ne pouvait me contenir. Je fus enfuite fi abatu , qu'On me crut mort. Je demeuraí 18 jours aveugle : On tremblait p^our ma vue, qui heureufem^t n'avait pas fouffert ! grâces aux tendres foins de ma Mère, qui furēt les mêmes qu'elle aurait doné à Une Fille, dont elle aurait voulu conferver la beauté. Cependant, à ma cōvalefcence, je fus d'Une laìdeur amère, qui dura plus^rs añées ; après lefquelles ma gravure , par Un effet de la blancheur que me dona mon fejour à la Ville, fe changea prefqu'en beauté... Je penfe de-même que la Groffe-Sœur de la Petitevariole eft anciénne : On voit dans le *Levitiq* , Chap. 15 , ♉. 1–18, que l'Home qui fouffre du flux de femence, fera impur, & fequeftré de la Société. Or je demande , fi le flux tranquil & benin, qui ne f'aperçoit pas , aurait pu neceffiter Une pareille loi? La Gonorée feule était afféz marquée p^our cela. Les Juifs la tenaīt donc des Egypçiéns, qui fansdoute l'avaìt-eúe des Etiopiéns, & Ceuxci des Nègres, chéz lefquels elle eft endemique , mais très-peu dangereufe , &

1757
1796

facile à guerir. (Voyéz le PORNOGRA-
FE, 3e édicion). En Españe, la variole
est Une bagatelle. C'est bién moins en
Guinée. A Haïti, ou St Domingue, d'où
les Europeans ont tiré la nouvelle édicion
de cette maladie, peu de Caraïbes s'en
trouvaît incomodés, quoique Touf en
euffent le germe. Ce furêt leurs Femes
qui la comuniquèrêt aux Matelots Espa-
gnols; car les Vierges même pouvaît la
doner. Tranfplantée dans des climats
froids, la variole devint terrible! Car
le froid du climat s'opose à la tranfpiracion, qui feule la guerit dans les Pays-
chauds, à-l'aide d'Une tisane de Gayac.

Mes dents fe noircirêt pendant que je
fus en penfion fous l'Abbé Tomas, M^{tre}
des Enfans, dont j'ai parlé dans ma 2^{de}
EPOQUE. ✝ Une Demangeaison om-
bilicale, très-incomode, puifqu'elle me
forçait à Un mouvement inceflable, m'a
tourmenté prefque toute ma vie. ¶ Ma
1re maladie Haïtiénne fe manifefta en
1757, quelques mois après la mort de
Mad. Parangon. On a vu coment. La 2^{de}
ataque eût lieu en 1770 : Je l'ai racontée.
Je ne parle pas de la rechute de 1771 ;
c'était Une fuite, fans contact nouveau.
L'accident de 1776 doit-il être attribué
à Celle que j'en accufai, ou était-ce Une
fuite de 1770, renouvelée par Une trop

1757
1770
1785
1795
grande effervefcence ? La cause de l'in-
difpsicion de 1785, eft fûrem[t] Une fuite
de celle de 1770, puifqu'elle a reparu,
fans cause & plüs terrible en 1795.

Je vais à-préfent dire Un mot d'Une
maladie que je n'ai éprouvée qu'en 1757
& 8, après ma 1re contagion. C'eft celle
dont j'étouffais, & dont me guerit Zefire.
L'étouffement, ou ferrem[t] douloureux du
haut de la poitrine, était 8 heures à croître,
8 heures à diminuer, & il fteait 8 heures.
Je me levais aubout des 24 heures, & j'alais
travailler. J'oubliais cette 1re ataque,
regardée come l'effet d'Un vent entre cuir
& chair, quand 11 jours après, j'en eûs
un autre accès, fans cause exterieure.
(Car au 1[r], j'avais fenti le point douloureux à l'omoplate, en derangeant Une
câfe). Ce 2[d] accès fut beaucoup plüs fort
& plüs douloureux que le 1[r]. On ala
chercher mon Ami *Bonët*, garfon-A-
potiquaire chéz Un habil Farmacopole.
Il accourut, & me dona des gouttes d'an-
gleterre, fur Un morceau de fucre. Ce
remède me foulagea, en me fesant dor-
mir le refte de l'accès. Mais ce fut Zefire qui acheva de me guerir. ¶ Je perdis Zefire, & je conus le desefpoir, deja fenti, à la mort de Mad. Parangon:
Mais je ne l'avais pas vue mourir, elle
n'était pas expirée fur mon fein ! Je ne lui

aurais pas furvêcu… Je perdis Loiseau,
& je cônus l'ifolement abfolu, dont je
n'ai jamais gueri! Le Defefpoir eft Une
cruelle maladie! c'eft celle de la raifon-
humaine; c'eft celle qui retablit l'égalité
entre l'Home & la Brute : c'eft la maladie, dont je fens que je mourrai !

A mon retour de Dijon, en *1759*, au
mois de 7bre, j'eús la fièvre-quarte, oc-
cafionée par Une pluie d'orage; qui m'a-
vait trempé jufqu'aux os. Je la fis paffer
à l'aîde d'Une purgacion & d'Une infu-
fion de fauge , bouillie dans Une pinte
de vin-rouge, reduite à chopine; remède de cheval, que je fis 2-fois, & qui me
caufa Une fueur fi abondante , que mes
forces en furét totalem^t épuifées. Mais
il emporta la fièvre, dont tous les accès
alèrēt enfuite en diminuant. Je ne con-
feille ce remède à Perfone. ¶ En 1764,
je me fis une bleffure à chaque jambe :
On y mit du baume d'Arceüs : Or ma
peau ne peut fuporter les graiffes: Il furvint Un érefipèle, qui me coůvrit tout le
corps. J'exfoliai de la tête aux piéds.

Ma 1re indigeftion date de Courgis ,
en *1748* , p^{our} avoir foupé d'Une cuiffe
de Lièvre. La 2de eút lieu en *1758*, pendant ma maladie de douleur , après la
double perte de Zefire & de Suadèle. La
3e, qui date de *1765*, provenait de fati-

1765
1775
1795

gue trop prolongée, Une veille de Pâ-
ques, lorſque j'étais Prote, chéz F.-A.-
Quillau. Je fus prêt à mourir de celle-ci,
& j'en eús enſuite fréquenm.r, par l'affai-
bliſſement de mon eſtomac. Ce n'eſt qu'
entre 45 & 46 ans, que ce viſcère ſ'eſt
fortifié de-nouveau. † Une ſtrangurie
habituelle, eſt la ſuite naturelle de ma
maladie de *1770*, La ſupreſſion fut entière, mais pendant quelques heures ſeu-
lem.t, en 1775: Ce n'eſt qu'en *1795*, que
la retenſion a été abſolue, & qu'il a falu
employer la ſonde. Chopart eſt mort;
je n'aurai plus de ſauveur ! A-la-veri-
té, la Veuve de mon Ami Guillebërt,
me done encore de ſon Eau, qui m'avait
gueri en *1775*: mais ce n'eſt que par Un
long uſage, come d'Un mois, & elle ne
pouvait m'être d'auqu'ū ſecours en *1795*.

J'eús Une Hernie & le Flux hemorroï-
dal en *1786*. Je ſuis menacé de la Pierre.
Une Humeur Dartreuse me tourmente.
Ainſi je ſuis couvert d'infirmités. Hâ !
combién d'Etres-humains me reſſemblēt,
ſans qu'On ſ'en doute !... C'eſt ainſi que
la Nature nous detache de la vie, en la
rendant douloureuſe, & fait quelquefois
deſirer la mort, qui eſt la privacion de
tout ſentiment. Mais c'eſt encore ici Une
mort violente ou forcée: Un ſeul genre
de mort eſt naturel; c'eſt celui de vieil-

leſſe ou d'extinction : L'Home alors tonbe come Un fruit mûr, & ſa vie naturelle eſt achevée.

Après cet article de mes maladies, il ſerait naturel de doner ici celui de mes AFFAIRES. Mais elles me paraiſſent ſuffiſanmᵗ exposées dans le cours de mon Hiſtoire. Quant à mes INSCRIPCIONS, que je comptais placer enſuite, elles auraīt poutêtre intereſſé quelques Perſones. Mais mon Ouvrage eſt deja trop volumineux. Dailleurs ces Inſcriçions ou Dates, ont ſervi de base à tous les details où je ſuis entré. Mais je tâcheraí de trouver place pᵒᵘʳ la REVUE DE MES OUVRAGES, à la fin de MON KALENDRIÉR...

Depuis ma maladie de *1795*, toujʳˢ prête à revenir, affaibli par celle de *1779*, j'atens la mort en travaillant. J'aí composé, en *1796*, 2 Ouvrages, l'Un de 6, & l'autre de 4 Parties: J'en parleraí dãs ma REVUE. Mon cœur eſt mort avec les ſenſ, & ſi quelquefois il me prend Un mouvement de tendreſſe, c'eſt Une erreur, come celles des ſonges ou des Eunuqs; elle me laiſſe enſuite dans Une triſteſſe profonde. J'en doneraí Un derniér exemple, en terminant cette EPOQUE. J'aí toujʳˢ aimé avec delicateſſe, & ſouvent Platoniquemᵗ. Perſone n'a penſé, dit & fait des choses plüs tendres.

1796
1797

Mais enfin, je m'aperçois que la source de la tendreſſe du cœur, eſt dans les organes de l'amour fiſiq. Etudiant toujours ſur moi-même le Cœur-humain, que je cherche à devoiler, j'ai tâché de decouvrir la cause des goûts atroces des Vieillards ; & je l'ai trouvée dans leur impuiſſance. Il leur faut, pour les exciter, les expreſſions les plüs obſcènes ; les atouchemens les plüs revoltans. J'y ai trouvé la ſource de la cruauté des execrables Ouvrages composés depuis la Revolucion, JUSTINE, ALINE, LE BOUDOIR, LA THEORIE DU LIBERTINAGE : Et ſi j'ai l'air d'en indiquer l'Auteur, dans la VIIIᵉ Partie de cet Ouvrage, c'eſt que j'ai voulu prévenir, en lui montrant qu'il eſt conu, la publicacion de LA THEORIE, qui ne paraît pas encore, & que j'ai lue en manuſcrit.... Le Vieillard corompu, blâsé, ne trouvant plus le plaisir. nonſeulemᵗ il ne prétend pas que la Feme en goûte, mais le Monſtre veut qu'elle ſouffre, qu'elle gemiſſe, à proporcion de ſa jeuneſſe & de ſa beauté ; & ſi elle eſt très-belle, très-jolie, d'Une naiſſance très-honête, il veut qu'elle periſſe dans les tourmens. Plûſ elle était deſtinée à avoir de bonheur, plüs il veut qu'elle ſoit malheureuse. C'eſt ainſi que penſe l'infame *Dolmancé*, dans le BOUDOIR. Si ja-

mais LA THEORIE DU LIBERTINAGE 1796
viént à paraitre (come je m'y atens dans 1797
ce fiècle demoralisé), elle fera friffoner
les plüs fcelerats. Je prens aête aujourdhui 1ᵉ Vindemiaire an 5, qu'On y pro-
pose, à l'imitacion de mon PORNOGRA-
FE, d'établir des Bureaux pour le prix des
Femes-publiques, avec cette horreur a-
joutée, que les 3 dernⁱˢ Bureaux des 9 é-
tablis par cet infame Ouvrage, livreront
aux Libertins des Femes deftinées à être
torturées & mises à mort, pour le plaisir
des Scelerats qui auront le goût de l'In-
venteur!... On paîra le double du prix
du Billet, fi la Feme eft enceinte... Ici,
l'On poignarderait l'execrable Auteur....
Et ce n'eft pas tout! On trouve, à la fin
du Mff, l'inmolacion d'Une jolie Fille de
18 ans, nomée *Angelique*, qu'Une Marquise, fa Maîtreffe, abandone aux effro-
yables tourmens & à la mort que lui font
fouffrir Une Dˡˡᵉ de 18 ans, la Marquise
elle-même, & le Tigre Dolmancé... Le
Monftre-Auteur prépare Une Suite à cet
abominable Ouvrage, dont je fuprime
les detaïls, que neanmoins j'avais écrits.
On introduit, à la fin, 3 Orfelins, 2 Filles & Un Garfon, beaux, delicats, bién
élevés, mais fans Parens, & qu'On met
aveuglémᵗ fous la proteêiō de la même
Marquise. Telles font les Viêtimes qu'

1796
1797

On doit torturer dans Une SUITE à LA THEORIE DU LIBERTINAGE (come celle-ci eſt la Suite du BOUDOIR). O Gouvernement! préviéns ce Scelerat, qui peut faire doner Une mort cruelle à 20 mille Feṁes, ſ'il eſt lu par les Soldats.... Quittons ces horreurs.

J'ai dit que j'avais perdu Terèse en *1796*, aubout de 24 ans de conaiſſance, & 12 de renoûment, qui n'a pas été Un inſtant interrompu. J'ai donc achevé de perdre Louise!.... & doublem^t, en perdant Alanette. Mais 2 Jeunesperſones m'ont inſpiré de l'interêt. J'aime à les voir: Je ſuis triſte, quand elles ne paraiſſent pas. Y aurait-t-il donc quelque raport ſecret entr'elles & moi? L'Une a 16 ans, l'Autre 14: Celle de 16 ans eſt laïde, & je ne l'en aime pas moins: l'Autre eſt jolie; mais je les cheris égalem^t. Je crois l'Aînée fille de Mlle Merlin, & ſortie d'Une avanture que j'ai ſuprimée, mais qui ſe retrouvera dans MON KALENDRIÉR. La 2^d, à la reſſemblance, me paraît ſortie de Sofie-P., cousine de Rosalie. † Je ne conais plus le Desir. Il faut dire cependant, qu'au-milieu de Fructidore an 4, , áyant vu ſortir d'Une boutique de la ruë *de-Tionville*, Une Feṁe de 32 ans, je ne pus m'empêcher de l'admirer. Elle marcha devant moi, ſe re-

trouffa, & montra Une jambe parfaite. Je
l'abordaí. —Baiffɛ́z votre jupe-. La D^{lle}
fourit. —En verité! (lui dis-je) il y a
confcience à mettre Tout le monde fens
deffus-deffous, & jufqu'aux pauvres Vieillards! —Hō! je vous conais (me repondit-elle), & vous alɛ́z me conaître
auffi : Maman eft Mad. Holliér. —Mad.
Holliér ? de la Place-*Daufine*? —Elle-
même. —Je m'en felicite, Mlle; c'eft Un
bonheur p^{our} Moi. —Je m'en félicite auffi : Vous valɛ́z mieux qu'Un-autre. —
Vous êtes la 2de, ou la 3e de mes Filles
que je reconais par la jambe (Adelaïde-
Simâr & Filette-Alanette). —Il eft vrai
qu'On m'accuse de l'avoir très-bién ! —
Admirable-! Elle éclatà-de-rire : —Hâ !
voila bién ce que m'ont dit mes 2 Sœurs,
ma Jumelle & Virginie ! —Quelle eft
votre Jumelle-?... En ce moment, il
paffa Un Cabriolet fur le Pont-*Neuf:* Legère come le vent, Hollière le fuit, le
devance, y eft reçue, me falue de la main,
& f'envole... Je ne l'aí pas encore revue.

J'ai 63 ans. Je vis feul, isolé : Ma
Fille Marion, chéz laquelle je mange,
eft veuve, a l'embarras de 3 Enfans, &
point de fortune... Il me faudrait Une
Compagne de 40 à 60 ans, affɛ́z aisée
p^{our} me nourrir. J'ai encore d'excellens
Ouvrages à faire, dont les Plans font

1797 tracés ; je les ferais paisiblem^t, & pro-
duirais audelà de ma Depenfe.   † Voila
ma fituacion, mes idées, mes reffources.

On fait que l'INSTITUT-NACIONAL
a été établi, p^our fervir de retraite aux
véritables Gens-de-lettres : Certainem^t
je fuis plûs Home de-lettres qu'Un *Fontanes*, qu'Un *Guinguenet*, qu'Un *Millin*, qui tiént en-outre Une place à la
Bibliotéque-Nacionale, qu'Un *Selif*, &
50 Autres de cet acabit. Qu'a fait Fontanes ? En toute fa vie (& il a 45 ans),
Une traduction en vêrs de l'*Effai fur
l'Home*, de *Pope*, deja mieux traduit en
prose par *Reinel:* Mais dumoins il a fait
quelque-chose. Qu'a fait Guinguenet?
Rién: Un Relieur lui a couvert propre-
m^t 2 petits Vol. *in-18* compilés... Qu'a
fait Millin ? Hà ! Villette feul, fon Maître, pourait vous le dire. Mais il eft mort;
ne troublons pas fa cendre ! Et Selif?
Moins que rién ; car il n'a fait que du
vent : ce qui, en litterature, eft bién au-
deffous du rién !   Je me fuis trompé au
fujet de Fontanes ; il a fait Un 2^d Ouvrage, dont le Jacobin *Balzac* lui dira
le titre... Voila quels font les Genf qui
ônt exclu de l'Inftitut-Nacional, le Ge-
nié accâblé fous le poids du malheur &
de la vieilleffe ! Il eft impoffible d'exprimer quel acharnement tous les Homes
fans

ſans titre & ſans mérite , les Frelons , ont 1797
expulſé les Abeilles induſtrieuses ! ont ôté
aux vraìs Genſ-de-lettres, la ſubſiſtance
que la Nacion leur voulait aſſurer ; au
pauvre NICOLAS par-exemple , qui pendant 14 ou 15 ans a fait ſubſiſter 13 Pè-
res-de-famille , tant de l'Imprimerie ,
que des autres états relatifs à la Litterature. Il a fait rentrer par ce travail des
ſomes conſiderables , ſes Ouvrages áyant
Un grand cours en Suiſſe , en Allema-
gne, & juſqu'en Ruſſie. Voilà de veritables droits aux biénfaits nacionaux , &
non pas ceux d'Une foule d'Intrigans ,
qui ſe ſont emparés de l'INSTITUT , &
qui le deshonorent. NICOLAS en deman-
dera les apointemens, qui lui ſont dûs ,
d'après les vues Nacionales , & conſen-
tira de n'en pas être membre , avec Ch,
Fo, Gu, Mi, & tant d'Autres.

J'ai abſolum^t ceſſé d'aler au *Palais-
Egalité*, depuis que rién n'y parle plus à
mon cœur : Cet odieux Sejour m'eſt devenu inſuportable ; ſurtout depuis qu'il
a corompu mon *Adelaïde* , la ſeule des
Miénnes qui aìt manqué à ce qu'elle me
devait. Je l'avais effacée de cet Ouvrage,
mais la verité me force de l'y remettre.
Il eſt vraì que la faute en eſt à ſa Mère,
qne j'avais crue ſi bone fille , lorſqu'elle
était ſervante : mais depuis qu'elle eſt

XI Partie.   V v

 mariée, & qu'elle a fait fortune, elle eſt
devenue inſolente, & comunique ce defaut à ſa Fille. Elle m'entendra ſeule, en
ce moment, où je l'invite à ſe corriger.
Car je n'accuse encore que le *Palais-
Royal......* Mais achevons de decrire
ce Séjour abhorré; ou ſi ma plume, glacée par la douleur, s'y refuse, emprun-
tons celle d'Un Home plûs courageux,
du Cit. Repréſent' MERCIÉR.

Reportéz vos pas ſous les galeries qui condui-
ſent au Teatre de la Republique, vous apercevéz
à la ſuite l'une de l'autre, des boutiques de Filles
qui tiènnent des dejeûners & des ſoupérs froids:
là on entre, là en ſort ſans dire mot; on eſt ſervi
en montrant l'aſſignat. Des Courtiérs, des Ma-
quignons, des Coureurs-de-vente ſument, rumi-
nent, boivent dans ces antres ſilencieux: Perſonc
n'y parle, & les plûs grandes orgies y ſont, pour
ainſi-dire, muettes. Des ruiſſeaux d'urine conlent
auprès; les avenues ſont tenebréuses & froides; le
libertinage y a pris je ne ſais quelle forme glacée,
qui paraît avoir ſon code & ſes motifs. Non loin
(& dès qu'on aperçoit un-peu de jour), des Gar-
ſons-perruquiérs donent des eſpèces de leçons publiques, & enſeignent à leurs Maîtreſſes à creper
des perruques de Femmes. A-côté d'une poupée
coiffée en cheveux d'or, pendent des andouilles &
des jambons. Tout à-côté, des milliérs de bouteilles de vins fins, des liqueurs de la Martinique, ex-
poſées ſur des gradins, préſentent aux regards des
Paſſans leur orgueilleux étiquet. Au moment que
je parle, deux-cents bouteilles, poſées ſur une plan-
che mal affermie, viènnent de tomber ſur d'autres bouteilles, & le vin du Cap a mêlé ſes flots à
ceux de la crème des Barbades. Le ſol profonde-

ment impreigné, a chaffé, à cent pas à la ronde,
la mauvaife odeur du lieu. Tel qui buvait, jadis,
modeftem.^t, de la tisanne, quoiqu'Agioteur fecondai-
re, avale aujourdhui & ne favoure que le champa-
gne, ainfi que les autres vins delicieux fortis de la
cave des Emigrés, & qu'ils ne boiront plus. Les
morceaux fins, les pâtés-de-perdrix, les cerises au
petit panier, les pois dans leur primeur, les hures-
de-fanglier, voila les bons morceaux des Marchands d'argent, des Brocanteurs, qui, dans une ef-
pace de fix-cents piéds quarrés, trouvent leur table, leur promenade, leur domicile, leur jouiffance, leur fortune, & l'aliment éternel de leur travail monftrueux. Le cours du loüis, dont ils font
les maîtres, fe trouve enregitré, d'heure-en-heu-
re, fur la couverture des pârés Vous avéz-lu
1000-liv.; vous repaffez, l'étiquet vous offre
1500-liv. Les boutiques de Bijoutiérs, toujours
nombreuses, font refplandiffantes, come f'il n'y
avait ni misère, ni Infortunés. On ne voit que des
chaines de montres, moitié perles, moitié diamans,
qui pendent parmi les montres à quantième. Ceux
qui n'ont tout-jufte que pour acheter un pain, regardent ces bijoux précieux, qui ne font feparés
de leurs mains que par un verre tranfparant, & ce
fragile rampart eft religieusement refpecté. Les
Marchands-de-draps font defcendre, du planchér
au fol de la boutique, toutes les étoffes ondulées,
qui contraftent avec les mises ignobles & fales des
Paffans: on dirait que ces marchandises ne font
plus pour les Français, & qu'on va les embarquer
pour la Turquie. On les contemple à-peu-près du
même œil que les Tableaux du Museum. Ces é-
toffes font fous votre main, vous pouvéz les toucher. Perfone ne femble les garder, & les Maîtres
font dedaigneux, lorfqu'il f'agit de vendre. Des
boutiques plus refferrées, mais non moins riches,
vous offrent des fuperfluïtés brillantes: Ce font des

V v 2

1797 bagues à deux faces, c'est une fleur de souci ou
une pensée, ou un amour qui tient un fil, un oi-
seau qui vol; ce sont des firmamens de pierres étoi-
lées, des présens d'amitié; des boucles-d'oreilles
en fleur, en filigramme; des boites-d'or, des étuis
d'or, des medaillons d'or, beaucoup des glaciers
d'argent avec leurs cuillers; des coupes d'argent de
forme antique, avec leurs manches en ébène. Et tout
en admirant cette riche clincaillerie, qui anonce
que l'or existe encore & n'est point totalem.ᵗ disparu
(car les trois-quarts-&-demi de la Cité pourraient
en avoit perdu le souvenir), on sent l'odeur des ra-
goûts exquis, qui monte en vapeur legere au travers
des soupiraux; les buffets sont chargés de fruits,
de confitures, de pâtisseries, & l'on dine-là à toute
heure, de-même qu'à la cour des Potentats-alle-
mands, au son des instrumens & des cors-de-chas-
se, embouchés par des Filles, qui ne sont pas des
Nimfes de Diane. Des Tripots de jeu soutiennent
des boutiques de Filles, qui vendent des modes, des
jarretières, des houpes, de l'eau-de-lavande, des
cadenettes, de la cire à cacheter. A-côté, est un Libraire où l'Aristocrate chagrin, le frondeur de la
Constitucion recomence journellement ses éternelles
lamentacions: Les plus énormes sotises se debi-
tent au milieu des Livres qui ont préparé la Revolucion, & à-côté, des Ouvrages qui maintiénnent
la Liberté; mais le Libraire, malgré son avarice,
ne vend ceux-ci qu'à regret. Les Anti-republi-
quains y declament sans-cesse contre ce qui s'est
fait & ce qui se fera. La Republique ne les aperçoit pas, & marche au milieu de ses triomfes. Que
d'apâts sans-cesse tendus à l'Adolescence, à l'Home
blâsé! Les Tableaux sortis des Cabinets curieux,
les Gravures libertines, les Romans érotiqs,
servent d'enseignes à une foule de Prostituées lo-
gées aux mansardes. Leurs filets sont à 10 pieds
de la Jeunesse ambulante, oisive & deja dessechée

dans fa fleur. Je n'ai voulu peindre que les gale-
ries-Audeſſus des boutiques & des manſardes, ſont
les Academies de jeu, où toutes les paſſions & les
tourmens de l'enfer ſont raſſemblés. ¶ Preſque tous
les mouvemens qui ont troublé Paris, ont pris leur
origine dans les reduits du Palais-Egalité: C'eſt dans
ce lieu infernal que les plûs grands Ennemis de la
France ont ourdi leur trame, & un foyer d'impu-
reté tel que celui-ci, ſ'il devait ſubſiſter longtemps,
ſuffirait à miner la Republique la plûs robuſte. Le
genie republiquain ne pourra ſ'aſſeoir, un-jour,
que ſur ſes ruines; c'eſt-à-dire, lorſqu'il ſera tranſ-
formé en un édifice nouveau & utile à la choſe
publique. Ce Palais à ſes faſes, & non-moins
changeantes que celles de la Lune. Dès que le
jour tombe, toutes les arcades ſ'illuminen ſubite-
ment, les boutiques deviénnent reſplandiſſantes, &
les bocaux des Joyaliers jettent au loin une grande clarté. La foule deviént plûs nombreuſe, &
ſort du Jardin-du-Comerce, car on pourrait ainſi
l'apeler. C'eſt l'inſtant où les Academies de jeu
ſ'ouvrent, malgré toute la ſeverite des Loix de la
Police, & tandis que les grands Eſcroqs taillent
dans les ſallons, les Petits travaillent dans les fréquens paſſages qui comuniquent dans les rüës adja-
centes, & qui ſervent d'échapatoires aux Filoux &
aux Agioteurs qui abondent. Autrefois c'était l'inſtant où les Errangérs & les Curieux alaient admirer
dans les apartemens ſecrets du Duc d'Orleans, les
figures obſcènes de l'Aretin, executées en cire gran-
deur de nature, c'était l'inſtant où le Jeunehome
abandoné à lui-même, alait repaître ſes ïeux du
ſpectacle de ce prétendu Sauvage qui ſ'accouplait
publiquement avec une Femme de ſon eſpèce, à
vingt-quatre ſous par tête: & cet Home infame,
on le mit dans la même priſon où étaient trente-
deux Repréſentans du Peuple! Là je l'ai vu! Il
en fut quitte pour quelques jours de captivité. Vos

1797 pas, fous les arcades, font arrêtés par une fumée
qui vous prend aux jambes. Vous regardez: c'eft
la flâme de la cuisine des Reftaurateurs; & tout-
à-côté, des bals comencent dans les grottes fouter-
raines. On aperçoit, à-travë s les foupiraux, les
rondes de Filles qui fautent, qui ricannent, qui fe
ruent fur leurs Cavaliers, come des Baccantes, les
cheveux épars. Là fourmillent les groupes d'Efcom-
pteurs de mandats, & qui groffiffent infenfiblem'. Entre un Mayolet en redingote bleue, chapeau rond à
poil, bottes cirées, fon curedent à la bouche; il dit à-
demi-voix, *cinq-&-demi.* ¶ On lui balbucie deux
mots, le groupe f'ouvre, il fort, il a gâgné vingt-
mille-francs: Toutes les Filles le fuivent, le tuto-
yent, folâtrent avec lui, il les claquette fur la crou-
pe, ou les pince legèrement. Il f'envole, on ne le
voit plus. Cependant dans les falles de vente, le
Stentor a doné le fignal. Les Courtiers, les Brocanteurs, les Revendeuses à-la-toilette font affises.
On y vend à l'enchère les perruques de Femmes,
les pendules en lyre, les schals, les mouchoirs, les
chemises, les lits à la duchefle. Un Crieur pro-
mène fur des tables quadrangulaires, chaqu'un de
ces objets devant les Encherifleurs. Il f'egofille,
il f'eft formé une voix, qui tiént le milieu entre la
voix & le mugiffement du Taureau; les manœuvres
des Vendeurs font telles, qu'ils vous livrent toujᶜˢ
la marchandise la plüs deteriorée; les Brocanteurs
font payer plüs chér tous Ceux qui ne font pas de
la clique. Les Efpions rôdent dans les Cafés du
fecond ordre: On n'y politique plus, On y boit fi-
lencieusement de la bierre, come les Flamands dans
leurs Eftaminettes. Le goût de l'eau-de-vie, chéz
Plusieurs, a rempacé le vin; la godaillerie affise,
qui boit au double, & qui f'incomode, reproduit
quelques tableaux de Van-Oftade; on fe porte aux
lieux où l'on boit, & ces Guinguettes fans air,
font l'endroit où j'ai eú plüs de douleur à rencou-

trer l'Home qui s'y abrutit. S'il existe sous les passages, des trous de boutiques, où des Filles attirent par des œillades les Passans; si l'On n'y voit que quelques rangées de paquets de poudre entremêlés de bocaux remplis de houpes ou de curedents: & si dans d'autres boutiques de même espèce, qui ne sont guères plûs richement fournies, On ne trouve d'autres marchandises que celles peintes sur l'enseigne, ou bién les hardes de ces Demoiselles suspendues interieurem^t par manière d'étalage, ces lieux sont[un Seral[l; c'est à la *Paris*, ce que les gargotes sont au Restaurateur Méo. § Il est de vastes sallons, rendezvous assidus de tous les Homes nouveaux engraissés de rapines, des Fournisseurs des Armées, des Feseurs d'affaires, des Administrateurs de tontine ou de loteries des Professeurs de vols nocturnes, enfin des Agioteurs en chef. Là, vous êtes servis au simple coup-d'œil. Le plat se porte sur la table en même-temps qu'il est demandé; & come tous Ceux qui mangent sont cousus d'or, ils y mangent & sont servis en Rois, en Princes, en Ambassadeurs, en Financiers. Là des cabinets particuliers s'offrent tout-à-la-fois à la gourmandise & à la luxure. Les glasses qui les decorent, multiplient aux regards d'un vieux Satyre, les apas de sa Maîtresse, & tous les sieges y sont élastiques. Enfin, il est un sallon particulier, où l'on boit les liqueurs les plût fraiches, & l'encens s'échape en petits filets nuageux des cassolettes. Là on dine à l'orientale; mais l'Avare n'y entre jamais. Ces plaisirs ne sont que pour le Prodigue; mais il y retrouve, certains jours, toute la pompe & la bizarrerie du repas de Trimalcion. A un certain signal, le plafond s'entr'ouvre, & du ciel descendent des chars attelés de Colombes & guidés par des Vénus; tantôt c'est l'Aurore; tantôt c'est Diane qui vient chércher son chër Endimion. Toutes sont vêtues en Deesses. Les Amateurs choisissent, &

1797 les Divinités, non de l'Olympe, mais du plafond, s'uniſent aux Mortels. ¶ Il fut un temps où le maſſage des Egypciéns y avait lieu. On était maſſé par des mains feminines dans une étuve de vin; mais cet acte ſalutaire à la ſanté & qui favoriſait une utile tranſpiracion, a ceſſé, quoiqu'il apartienne egalem^t à la propreté & à la volupté. Vous penſez-bien que Ceux qui ſortent de-là, ſont étrangement ſcandaléſés d'entendre à leurs oreilles, le Poſtillon par Calais, le Meſſagér du ſoir, le Miroir! ils ſ'embarraſſent bien de la Lettre de Polichinelle, de la Conſtitucion en vaudevilles, de la Peticion des Galopins des 2 Conſeils! Les ſatyres contre le Gouvernement leur ſont auſſi indifférentes que tous les éloges qu'on en pourrait faire. Leurs dîners fins valent mieux que ceux des Directeurs. Ils ſont étrangérs à tout ce qui ſe paſſe hors du cercle de leurs plaiſirs; tous les debats politiques n'attirent pas plus leur attenſion, que les decouvertes de Lavoiſiér n'attirent celle des mauvais Poëtes. S'ils entrent dans une boutique, ce n'eſt pas dans celle du Libraire qui vit de Pamflets royaliſtes; ils entrent chéz les Marchands d'eſtampes, chéz le Bottier, le Confiſeur, qui ſont porte-à-porte, ou chéz les Bijoutiers, dont les devants de boutique ſont tout brillans d'or & de diamans, de tabatieres, de bagues énigmatiques. Leurs Laquais oiſifs, ſ'enfoncent chez les Vendeurs de ſauciſſons, de pâtés, ou font quelques ſpeculacions groſſieres ſur les pretendus vins de 52 ſortes. Mais ces Laquais ont beau vouloir imiter leurs Maîtres, jamais ils ne feront, même en petit, ce que les Agioteurs font en grand, & avec des monoſſyllabes magiques. ¶ Tel eſt le cloaque infect, placé au milieu de la grande Cité, qui menacerait la Societé entière d'aviliſſem^t & de pourriture, ſi les ſcandales qu'ils offre n'étaient pas reſſerrés dans un point. La contagion funeſte des jeux, les excès de la cupidité ſous tou-

tes ſes formes, la licence des mœurſ & des Artiſtes
ne ſ'étendent point aux reſtes de la Ville; & c'eſt
une choſe digne de remarque, que pluſieurs Quar-
tiers ſemblent come éputés par tous les viees qui
bouillonent au centre. Ce que j'y ai remarqué de
plûs affligeant que le libertinage, qui tient à la chaleur du jeune âge; c'eſt que le blaſfême & le cyniſme,
ſont dans toutes les bouches & à tous les inſtans,
qu'on ſ'en eſt fait un ſtyle, qu'on y prend pas garde. ¶ On ne lirait pas à Sodôme & à Gomorre
les Livres que l'on imprime & que l'on vend publiquement au Palais-Egalité. Justine ou les
Malheurs de la vertu, Aline, le Boudoir,
ſont étalés ſur des planches. Mettéz une plume
dans les griffes de Satan, ou du mauvais genie énnemi de l'Home, il ne pourra faire pis. Vingt autres Productions, moins abominables, il eſt vrai,
car celles dont je parle ont remporté le prix de la turpitude & du vice, ſont là pour achever de decom-
poser ce qui reſtait de morale, par inſtinct, dans le
cœur de quelques Jeunes-gens. Et le Vendeurs
& les Acheteurs ſ'autorient de ces mots qui nous
ont tant trompés : « Liberté, liberté de la preſſe »!
¶ Une obſervacion que j'ai faite, c'eſt qu'en me pro-
menant ſous ces arcades populeuses, j'ai été frapé de
la reſſemblance de plusieurs fiſionomies qui m'etait
conues & que j'avais vûes dans mes voyages. Je
croyais voir reparaitre des Perſones decedées.....
Si l'étude des fiſionomies ſous les longs promenoirs
du Palais-Egalité a ſon charme, elle vous diſpose
en-même temps à une certaine misantropie : car
que de fiſionomies defigurées, & ſur leſquelles l'o-
rigine celeſte eſt preſque totalem^t effacée ? O douleur ! la vraie fiſionomie de l'Home a fait place à
des figures d'Ogres & d'Ogreſſes, qui ſemblent
prêts à ſ'entredevorer ?... Il ne faut pas etre un
Dechiffreur de jeroglifes, pour deviner le but &
l'emploi de toutes ces Effigies groteſques, dont les

1797 traits, l'attitude, le coſtume rappellent moins l'idée d'Homes ſagement occupés, que celle de Saltimbanques.... ¶ On crait que ce Bâtiment, conſtruit d'une manière hâtive, n'eſt pas fait pour durée longtemps. Des reparacions de toute eſpéce y ſont comandées par la neceſſité.... C'eſt ſur cette maſſe combuſtible que le Cabinet britanniq avait fondé ſes p'ùs grandes eſperances.... C'eſt au Palais-Egalité que les Chefs de 2 Factions, de Capet, & de Marat-Robeſpierre tiénnent leurs aſſiſes; & s'ils avaient pu s'acorder, c'en était fait de la Patrie.

J'ai un peu abregé ce Tableau, & peut-être n'ai-je ôté que des choses utiles : mais On les aura dans l'Ouvrage.

Un inſtant de reveil, au-milieu de ma letargie! Dans un moment, où Un Fou m'enivrait d'eſperances; où Un Debiteur fallace aſſurait qu'il alait me páyer, Un mouvement de joie ſembla m'avoir rajeuni. Je m'appropriai. Il me vint alors Une idée,... que je ne ſais coment épithéter. Je conais Un pauvre Home, qui a Une Fille de 16 ans, douce, naïve, enfantine, agreable, ſans être jolie. Je formai la resolucion de l'épouser : —Il vaut mieux (penſai-je) pᵒᵘʳ Un Vieillard Une Fille non formée, ſans caractère, ſans volonté, ſans besoins, qu'Une Feme-faite, qui aura des humeurs, des volontés, Un temperament-. En-conſequence de ce beau raisonement, & pour ne pas reſſembler à Un Vieillard de comedie, je pris la Jeuneperſone en-parti-

1797

99
Estamp
(bis).

culiér, p^our decouvrir, si Mlle *Marte-Victoire* n'avait pas de repugnance à devenir ma Fême ? Je ne trouvai pas d'obsta-
cles... Alors decidé, je parlai au Pére.
Ma proposicion ne fut pas rejetée. Mais
mon illusion ne dura qu'autant de temps
que les promesses trompeuses de mon Debiteur. Je frissonai, en m'apercevant que
je n'aurais associé Mlle Marte-Victoire,
qu'à mon indigence & à ma vieillesse. Ce
fut ce que je lui dis. Je voulus la doner à
Un Ami, dont elle aurait fait le bonheur:
Mais, ou elle ne lui plut pas, ou il n'eût
point asséz d'intelligence p^our l'apprécier.

Je dis alors à ma Fille-cadète, avec
laquelle je mâge, ce qui m'avait troté dâs
la tête. Elle m'en fit encore mieux sentir les inconveniens, & j'abandonai cette
idée, dernière illusion de ma vieillesse...
Ce n'est pas que je n'eusse raison, sur la
jeunesse de la Persone, particulièrement
avec Une Française septentrionale : A-
vant que Mlle Marte-Victoire eût-eú des
besoins, je l'aurais-eúe laissée libre : car
quelquefois ces besoins ne prénnent aux
Jeunesfêmes qu'entre 26 & 27 ans, dumoins c'est ainsi que je l'aí observé. Je
suis revenu à ma 1re idée, de tâcher de
trouver Une Compagne de 40 à 60 ans,
à laquelle je ne serais pas à charge, si elle
pouvait garder quelque-temps les manu-

1797 ſcrits que je lui laiſſerais... Voila mon derniér vœu.

J'en ſuis à 1797: Je dois terminer ici ma IXe EPOQUE. Mais je n'ai pas acheve la VIIIe: J'ai reſervé exprès l'HIſtoire de SARA, p^{our} laiſſer le Lecteur ſur des Details & des Developemens plüs parfaits. Je ne voulais pas non-plüs reſter ſur l'idée de la deſtruction d'Un Vieillard; c'eſt par Une paſſion vive que je veux terminer, en dépit de la Nature.

J'ai écrit librem^t, come RABELAIS, FRANCION, MONTAIGNE, mes ſimilaires: J'ai écrit ſans licence, come jamais On a écrit, depuis eux, à-cause des plats Cenſeurs. Mais n'áyant pas l'âme corompue, come l'Auteur d'ALINE, je peins l'amour, & jamais la debaûche, encore moins la cruauté. C'eſt que l'amour, même d'échapée, come celui qui dona l'exiſtance à Virginie, à Sara, à Dælie, fut touj^{rs} en MOI Une vertu: Jamais je n'ai profané la Feme que j'ai poſſedée... J'ai touj^{rs} honoré Celle que j'ai rendue mère; & ſi j'ai blaſſèmé A-L., c'eſt qu'elle a blaſſèmé l'amour la 1re, en 1770. Pourquoi vivons-nous dans Un ſiècle, & avec de tels Homes, qu'On puiſſe, qu'On doive ſe faire Un mérite d'être, non pas tendre, mais humain avec les Femes?

Fin de la IX Epoque.

Reprise

Avant de revenir à l'Hiſtoire de SARA, il faut en quelque ſorte, en dóner le Denoûment. Il n'arriva qu'aſſéz longtemps après notre rupture. ¶ Sara , après avoir eú Lamontette , avoir été ſur le point d'épouſer Un Comis , nomé *Laſ*, eút Un Abbé , avec lequel elle a demeuré , ruë *de l'anciénne-Comedie-Françaiſe* , où je donaí ſon adreſſe à la Marquiſe De-Clermont-Tonnerre , qui deſirait la conaître. J'avais expedié le Cõgé par Lettre à Delarbre; Laſ le ſignifia par Lettre à Lamontette : mais Perſone ne me l'avait doné : Florimond m'avait ſeulem^t dit : —Mlle n'eſt plus ici-. Je libellaí le congé pour Laſ. Quant à l'Abbé, il a épouſé à la Revolucion. ¶ Je ne voyais plus Sara , depuis le 23 Juillet 1782 , époque à laquelle je començaí d'écrire notre Hiſtoire. Mais je rencontrais aſſéz ſouvent ſa Mère , que je ne regardais plus. Un jour Florimond m'aborda , p^{our} me demander LA DERNIERE AVANTURE , dont il avait entendu parler : —Vous ne riſquéz rién de me donner cela, à Moi; je ſais que j'y ſuis menagé-?... Je feignis de ne pas le comprendre. ✝ Peu de temps après , je vis Mad. Debée-Leeman donāt le bras à Un petit Chirurgién du Quartiér. J'en dis un mot dans le Voiſinage?

XI Partie.   U u

1783
1784 On me repondit, que la Famille de Florimond, irritée de fa ruine & de fon avi-
liſſement avec Une Feme deshonorée,
était enfin parvenue à le faire renfermer.
On m'aſſura quelque-temps après, qu'il
était mort.   Ainſi finit l'infortuné Florimond, trompé come MOI, mais plüs
malheureux encore.   On verra ſa belle
conduite avec Mlle Debée la MÈRE : La
generosité envërs certains Etres, ſerait-
elle donc Un vice ?

Je rencontrais touj^ls Mad. Debée avec
ſon Chirurgién, & je detournais la vue.
Mais enfin un-jour je la vis ſeule, ſur le
Quai *Bernard*. Je crus m'apercevoir qu'
elle me fesait ſigne d'aler à elle. J'héſi-
tais, craignant Une ſcène. Mais ſon air
me raſſura. Je m'aprochai d'elle. — Vous
m'avéz bién arrangée, à ce qu'On m'a
dit ; car je ne ſais pas lire le Français ?...
Mais je ne vous en veux pas : Vous ne
l'auriéz jamais deviné, ſi On ne vous l'a-
vait dit.... Mais j'ai Une chose étrange
à vous decouvrir !... Vous avéz conu Un
M. *Caraqua* ? —Caraqua ? Non. —Hô-
mais, c'eſt qu'il deguisait ſon nom. Il
le traduisait (come il disait), en ſe
fesant apeler *Chère-eau*, qui était (disait-il), la même chose en français. Ainſi, cet Intrigant n'eſt pas de la Famille
des Chereaux de Paris : Son nom de *De-*

Villefranche, était Une vanterie pᵒᵘʳ ſe
doñer Un air de Gentilhome ; car il prétend que les Caraqua d'Italie ſont nobles,
& même Comtes. —Je vous entens. A
quoi nous mène ce long narré ? —Je vais
vous le dire. Hiër, je me ſuis trouvée
dãs Une maison de la ruë *St. Jaque*, où j'ai
rencontré Une vieille Conaiſſance, Mˡˡᵉ
Zède-Vilpois, à-présent Mad. Prudho-
me. Elle me dit, que ſon Mari avait imprimé des Eſtampes, pᵒᵘʳ Un des Ouvrages d'Un Home de notre conaiſſance qui
demeure dans ma maisõ. —Sans-doute
vous le ſavéz ? (a-t-elle ajouté): c'eſt ce
Mʳ-Nicolas, qui demeurait à-côté de ma
petite-chambre, quand j'étais chéz mon
Père. —Non, je ne le conais pas. Il a bién
demeuré dans ma maison Un Mʳ R. auteur du PAYSAN PERVERTI... —C'eſt
juſtemᵗ cela! —Quoi! cet Home ſi timide, qui rougiſſait de rién ? —Lui-même. Pardi! vous l'avéz vu d'aſſéz près,
Mˡˡᵉ Lambertine, à ce que ſa Feme m'a
dit, pᵒᵘʳ le remettre! (—Lambertine!
penſai-je). —Et vous auſſi, Mamˢᵉˡˡᵉ...
Moi, je ne l'ai vu que 2-fois : Et-puis,
plus du-tout... Eſt-ce bién poſſible ? —
Hâ! très-poſſible! car ça eſt-... Je ne
lui ai plus rién dit, & je m'en-ſuis alée.
... Nous voila en présence : Expli-
quons-nous? Etes-vous le Mʳ-Nicolas de

1784
1788
1789

la *Fontaine?* —Oui. —Voila qui eſt
bién!… Hô! que j'ai de repentirs!….
Je pouvais faire tout ce que j'ai fait, en
le fesant autrem^t! Et tout alait bién!…
O infortunée Moi-! Et elle verſa des
larmes… J'étais concentré. —Je vais
quiter Paris (reprit-elle); je ne veux plus
revoir ce Paris-là!… Je pardone à ma
Fille: Elle eſt moins coupable que Moi!
… Mais, qui vous aurait reconu? vous
étiéz ſi bête en ce temps-là, à ce qu'On
disait!.. Je vous pardone auſſi: Vous
devéz m'en vouloir-! Elle alait me quiter. Je lui demandai des nouvelles de
Florimond? Elle ſe mit à ſangloter, &
ne me repondit pas. Ce qui me confirma
ſa mort. ¶ Je n'ai pas revu depuis Mad.
Debée-Leeman, ſans-doute retournée à
Anvërſ, ſa Patrie, vërs 1788. Elle laiſſa, quoique non encore mariée, ſa Fille
à Paris: car je vis Celle-ci le 19 Fevriér
89, ſur l'Ile de *la-Fraternité*: J'atendais qu'elle me parlât, la ſachant inſtruite: Elle n'en fit rién: la crainte de lui
causer de la peine me retint auſſi, & nous
nous tumes. Je la revis le 12 Marſ de
l'année ſuivante, un-peu en desordre; &
j'écrivis douloureuſem^t ſur l'Ile, *Sara
pauper*… Je n'ai revu Sara que 2-fois
depuis le 12 Marſ: la 1re, à la queûe au
lait, au bas du *Pont-Stmichel*: (Quelle

1794

situacion, que celle des Femes de Paris,
durant la cruelle époque de la disette !
Combién de Jeunesperfones y ont trouvé
la mort, ou la perte de leur innocence?
Tant de poitrines delicates, que done le
regime de Paris ; tant de Libertines qui
alaīt par goût paffer la nuit avec des jeunes Libertins, que les mêmes vues ame-
naīt, trouvaīt égalem^t là leur ruine)...
C'eft à la queüe au pain, au coin de la
ruë _Poupée_, que 'ai vu Sara p^our la der-
nière-fois, & que j'ai apris fon mariage
avec l'Abbé : Une Voisine qui fe trouva de ma conaifface, me dona ces lumières. Je lui laiffaī mon adreffe p^our Sara :
Mais je ne l'ai pas encore vue en 1797...

1781

Je vais placer ici des details, fur la
préfentacion que je fis de Sara, en Marf
1781, à M. Bultël-Dumont. Je les re-
tranche de fon Hiftoire, où ils auraient
nui à l'interêt.

Mr Nicolas, épris de la jeune Sara, eút
p^our elle Un fentiment auffi vif que tendre & genereux : fans qu'il f'en doutât
lui-même, il l'aimait en Père. Il avait
p^our ami particuliér Un Home d'efprit,
honête, & jouiffant d'Une fortune affez
confiderable, nomé M. Bultël-Dumont.
Un-jour, ils eúrét enfemble Un entretién, où Bultël ouvrit fon âme à Nicolas :
—Mon cœur eft mort, depuis 5 à 6 ans.

1781 Je voudrais trouver Un Objet, qui me causât Une de ces fecouffes violentes, qui doñent du reffort à l'âme. Come je ne fuis plus de la 1re jeuneffe, je lui fervirais de Père: J'en ferais ma Compagne, mon Amie: Elle ferait la douceur de mes jours ; & Moi, je deviéndrais fon guide, fon apui-!... Nicolas foupira: Puis regardant fon Ami, d'un air ráyonant de joie, il lui annonça qu'il conaiffait le remède à fa fituacion : Il lui noma fa jeune Hôteffe, le croyant plüs propre que lui-même à faire le bonheur de Sara. Il lui parla de cette jolie Perfone avec l'entousiafme de l'amour, tout en voulant la ceder, & le portrait avantageux qu'il en fit, excita la curiosité. On convint des moyéns de la fatiffaire. M. Dumont vint chéz la Mère de Sara, demander fô Ami. Il vit la D^{lle}: Elle lui plut ; & d'après cette 1re impreffion, il desira vivem^t Une 2de entrevue. Son Ami la lui procura fans peine : L'âme dechirée par le facrifice qu'il fesait au bonheur de fa jeune Amie, il fe portait, avec Une inconcevable ardeur, à ce qui devait la feparer de lui p^{our} jamais. Non-content d'avoir enflâmé l'imaginacion de M. Dumont, il avait parlé de lui à la jeune Sara, entre les 2 visites: Il l'avait peint come Un Home qui desirait de toucher

fon cœur, & de f'unir à elle, p^{our} être le 1781
protecteur de fa jeuneffe, p^{our} la préferver
des perils auxquels Une jolie Perfone,
dont la fortune eft mediocre, peutêtre
expofée à Paris… Mlle Debée écouta M^r
Nicolas come Un Pére: l'éloge qu'il fesait
de fon Ami, lui parut d'autant plûs vrai,
qu'il en disait ce qu'il était lui-même, &
ce qu'il aurait été, f'il avait eú plûs de
fortune. Sara promit de recevoir M. Dumont avec les égards qu'il méritait.

Il vint enfin. Mr-Nicolas avait en-
gagé la Mère & la Fille à faire Une partie de promenade. M. Dumont arriva,
come On alait partir. Mr-Nicolas le pré-
senta. Il fut ébloui de la vue de Sara:
—Eft-ce elle? (dit-il tout-bas). —Oui,
c'eft Sara. —Vous aliéz fortir? —Venéz
avec nous-? On le mit tout-naturellem^t de
la promenade. Mr-Nicolas, qui voulait le
favoriser, f'empara de la Mère de Sara,
& come la Dame était prévenue en gros,
que la Jeuneperfone était parfaitem^t inftruite, M. Dumont lui dona la main, lorfqu'On fut defcendu de voiture, & il eút
avec elle Un long entretién particuliér.
Sara, favorablement difposée, prit avec
lui Un air de confiance, parcequ'elle en
reffentait. Elle lui dona le bras, quand
il parut le desirer. Ils causèrét. Nicolas
fentit alors au fond de fon cœur les mouvemens les plûs donloureux : Mais il fut

1781 charmer fon ennui par Une converfaciõ animée avec la Mère. Pour f'occuper, diftraire l'atenfion de la Dame, & laiffer à M. Dumont tout le temps de fonder le cœur qu'il voulait conaître (car il avait fort infifté, vu fon âge, fur la neceffité d'être convaincu que Sara n'aurait pas de repugnance p.ᵒᵘʳ lui ; & en cela, il paraiffait fort-fage) ; M.ʳ Nicolas tâchait d'être amufant, & il l'était. Cependãt Sara f'arètait fouvent, p.ᵒᵘʳ atendre fa Mère : plûs fouvent elle fe retournait en fouriant du côté de M.ʳ Nicolas, qui en conclut qu' elle était fatiffaite des vues que lui expofait M. Dumont : fon cœur en était douloureufem.ᵗ flaté ! Mais enfin, cette liaifon était fon ouvrage, & la raifon l'emportait fur le fentiment.

Au retour, Sara garda le filence au fujet de M. Dumont, à-caufe de fa Mère. Mais le lendemain, áyant trouvé le mom.ᵗ de caufer avec M.ʳ Nicolas fans temoins, elle ne lui deguifa rién. —Vous devéz être contente de mon Ami-? (lui avait-il dit). Sara répondit par ce fourire des lèvres, qui marque fi bién qu'On a été trompée dans fon efperance. Mais M.ʳ-N. était trop loin de foupçoner la verité, p.ᵒᵘʳ y rién comprendre : Il eftimait fon Ami ? il lui croyait Une âme fenfible autant qu' honête ; il préfuma toute autre chofe, que celle que Sara voulait lui faire enten-

dre : Il continua de l'interroger , d'après 178r
ſon erreur. —Peu d'Homes vous reſſemblēt (repondit la Jeuneperſone, avec une
ſorte d'atendriſſement): il en eſt peu qui
ſachēt faire oublier la diſtance des âges ,
par la beauté des ſentimens , & cette tendreſſe paternelle que vous m'avéz temoi-
gnée. —C'eſt que j'ai le cœur jeune (lui
repondit Mr-N. en ſouriant : mon âme
eſt la même qu'à 20 ans, & plus tendre
encore : car à cet âge , égal en agremens
à Celle qui m'inſpirait de la tendreſſe ,
je ne croyais pas, que le retour de ſa
part fût Une grâce : aulieu qu'aujourdhui, ma belle Sara, ſi Une Jeune-beauté
venait à marquer de l'indulgence pᵒᵘʳ mõ
empreſſement, je croirais lui devoir infinimᵗ de reconaiſſance : Elle ſerait pᵒᵘʳ
Moi Une Divinité biénfeſante, qui me
ranimerait & me rendrait les plaisirs de
la jeuneſſe : plaisirs raviſſans, dont j'ai
perdu l'eſpoir ! —Qnoi ! je ferais ce mi-
racle ! (reprit Sara en ſouriant). —Vous
pouriéz le faire : mais avec des condiciõs
difficiles, ſi ce terme conviéut : car On
ne doit pas nomer difficil , ce qui ne de-
pend ni de la volonté , ni de la vertu :
Il eſt de belles actions qui ſont difficiles:
mais On peut les faire avec des ſacrifi-
ces & du courage : aulieu que le goût,
l'amour, le panchant neceſſaire pᵒᵘ rendre heureux Un Home delicat : cela eſt

audeſſus de toute vertu; les efforts de la
volonté n'y peuvēt rién; il faut que cela
viénne tout-ſeul. —Je crois en effet, mō
chër Protecteur, que ſeule & d'elle-même, Une Jeuneperſone ne peut ſe doner
le goût, l'amour, le panchant; mais je
penſe auſſi qu'Un Home de merite peut
faire naître ces 3 choses, en ſ'y prenant
d'Une certaine manière. —Hâ! ma Fille! vous vous abuséz! —Je pourais vous
aſſurer que je ne m'abuse pas. —Peutêtre mon Ami vous en aura-t-il donné la
preuve? —Notre conaiſſance eſt trop
nouvelle p^our cela: Mais ſ'il faut parler
ſincèrem^t, il m'a prouvé tout le contraire.
… Vous êtes ſon ami: je crois que c'eſt
à vous que je dois m'ouvrir, à ſon ſujet:
M. Dumont eſt Un Home étrange! Il
repète juſqu'au rabâchage, des choses qu'
il ne faudrait pas même laiſſer entrevoir.
Après quelques minutes d'entretién, il
m'a demandé crûm^t, Si j'avais de la repugnance p^our lui?… Je n'aí ſu que ré-
pondre à Un pareil langaje, qu'On pourait apeler groſſiér: J'aí cependant tâché
d'être polie. Mais il a repeté tant de fois
la même queſtion, qu'il m'a ennuyée.
—C'eſt qu'il vous parlait d'Un malheur
qu'il redoutait beaucoup! —Il ne ſ'en
eſt pas tenu-là: Il m'a fait lônguem^t l'in-
ſipide hiſtoire d'Une Feme audeſſous de
lui, qui l'a baſſem^t trompé: il ne m'a

pas fait grâce du plüs petit detail. Ceci 1781
m'a revoltée, & j'aurais quité la partie,
ſi differentes conſideracions ne m'avaiēt
retenue. C'eſt ſe doner à ſoi-même Un
rôle aſſéz… ſot, que de ſe préſenter come Dupe; ſurtout, lorſque par Un aveu
ſincère de ſa conduite, On montre aux
Autres qu'On a mérité de l'être. —Je
conviéns avec vous, Mlle, que c'eſt Une
imprudence de vous avoir tenu ce langaje. Mais cela ne marque touj^{rs} que la
crainte de vous deplaire. —Cette crain-
te-là ne doit pas ſ'exprimer par des expreſſions libres, dans leſquelles il paraiſſait ſe complaire. Dailleurs, à Une 1re
entrevue, il y avait mille autres choses
à me dire! Que ne me tenait-il, par exemple, la même converſacion que vous
avéz eüe enſemble à mon ſujet, & que
vous m'avéz rendue le même ſoir, d'une
manière ſi intereſſante? C'était ce langaje honête & touchant que j'eſperais:
C'était le motif qui m'avait fait accepter ſon bras, avec Une ſorte de plaiſir.
—Peutêtre, ma chère Fille, était-il troublé! Avec ce minois, ſi propre à tourner
la tête d'Un Sage, On n'eſt pas touj^{rs} raſ-
ſis. —Hâ! Mr-Nicolas! je ne vous dis
pas tout! & ſi la tête a tourné à votre
Ami, come vous le dites, c'eſt dans ce qui
me reſte à vous confier. Non content de

1781 me parler avec… impudeur & d'Une
manière fatiguante, il a été plüs loin encore, .. & il m'a dit des choses… que
je rougirais de vous repeter. —Peutêtre
aussi, Mlle, vous faires-vous des monſtres
d'un rién, & que votre manque d'experience vous rend ſuſceptible? —Je vais
tâcher de me faire entendre par un trait,
le plüs modeſte de ceux qu'il a hazardés.
J'ai une tabatière, quoique je ne prénne
pas de tabac. Dans un moment d'ennui,
ne voyant rién de mieux à faire, je l'ai
tirée… —Ha! vous prenéz du tabac!
(m'a-t-il dit): Que je ſuis heureux-!…
Surprise de cette exclamacion, je lui ai
bonem^t demandé, Quel bonheur ſi grãd
il voyait à cela? Il m'a repondu, Qu'or-
dinairem^t les Perſones qui ne feſaiēt pas
usage de cette poudre, avaīt du degoût
p^{or} Celles qui en prenaiēt, & qu'il ſe feli-
citait autant de ce petit defaut, que j'avais
de comun avec lui, que ſ'il avait été
Une qualité ajoutée à celles qu'il me conaiſſait deja. Ce propos n'eſt pas ce qui
m'a ſcandalisée; il n'y avait rién-là qu'
On ne pût dire. Mais il a voulu que j'en-
tendîſſe, de la manière la plüs complète,
ce qu'il avait dans l'eſprit… Je ne vous
donerai pas le degoût qu'il m'a causé,
par les images peu decentes, qu'il a osé
me présenter. J'en étais revoltée!… J'ai

interieurem^t

interieurem^t repaſſé ma conduite & mes
diſcours avec lui, p^{our} voir ſi, par quelqu'indiſcrecion, j'avais doné lieu à de tels
propos. Je me ſuis biéntôt aperçue qu'il
ſaiſiſſait avidem^t l'occaſion de me mettre ſous les ïeux des images qui n'y avaīt
encore jamais été, je vous aſſure! & qu'
On doit, je penſe, touj^{rs} éviter de préſenter, même à ſa Feme-.

A cette confidence, aſſéz claire, M^r
Nicolas ne ſut que repondre: Il ne pouvait douter de la veracité de Sara : mais
il ne doutait pas non-plûs de l'honéteté
de ſon Ami ; & come ſon cœur ne lui
fourniſſait auqu'une comparaiſon, pour
juger, d'après la ſiénne, la conduite de
M. Dumont, il ne ſavait coment aſſeoir
ſon jugem^t. Il avait cependāt le cœur ul-
ceré contre ſon imprudent Ami: Mais
devoué, come il l'était, à Ceux qui avaīt
une-fois gâgné ſon eſtime, il regarda les
torts de M. Dumont come un effet de l'humaine faibleſſe. Il atendit, pour le juger, à la 1re entrevue qu'il aurait avec
lui. ¶ Dans l'interval, il ſ'efforça de
remettre Sara, en l'aſſurant que tous les
Homes reſſemblaiēt à M. Dumont, & que
chercher Un Amant, Un Epoux, come
ceux des Romans, c'était courir après
une introuvable chimère. —Mais (repondit la Jeuneperſone), je croyais qu'

XI Partie.   X x

l serait come vous ; & vous êtes Un E-
tre bién reel ? —Il est vraì : mais peutêtre avec une meilleure santé ; plûs de
jeuneſſe, plûs de fortune, ne vaudrais-je
pas mieux que les Autres, & que les Autres me valēt bién : Leurs defauts viénnent de causes exterieures, & leur cœur
est bon-. Sara ne trouva pas ſans-doute ces raisons excellentes : mais enfin elle
ne repliqua plus, & Mʳ-N. comparé aux
autres Homes, ne lui en fut que plüs chër :
elle aurait préferé auprès de lui la fon-
ction penible de Garde-malade. aux fétes
& aux bals avec Un-autre. [Telles étaīt
dumoins les diſposicions qu'exprimait
journellemᵗ Sara : Mais atendons].

Le lendemain, Bultël-Dumont écrivit
à Mʳ-Nicolas, & lui marqua, relativemᵗ
à Sara, des choses qui prouvaīt que Celle-ci ne l'avait pas trompé. Il fut revolté de la Lettre de M. Dumont : Elle lui
dona du chagrin ; il avait resolu de n'y
pas repondre : Il ſe mit au lit dans cette
penſée. Mais au-milieu de la nuit, il lui
vint-des idées qu'il crut heureuses : il ne
voulait pas les perdre : Il les coucha ſur
le papiér. Il y fesait des remontrances à
ſon Ami ſur ſes écarts ; il y prenait la de-
fenſe de la vertu des Femes, & il lui exposait une obſervacion très-juſte & très-
ſenſée ; c'est que *les Conteurs Français*

come *LAFONTAINE*, & quelques-au-
tres, qui ont imité ou copié les *Erotiqs
Italiéns*, se sont lourdement trompés, en
donant aux Françaises le temperament
des *Messaline*, des *Sémpronia*, ou des
Cleopâtre; que leurs idées sur les *Femmes*, ne sont vraies que du demi-tiërs,
au-plûs. Si l'On en trouve quelques-
unes dans les *Grandes Villes*, ce sont ou
des *Femmes* de race meridionale, ou des
Fenomènes. La tendresse est le sûr moyén de gâgner *Une Française honéte*. Il
faut *Une autre*. conduite avec les *Afri-
quaines* ou les *Jeunes Arabes*; c'est celle
de M. *Dumont*. Il a sans-doute oublié,
qu'en tout cas, nous pouvons, dans notre *Jeunesse*, aler au cœur d'*Une Femme*
par les sens; mais que dans l'âge-mûr,
il nous faut aler aux sens par le cœur.
Le matin, M-N. envoya ce papiér à
Dumont. Mais ce fut peine inutile: Le
caractère de cet *Home*, relativem.^t aux
Femes, était absolum.^t different de celui
de son *Ami*; ce Derniér ne se doutait pas
même qu'il fût possible d'estimer si peu
Un Sexe, auquel nous devons notre bonheur reel. Né en *Province*, où les *Femes* ne sont pas adulées, mais conside-
rées solidem.^t, il ignorait que, dans nos
Grandes Villes, On les amuse de respects,
come des *Enfans*, ou come des *Folles*,

X x 2

1781 & qu'au-fond, elles ne font qu'Un Inf-
trument de plaisir, de viles Efclaves...
M. Dumont vint chéz Sara, &, fans é-
gard p^our ce que Mr-N. lui avait marqué,
le regardant come Un bonhome qui ne
conaiffait pas les Femes, il le prit avec la
Jeuneperfone fur Un ton encore plüs lef-
te. Mais Sara, qui avait resolu de le re-
primer efficacem^t, fans neanmoins l'écō-
duire toutafait, après l'avoir écouté, prit
Un air froid & ferieux qui le glaça. Elle
garda ce ton avec lui, durant tout l'entretién, pour lui prouver que le fién n'é-
tait pas ce qu'il falait avec toutes les Fē-
mes. M. Dumont fut dabord interdit...
Mais biéntôt honteux de fa timidité avec
Une Enfant, il reprit fes avantages, &
pouffa même les choses plüs loin que la
1re-fois. Sara rompit brufquem^t le tête-
à-tête, & revint auprès de fa Mère, avec
laquelle caufait M^c-Nicolas. Son air a-
nimé, la feverité qu'exprimait fon regard, quelques mots entrecoupés, mirét
au-fait l'Ami de M. Dumont: Il comprit
que ce Derniér, loin de f'être corigé, a-
vait redoublé fes offenfes. Il fit enforte
de fe menager avec lui, fans affectacion,
Un entretién particuliér.

—Votre jeune Voisine a le cœur dur
& froid (lui dit Dumont). —Sur quoi la
jugéz-vous ? —Sur la manière dont
elle repond à mon amour. —A vos de-

sirs peutêtre, mon Ami? —C'est la même chose. —A Maroq, sans contredit.
—Mon Chër: je conais un-peu mieux
les Femes que vous: La Lettre que vous
m'avéz écrite à leur sujet, ne contiént que
des choses vagues; c'est l'Ouvrage d'Un
Ecoliér. —J'en suis faché: je croyais
m'être expliqué clairem^t & fortem^t. —
Laisséz-moi conduire cette affaire. Peutêtre paraîtrai-je aler moins droit au but,
qu'Un Doucereux: Mais les succès que
j'obtiéndrai, seront plûs solides. Je me
souviéns qu'à 34 ans, je fus aimé d'Une
Feme… —A 34 ans, je le crois: mais
à 55, il y faut un-peu plûs de précau-
çions; les Petitsmaîtres échouët, à notre
âge, où l'Home sensé reüssit. Dans la
jeunesse, il arive asséz souvent que le sage Garson échoue, où le Fat a du succès: mais ce n'est jamais qu'auprès des
Folles. J'ai été jeune, come Un-autre:
j'ai, come Un-autre, eü le choix des moyéns: J'avais un mérite personel capable de seduire, & qui souvent eüt cet effet: Mais loin de m'en targuer, je n'ai
jamais voulu employer que la tendresse.
Avec la Feme la moins estimable, & que
je ne pouvais respecter, je me respectais
moi-même, & je n'avilissais pas la Compagne de mes plaisirs: Je voulais qu'elle
fut Reine où elle devait l'être: je la traitais

1781 non en Esclave, qu'On soumet à sa passion, mais en Souveraine, qui me dispen-
sait le bonheur & la suprême volupté…
J'aí touj^rs eú le secret de trouver ainsi des
delices, où d'Autres ne rencontraït que
du degoût. Si j'avais été asséz malheureux, pour aler chéz Une Proftituée, je
l'aurais élevée à moi, aulieu de defcend^re
à elle. Tout Home qui degrade la Feñie
qu'il veut engajer à l'écouter, se degrade
lui-même. Celui qui chercherait à cor-
rompre la Jeunefille, dõt il ferait sa Compagne; qui salirait fon imaginacion; qui
lui montrerait de cyniqs desirs, graffe-
ment exprimés, eft Un Home vil, f'il ne
reüffit pas; Un infame Corrupteur, f'il
parviént à fon but. —Voila de bién grãds
mots! voila des expreffions bién fortes!
(repondit Dumont), p^our 2 ou 3 gaudrio-
les, hazardées avec Une Fille, que je
croyais asséz innocente, p^our ne pas les entendre: mais qui en a bién vu d'autres!
Elle a l'oreille & la concepçion alertes!
& cela ne f'acorde pas merveilleusem^t
avec Une innocence non-ataquée! Ilme
faut Une épreuve rigoureuse, p^our revenir fur fon compte. Elle m'a plu; elle
eft charmante: Mais je la crois plüs intereffée, que difposée à devenir fensible-.
Il y aurait eú mille choses à repondre à
ce difcours: mais l'amitié ferma la bou-

che à M.-Nicolas. Cependant, lorfqu'il
fut feul, il mit fes reflexions par écrit.... 1781

Tandis que M.-Nicolas f'ocupait de ce
qu'il aurait pu dire à fon Ami, il rendait à M. Dumont auprès de Sara, tous
les fervices qu'il pouvait. Ce qui l'y en-
gajait plüs fortem.t encore, c'eſt qu'à l'inſtant où il avait cru fon Ami goûté, il
avait éprouvé Un mouvement penible,
qui reſſemblait à de la jalousie : ce mouvement douloureux f'était come éteint,
lorſqu'enſuite il avait vu Sara indifpo-
sée contre M. Dumont : Il avait alors
repris fes vues d'utilité, qui l'avait dabord
determiné à desirer Un établiſſement p.our
elle, avantageux & préfervatif ; qui donât à fon Ami Une Compagne aimable,
douce, capable de le rendre heureux.
Plûs l'idée que M. Dumont ne pouvait
être aimé, fe realisait dans fon efprit, plûs
il desirait de l'unir avec Sara : mouvem.t
naturel d'Un cœur qui fait Un facrifice
penible, lorfqu'il ne le voit que dans le
lointain. † M. Dumont rendit Une nouvelle visite, fans-doute p.our effectuer fa
grande épreuve. Il en dit Un mot à M.-
Nicolas, qui ne put l'en diſſuader. La
Mère de la Jeaneperfone, qui n'était pas
delicate, laiſſait aux entretiéns de cet Home avec fa Fille, toute la liberté qu'il
pouvait desirer. Arivé chéz fa Maîtreffe, il demanda Un tête-à-tête ? Sara hé-

1781 sitait. Mais fa Mère lui repréfenta, que leur Ami avait dit tant de bién de ce M. Dumont, qu'il falait chercher à fe perfuader elle-mème qu'elle s'était trompée. Lorfqu'ils furent feuls, la grande épreuve de M. Dumont parut être d'abord du côté de l'interèt. Il fonda les difpoficions de Sara, à ce fujet. Naturellem' franche, Sara lui repondit, que le 1er motif qui la determinait, était la fortune : Elle defirait de voir fon fort afluré, dans le cas où elle viéndrait à perdre fa Mère. —C'eſt donc-là votre motif! —Oai, Monfieur. — Le goût, l'inclinacion n'y entrêt pour rién ? —Je ne dis pas cela, Monfieur : mais mon goût eſt raifonable : l'inclinacion naîtra touj'' p'' l'Home, dans leq' je verraí le Protecteur de ma jeuneſſe, come Mr- Nicolas me l'a fait efperer, & l'apui de toute mi vie. —Sans ce motif, vous ne vous doneriéz pas? —Je ne faís, Monfieur, quel autre motif vous exigeciéz qu'eût Une Fille de mon âge, en recevant les foins d'Un Home ? —Vous êtes fort diferte fur ces matiéres, Mlle ! —J'ignore fi j'y fuis diferte : mais pour penfer come je le fais, il ne faut que de la raifon. Jeune & fans fortune, fi je prenais Un Home qui n'en eût pas plûfque moi, je ferais une charge pour lui ; j'augmenterais gratuitem' les inconveniens de ma pauvreté. Me faites-vous Un crime d'être fensée? —Je reconais-là, Mˡˡᵉ, le raisonement de Mᵣ-Nicolas! — C'eſt le mién, & ſ'il reſſemble à celui de votre Ami, j'en ſuis flatée; car je l'eſti-me beaucoup! Il a Un fond de raison, qui m'a frapée deja plüs d'Une-fois. — Quoi qu'il en ſoit. Mˡˡᵉ, je ſens que je vous cheriraí, ſi vous le voulez: vous ê-tes aimable, charmante!... Mais plûs vous l'êtes, plûs je crains... de vous... causer de la repugnance. —Hâ! ſupri-méz, je vous prie, ce vilain mot! Je ne ſaís qui l'a inventé? Je ne l'aí jamais en-tendu qu'une-fois au Teatre, dans Une Pièce de *St Jean-de-Lóne*, & il manqua de me faire mal au cœur... Je vous le dirais, Monſieur, ſi vous m'en causiéz, avant de prendre Un engajement avec vous. —Fort-bién! Mais je me defie de votre raison: elle eſt ſi formée, ſi pru-dente, ſi conſomée, que je la crois capa-ble de vous faire aler juſqu'à la diſſimu-lacion. Une fois à moi, vous auréz toute ma confiance: Mais permettéz qu'aupa-ravant, je travaille à ſurmonter tous mes doutes. Vous n'avéz pas de repugnance pour moi? —J'en aí poᵘʳ le mot. —Soit: mais prouvéz-moi Un autre ſentiment, qu'exprime Un mot plûs agreable; dites, que vous prendriéz du goût pour moi?

1781

—Pour faire naître le goût, pour inspirer le panchant, Monsieur, il me semble qu' il est des moyéns ; que vous n'avéz pas encore pris. —Hâ ! Mlle, vous aléz me les indiquer ? —Mais (reprit Sara, en riant), j'aurais l'air d'Une Boñe, qui… Et Mr-Nicolas dit, que cela ne va du-tout point aux Feñes. —Vous aiméz fu-rieusem^t la doctrine de Mr-Nicolas ? —C'est qu'elle me paraît apuyée sur la Na-ture. —Quand On a Une si haute opi-nion des sentimens d Un Home, On n'est pas loin de lui doner son cœur. —Mr-Nicolas n'est ni plüs jeune, ni plüs beau que vous ; il manque de certains avanta-ges que vous avéz : si, malgré cela, il sait gâgner Un cœur, par ses sentimens, que n'employéz-vous le même moyén ? —Je suis charmé de cette reponse adroite, ma Belle ? évasive, & naïve tout-à-la-fois ! —Vous l'avéz engajée,.... je ne sais coment. —Si je pouvais aussi, je ne sais coment,.... engajer votre petit cœur, je me trouverais le plûs heureux des Ho-mes. —Je me souviéns, Monsieur, que Mr-Nicolas, en me parlant de vous, a-près votre 1re visite, me rendit quelque-chose de votre entretién : Entr'autres : ceci : *Qu'elle me rende amoureux , dût ce étre jusqu'à la folie , Je me livrerai moi-même : Je lui suggérerai les moyéns*

de me *subjuguer: oui , Je lui abandone-*
rai mon cœur! ... —Hé-bién, où vouléz-vous en venir? —Mais... d'après, .
la haute idée qu'On m'a donée de vous,
& qui subsiste encore un-peu, je ne serais
pas fâchée... que vous vous fissiez aimer. —Je vous en ai demandé les moyéns? —Je les ignore peutêtre... Mais
je crois deja vous en avoir doné Un; celui
de me faire goûter vos sentimens ; & pᵒᵘʳ
cela , de ne me'n montrer que de ceux
que je puis aprouver. —Je vous aime ten-
dremᵗ. —Celui-là ne me... deplaira pas;
je le trouve flateur. —Je desire ardenmᵗ
le bonheur d'être aimé de vous; que vous
soyiéz tout à moi... de vous posséder-!...
Ici, M. Dumont joignit les actions aux
paroles : Sara le repoussa vivemᵗ). —Nõ
(reprit-il), vous ne m'aimeréz jamais !
—Je ne l'ai pas dit ; Je ne l'ai pas même
pensé. —Mais vos refus le prouvēt-... E-
coutéz, Mˡˡᵉ : Si j'étais de votre âge, peutêtre n'aurais je pas la fantaisie que vous
aléz entendre : Sûr d'obtenir un-jour na-
turellemᵗ votre cœur , je risquerais Un
arrangement , en me proposant d'en
bién agir avec vous : Mais, à 50 ans, je
ne saurais me flater à ce point ! Cependant, je ne puis être heureux, si je ne
suis aimé ; si je ne le suis desinteresſémᵗ ;
c'estadire, independanmᵗ de ma fortune,

& même des engajemens que je me pro-
pose de prendre avec vous... Si votre
cœur eſt incapable d'éprouver ce ſentiment, neceſſaire à mon bonheur ; au-
moins faites-moi Une illusion complète,
en me perſuadant que je vous l'ai inſpiré... Pour cela, ma Belle, je voudrais
vous voir prendre en moi Une confiance
entière, & ... m'abandoner votre perſone, votre intérêt, votre... honeur... oui,
juſqu'à votre honeur?... Parléz, belle
Sara?... —Je crois, Monſieur, que je
ne riſquerais rién, de confier mon hon-
neur, à l'Home... qui veut ſ'unir à moi
... de la manière la plüs intime... Je
me ſens diſposée à vous doner cette marque de confiance que vous desiréz......
Cependant je voudrais que nous nous fuſ-
ſions vus un-peu plüs longtemps. —
Vous conſentéz à ce que desire! Je ſuis
content, charmante Fille!... Je ne vous
preſſerai pas davantage, aujourdhui, de
m'accorder ce que je vous demande: mais
j'en desire la promeſſe. pᵒᵘʳ la 1ʳᵉ-fois?
—Vos diſcours, dès aujourdhui, Monſieur, m'inſpirèt deja cette confiance que
vous demandéz: Je vous en donerai toujours des marques plüs fortes, à-mesure
que je vous conaîtrai davantage. Non,
je n'hésite pas à vous faire la promeſſe,
que vous venéz d'exiger-.

M.

M. Dumont, qui donait à cette promeſſe Un ſenſ tout-different de celui de
Sara, en fut enchanté ! & peutêtre re-
garda-t-il ſon triomfe come abſolum.ᵗ decidé. En quitant Mlle Debée, il vit M.ʳ-
Nicolas, & il lui parla d'elle, come d'U-
ne Jeuneperſone abſolum.ᵗ à lui. Il devait revenir le ſurlendemain. Sara eût
Un jour d'interval, p.ᵒᵘʳ faire ſes reflexiõs
ſur la demande de M. Dumont. Elle y vit
quelque miſtère, & dans l'aprèſdînée du
lendemain, elle conſulta M.ʳ-Nicolas...
Cet Home était trop éclairé, p.ᵒᵘʳ ne pas
decouvrir le but de ſon égoïſte Ami : Ce
qui ſuſpendait un-peu ſon jugement, c'eſt
qu'il l'eſtimait trop, p.ᵒᵘʳ croire, à ſon é-
gard, tout ce que lui diſait ſa raiſon. Cependant il dona, à Celle qu'il regardait
come ſa Fille, quelques avis ſages, ſur
la conduite qu'elle devait tenir avec Un
Home auſſi ruſé que corompu. —Tout
ce que vous me dites eſt d'acord avec mes
ſentimens (lui repondit-elle)... Hâ ! que
n'êtes-vous l'Home que vous me propo-
ſéz ! —Vous voyéz mes entraves ! (lui
dit M.ʳ-Nicolas, avec atendriſſement :)
Vous & moi, ma Fille, nous ſomes ſou-
mis à l'imperieuſe loi de la neceſſité. M.
Dumont eſt libre, ſans Enfans : Peutêtre ce qui vous choque en lui, eſt-il l'effet du grand uſage du monde, & d'Une

1781 manière de voir qui ne nous eſt pas aſſéz
connue? Suſpendons encore notre jugement juſqu'après l'entretién de demain-.

On ſ'en tint à ce parti. Mais Mr-Nicolas paraiſſait gâgner à ce manége, tout
ce que perdait M. Dumont. C'était le 1er
qui avait la confiance, à quî l'On demā-
dait les conſeils; dont les avis dirigeaīt:
& toutes ces choses ſont auſſi eſſencielles
au bonheur d'Un Mari, que la fidelité
cohjugale : la Feme qui en prive ſans
cause Un Epoux qui les merite, eſt deja
Une adultère; elle lui ôte Une propriéré
flateuse, & la plüs importante ſansdoute.

La visite atendue avec Une égale im-
pacience par 3 Perſones (car Mr-Nicolas
avait la ſiénne), eút lieu dès le matin.
M. Dumont accourait à Un plaisir aſſuré, d'après l'idée qu'il ſe formait de Sara (idée vraìe, qu'une foule de circonſtances fesaīt ſeules paraître fauſſe). Mais
dès l'abord, il eút lieu de rabatre des eſperances qu'il avait ſi follemt conçues.
L'adroite Debée, guidée par ſa Mère, &
par ſon peu de goût pour Dumont, ſe tint
ſur ſes gardes : Elle montra Une froideur glaçante. L'Home rusé ne ſe decon-
certa pas, & n'en demanda qu'avec plûs
d'empreſſement l'entretién particuliér.
Il entrait dans les vües de Tout le monde qu'il l'obtînt. Dès ſon debut, il em-

ploya ces expreſſions ſenſuelles, qui feraît fuir l’amour, ſ’il était né; & qui
revoltét ſurtout Une Jeuneſille, lorſqu‘elles ſortét de la bouche d’Un Vieillard. Sara prit ſon parti leſtem^t: — Un
pareil Home doit chèrem^t páyer ce qu’
il fait ſouffrir, ou être éconduit-.. Elle
arrangea ſes reponſes en-conſequence ,
& ſans faire à M. Dumont des reproches,
dont il ſe fût moqué, elle feignit d’entendre du mariage, ce qu‘il diſait des faveurs: Elle parut flatée du 1er, & lorſque Dumont, qui regardait ſes reponſes
come Un jeu, voulut en venir aux 2des,
elle ne mit auqu’une dureté dans ſa de-
fenſe. Ce fut alors que Dumont expoſa
nettem^t ſon plan de-conduite: —Alons,
ma Belle, ſur le piéd de votre lit, verifier tous ces beaux ſentimens–là–. Et il
prit Un baiſér. Il falait ceder, ou ſe fâ-
cher. Sara ſe recueillait étonée !… M.
Dumont, en veritable Ecoliér, mais un
million-de-fois moins excuſable, ala ſ’i-
maginer qu’il tournait la tête à Une Fille
de 18 ans; qu’il venait d’émouvoir les
ſenſ à-force de cyniſme… Et par
Une inconcevable abſurdité, il la traita…
en Catin !… Sara indignée, repouſſa le
peu redoutable Aſſaillant… —Sans cela, ma Belle, je ne vois rién à faire entre nous ! je riſquerais trop. à mon âge,

1781 ſi vous ne vouléz rién riſquer? —Il eſt
vrai, Monſieur, que ſi vous vous propo-
ſéz de ne jamais employer avec moi des
moyéns honêtes, il eſt inutil d'y penſer!
Etes-vous donc incapable d'Un bon-pro-
cedé? — Coment, Mlle! —Quoi! vous
ignoréz la manière de vous faire eſtimer,
d'exciter la confiance de Celle, dont vous
vouliéz faire la Compagne de votre ſort?
… Aléz, Monſieur, ſ'il en eſt ainſi, votre bonheur eſt impoſſible, & c'eſt Une
folie à moi d'entreprendre de le faire :
J'y reuonce… Quel Home vous êtes!…
Je ne vous aurais jamais parlé de votre
âge, parcequ'il n'eſt pas Un defaut, à
mes ïeux ; mais votre conduite m'obli-
ge à vous dire, que p^{our} Un Home de
votre âge, elle eſt celle d'Un Fou —Voila d'étranges douceurs, ma Belle! —Qui
repondēt à vos procedés… Quelle difference de vous à votre Ami ! Il ne ſera
jamais vieux ; parcequ'il n'aura jamais
les prétenſions d'Un Jeunehome. Enc^{ore}
Un Jeunehome ſe ferait-il deteſter, en
employant vos moyéns. Vous me decou-
vréz la raiſon du degoût que m'inſpira
l'amour de *Mitridate*, lorſque je vis la
Tragedie de Racine ; le vieux Roi ſ'exprimait come vous, & ſi Racine ne l'a-
vait pas rendu ridicule exprès, dans
cette occaſion, je le regarderais come Un

Sot, avec ses beaux vêrs. Vous n'avéz pris que le ridicul & le haïssable des Pers—sonages que j'aí vu jouer.... De quel triste rôle vous vous étes chargé-là!....
—Douce Persone! je vous écoute avec admiracion! Quelle sublime Raisoneuse! C'est apparenment Mr.-Nícolas, qui vous a incalqué toutes ces belles idées-là? — Non; elles me font naturelles: j'aí le sens comun; il ne faut que cela p^{our} vous apprécier. Aprenéz d'Une Fille de mon âge, monsieur, Une verité que vous pa—raisséz ignorer: c'est qu'Un Home du vôtre doit employer de tout-autres mo—yéns, que ceux d'Un Jeunehome; ils ne font peutêtre pas les moins assurés, quād ses vues ont p^{our} Objet Une Fille raisona—ble; mais ils font essenciellem^t differens! Un Jeunehome plaît fans y penfer, fans le desirer! Il plaît par le vœu de la Nature: Mais Un Home de 50 ans, ne peut avoir que le vœu de la raison; & il ne l'obtiént que par des procedés, qui ... —Voila, je le repète, Mlle, bién du Mr.-Nícolas, que vous debitéz! Nous aurions quelque-chose de mieux à dire, furtout à faire? —Ce mot que vous di—tes-là, monsieur, qui n'eft rién en lui—même, me devoile mieux votre caractère que tout le refte. —Quoi! je ne confer—ferai qu'avec Mr.-Nícolas!.... —Je vous

quitte, & je retourne auprès de ma Mère. Je ne vous refuse pas. Mais c'est avec elle que vous terminerez-.

En achevant cette reponse, elle courut à la porte, l'ouvrit, & laiſſa M. Dumont ſeul. Il la ſuivit un-inſtant après, fort irrité d'être trompé dans ſes eſperances! Il était en-colère ſurtout contre Mʳ-Nicolas, qu'il ſoupçonait de diriger la conduite de Sara. Au-fond, il ne ſe trôpait que dans l'intenſion qu'il ſupoſait à ſon Ami: Mʳ-Nicolas, qui voyait que M. Dumont, avec ſa façon-de-voir, ne trouverait jamais le bonheur qu'il cherchait, avait entrepris de le corriger par l'amour, qu'il croyait Sara capable d'inſpirer. Ce fut la raiſon du ſacrifice qu'il lui fesait. L'injuſte Dumont n'en avait pas cette idée! Mais ce jour-là, en quitant la Mère de Sara, il joignit Mʳ-Nicolas: ils ſortirēt enſemble, & M. Dumôt lui detailla ſes griefs. Non-ſeulemᵗ il accuſa Sara d'interêt, de froideur, de ſavoir beaucoup! mais interprêtant l'indulgence de cette Jeuneperſone à ſon desavantage, il oſa l'accuſer de facilité: Il en cita des preuves à ſon Ami. Mʳ-Nicolas lui fit obſerver, qu'il y avait contradiction, & qu'il n'inſpirait donc pas de repugnance?... Come il n'avait pas encore parlé à Sara, & qu'il ignorait ſes

nouvelles difposicions, il menagea M. Dumont, & ne voulut pas avoir à fe reprocher d'être l'occasion d'Une rupture, par
des obfervacions trop vives, & peutêtre
deplacées. Il était cependant bleffé jufqu'au vif des des confidences que lui fesait fon Ami, & il reflechiffait douloureusement au rôle, dont il le chargeait.
Il ne pouvait f'empêcher de penfer : —
Mais, quelle opinion a-t-il donc de moi!
..... Ce qui redoublait fon inquiétude,
C'eft qu'à tout-moment, il f'apercevait
que M. Dumont avait lés idées fauffes.
En rendant compte de fa converfacion
avec Sara, & de la defenfe de cette Jeu-
néperfone, Mlle Debee lui avait dit : —
Mais, fi je me rendais auffi facilem^t à vos
demandes, que penferiéz-vous de moi-?
—Ce langaje (ajouta M. Dumont), ne
marque pas Une Fille honête ; elle fe
rendrait, fans le *Qu'en dira-t-on-?* ....
Mr-Nicolas plia les épaules, à Une con-
fequence auffi ridicule, apuyée fur le même exemple, deja cité, de fon avanture
de l'âge de 34 ans. Il arriva au rendevous, demanda leftem^t des faveurs : —
*Mais, que penferiéz-Vous de moi, Mon-
fieur, fi J'alais ceder come ça?* Et elle
n'en ceda pas moins effrontém^t-. La
citacion n'était pas heureuse : car il y
avait de grandes differences! Là, c'était

1781 Une Feme-de-plaisir, qui l'atendait d'Un
Jeunehome qu'elle aimait. Ici , aucontraire, c'est Une Jeuneperfone qui fe fa-
crifie par raison , & contre fon goût, à
Un Vieillard à gros ïeux, & tout enta-
baqué... Cette fauffeté, dans les idées de
M. Dumont, infpira la plüs grande de-
fiance à Mr.-Nicolas, & de ce moment, il
n'ofa plus compter fur l'amitié d'Un tel
Home. Mais il devait n'avoir biéntôt plus
de doutes à fon fujet.

Mr.-Nicolas regardait Sara come fa
Fille: La manière dont il en avait toujrs
agi avec elle, avait excité la confiance de
cette Fille: Elle n'avait plus rién de caché pour lui. Elle atendait avec impacien-
ce le moment de le revoir, pour lui faire
part de fon entretién avec M. Dumont,
& lui declarer nettemt fes fentims. Ils paraiffait dictés par la raison. Sara fe ferait encore donée , perfuadée qu'Un Libertin ne l'eft plus avec la Feme qu'il pof-
fède; mais elle desefperait de pouvoir
l'amener à Un arrangement avantageux
pour elle. Car, même en cedant, elle n'aurait pas eú l'affurance qu'Un Home de
cette trempe fe fut folidemt engajé. Quel
fond peut-on faire fur Celui qui ne refpecte rién ; qui non-content de f'élever
au leffus du préjugé, croit ne pas aler
affez loin , f'il ne brave auffi toutes les

loix fociales ? Uu tel Home ne mérite auqu'une confiance ; & fi quelquefais il a
montré des vertus, elles font l'effet ou de
vues intereffées, ou d'un caprice du moment, ou de la vanité, &c^a. —Ne con-
ptéz plus fur M. Dumont pour moi (dit
Sara, qui repondait à Mr-Nicolas) : f'il
n'était pas votre ami, f'il n'avait pas votre eftime, je le regarderais come un lâche fuborneur, qui aurait cherché à profiter de votre confiance & de mâ credu-
lité, p^{our} me deshonorer, & me rendre,
en m'aviliffant, mille-fois plüs à-plaindre
que je ne le fuis-. Et voyant que M^r-Ni-
colas marquait de l'étoñement, elle lui
detailla, fans prefque rién omettre, tout
ce qui f'était dit ; jufqu'à des propos plûf
que libres ; tel que celui, qu'il fuirait une
Feme, dont certains acceffoires n'auraiët
pas l'affaisonem^t de volupté qu'il defirait.

Ce coup était le derniér, qui pouvait
être porté aux fentimens de Mr-Nicolas
pour M. Dumont. Il ouvrit les ïeux : il
vit, dans fon Ami, Un Home qui avait
méprisé fa pauvreté ; qui l'avait cru capable de f'avilir ; qui peutêtre lui avait
fuposé des vues intereffées. Son imaginacion ardente f'embrâsa : il frémit de
colère, &, dans un 1er mouvement, il
jura le mépris à l'Home qui le traitait en
vil Courtiér. Mais il resolut de garder

 le silence, & de se contenter de le fuir à jamais. Mr-Nicolas vit alors que, jusqu'à ce moment, il n'avait pas su aprécier les Homes avec sagacité ; en rentrant dans son cœur , pour les conaître, il conçut que le plüs grand nombre de Ceux que renfermêt les Villes , ont l'âme corompue, sans peutêtre s'en-douter. Il se compara ensuite à Tous-ceux qu'il avait conus , & un sentiment d'allegresse abreuva sa douleur...................

Mais le sort de Sara ne l'en inquiéta que davantage. Il se vit obligé de renoncer à l'espoir seduisant de faire le bonhr de sa Pupile par les Homes de l'âge-mûr. Il sentit que c'était mal-à-propos qu'il avait jugé, d'après son propre cœur, qu' un Home de 45 ans doit se trouver trop heureux d'obtenir d'une Jeuneperfone un sentiment de préference, à quelque titre que ce soit: — Hé ! je m'étais donc trompé ! (pensait-il avec douleur), en me figurant que tous les Homes avait l'esprit afféz juste, pour penser qu'ils ne peuvēt ètre heureux que par les Femes ! Cette manière si naturelle, dont tous les Etres-vivans donent l'exemple à l'Home, n'est sentie qu'imparfaitemr, je le vois, parceque la plûpart des Homes atendent des Femes autre chose que ce qu'elles doivēt leur doner. Les Uns , tels que

Dumout & Charles-XII, ne les confi- 1781
dèrēt que come des Machines-à-plaisir,
qui peuvēt émouvoir les fenf, & ne doi-
vent jamais intereffer le cœur : Les Autres, nos Grandsfeigneurs, qui ont des
Filles-entretenues, les regardēt come des
efpèces de Singes, qui les amuſēt par leurs
malices; ils les agacent, les excitēt à mal
faire, & riēt des difparates les plüs cho-
quantes, come de choses merveilleuses !
Ils denaturēt ainfi le cœur & le caraétère
de ces pauvres Creatures ; ils en font des
Monftres, qui paraiffent tels à Tout le
monde, dès qu'elles ont 30 ans... Cleopâtre Reine, mais Feme-entretenue d'An-
toine, fait diffoudre Une Perle, fans fuc
& fans faveur ; elle l'avale, pour le feul
plaisir d'engloutir en un inftant une valeur ineftimable. On a vu la Maîtreffe
de l'immoral *Loüis-Seguiér*, fouler eux
piéds pour mille écus de fleurs, dont fon
Páyeur venait d'embellir le Jardin de cette
Fille. Il la trouva danfant fur les Tulipes les plüs rares de la corbeille de par-
terre : —M^r l'Avocat-General (lui dit-
elle), je me fuis aperçue, ce matin à mi-
di, que ces Infolentes voulaīt me le dif-
puter en éclat, en fraicheur ; elles ont
fait, cette nuit, la plüs belle toilette, pour
briller à mon préjudice, & m'éclipfer:
Moi, je leur fais voir qu'On n'eft pas

1781 impuném^t ma Rivale : Si jamais vous
m'en doniéz Une de mon Espèce, je la
traiterais come ces Roses, ces Tulipes,
ces Œillets, je vous en avertis, & pis en-
core--! Le Seguiér se mit à rire. Il trouva cette folie charmante! il en parlait à
Tout le monde, come du plüs beau trait, &
Un Plaideur áyant largem^t soldé sa lo-
quèle ce jour-là même, il remit à sa Maîtresse le double de la some depensée p^our
les fleurs………… O Fous! qui em-
poisonéz la source de votre bonheur, &
qui vous étonéz après d'être malheureux?
ne sentiréz-vous jamais qu'elle n'est que
dans les Femes, & qu'il faut l'épurer,
cette Source divine, si vous voulez y
puiser de vraïs plaisirs…. Mais, comment faire p^our Sara? Elle me rendrait
heureux… Et moi, que puis-je p^our son
bonheur?…. Rién; rién absolum^t… a-
moins qu'elle ne voulût s'assujétir au travail le plüs continu… Mais alors pourquoi atacher son sort à celui d'Un Pres-
quevieillard? N'aurait-elle pas cent-fois
plûs d'avantage à prendre Un Jeunehome d'Une condicion mediocre, mais la-
borieux, économe?… Oui : c'est à ce
parti qu'il faut s'arrêter. Ne songeons
plus ni à M. Dumont ni à ses Pareils-.
Mr-Nicolas descendit surlechamp exposer ses nouvelles vues à la Fille de son
cœur :

cœur: Il les lui detailla, fans omettre 1781
fes reflexions fur lui-même. — Remer-
cions M. Dumont, je vous en prie ? (repondit Sara : mais abandonéz vos autres
projets, à mon égard. Je ne veux pas du
Parti que vous trouveriéz p^{our} moi: ma
Mère dailleurs, ne goûterait pas un établiffement de ce genre, quand je ferais
difposée, moi, à m'y prêter.... Mais il en
eft un-autre, auquel vous paraifféz ne
pas faire afféz d'atenfion, & qui me plaîrait
davantage ; que j'aurais préferé même à
M. Dumont. — Hé ! quel eft-il, ma Sara ?   — Je vous le diraí: ne me parléz
plus de rién : Dans peu l'occasion fe pré-
sentera de vous ouvrir mon cœur : Tout
ce que je puis vous dire, en ce moment,
c'eft que votre fociété eft le feul genre
de bonheur que je desire. Ne m'objectéz
ni votre âge, ni autre chose : Vous avéz
fait naitre dans mon cœur des fentimens
d'atachement & de confiance, que je pré-
fère à tous les autres, quels qu'ils foiét.
Pourquoi admettre un-tiërs dans notre
familiarité? Nous pouvons nous fuffire:
Je travaillerai ; je me plaîrai à repandre
quelqu'agrement fur vos jours. Quittéz
tout autre deffein. Nous fomes dans la
même maison... Mr-Nicolas! vous m'a-
véz prouvé une verité, dont je me doutais c'eft que les bons-procedés tiénnent

XI Partie.   Z z

1781 lieu de tous les autres avantages. Je me souviéns que vous le disiéz un-jour à Maman, & que la Nature l'avait voulu, afin que l'Etre doué de raison, qui a des paſſiõs audelà du temps marqué p.^{our} les grâces, ne fût pas malheureux sans remède. Oui, Mr-Nicolas, On peut être aimé à tout âge, en employant les moyéns propres à cet âge: c'eſt encore de vous que je le ſais. Soyéz mon Père & mon Guide; ſoyéz davantage; je me contenterai de votre mediocrite; je mettrai mõ bonheur à la partager; j'en ſerai glorieuse; votre nom m'honorera; votre merite perſonel rejaillira ſur moi: Mon attachement, vous le voyéz, ne ſera pas desintereſſé... —Il n'en eſt pas, ma chère Fille, il n'en fut jamais: Un atachement desintereſſé ſerait un effet ſans cause; & il n'en exiſta jamais de tels dans la Nature. Mais vous, jeune, belle, du goût p^{our} moi! —Non-ſeulem.^t du goût, puiſqu'il faut le dire aujourdhui, mais de la tendreſſe. —C'eſt autre chose, ma Sara; la tendreſſe peut naître p^{our} Un Home de mon âge, plütôt que le goût. —Je croyais que c'était la même chose? —Pas tout-à-fait: le goût ſupose l'amabilité fisique; la tendreſſe ne ſupose que l amabilité morale, des qualités, du merite, des biénfaits. —Je vous conçois: c'eſt donc de la tendreſſe que j'ai. —Charmante Fille! ce ſenti-

ment, de votre part, fera mon trefor le
plüs précieux.... Mais... f'il fuffit p^{our}
mon bonheur, fera-t-il le vôtre ? —Oui,
foyéz-en fûr, & beaucoup mieux que ce
qu'aurait pu faire à mon égard tous les
M. Dumont du monde. Son caractère eft
vicieux, ou vicié, je ne fais lequel : mais
enfin, il n'eft pas ce qu'il me faut–.

M^r–Nicolas aurait été charmé de ces
fentimens, f'il avait été à la place de M.
Dumont : aulieu que dans fa fituacion,
il n'avait que le chagrin de ne pouvoir
profiter du bonheur qu'On lui offrait. Il
falait f'expliquer netrem^t là-deffus avec
Sara, avant de remercier M. Dumont.
Auffi le lendemain, la Jeuneperfone lui
áyant demandé, S'il avait écrit ? il lui fit
part de fes reflexions. —Ecrivéz (reprit-elle) : mon cœur aneantit vos raisons–. M–Nicolas fit une longue Lettre,
où il infiftait fur les mêmes chofes qu'On
a vues... Il la lut à fa Jeune-amie, qui
l'aprouva. Mr-Nicolas alait la porter à la
Petite-Pofte, quand il aperçut M. Dumõt
chéz la Mère de Sara. Celle-ci entra d'un
air gai. Elle ne redoutait plus rién d'un
Impudent, & elle était ravie de l'arrangement pris avec M^r–Nicolas. Son en-
joûment la rendait encore plüs aimable.
M. Dumont ne favait que devenir. Son
goût fe ranimait avec force : Mais il ignorait, fi la gaité qu'il voyait était causée

 par le plaisir de le revoir, ou si elle avait Un autre motif. Cependant il fut tenté de croire ce qui le flatait davantage : Sara lui disait des choses obligeantes. C'est que ne s'interessant plus à lui, elle n'avait rién à en craindre, ni à en esperer ; pourquoi aurait-elle tenté de le corriger?..... Il demanda Un entretién particuliér, dans la ferme persuasion, que ses desseins, ou ses affaires avec Sara, alaīt prendre une tournure favorable. La Mère y consentait. Mais la Jeune-persone declara, qu'elle n'avait rién à entendre, qu'en présence de sa Mère... M. Dumont fut très-surpris de ce langage! Il insista. —Non, Monsieur (repondit Sara : si vous aviéz retardé votre visite actuelle d'un jour, de quelques heures même, vous auriéz su la raison de ma conduite : mais j'espère qu'à votre retour chéz vous, Une Lettre vous en instruira. —Une Lettre! Mlle? —Oui, Monsieur. —De vous? —Non : je n'écris pas ainsi aux Homes! Elle est de Mr-Nicolas. — De vous, mon Ami? —De moi-même : La voila ; je vous la remets en main-propre. —Hâ! voyons... Si Madame & Mlle le permettēt-? Mad. Debée áyāt fait le signe d'acquiescem^r, M. Dumont brisa le cachet, & vit Une Lettre de 12 pages! ... Il parut effrāyé Neāmoins il en fit la lecture, pendant laquelle Mr-Nicolas re-

monta chéz lui…… Après avoir lu, 1781
avoir medité cette longue Lettre, il parut tout interdit! Il demanda prefque-
timidem.t à Sara, fi elle favait le contenu
de cette Remontrance Doctorale ? —M.r
Nicolas me l'a lue 2-fois, Monfieur. —Ce
font auffi vos fentimens? —Oui, Monf.r
—Et votre gaîté, en me voyant, viént
de la peine que vous avéz penfé que cette
Lettre me ferait? —Non, Monfieur; elle
viént de la joie que je reffens d'avoir determiné M.r-Nicolas: Vous n'y entréz
pour rién. —Vous êtes donc bién irritée contre moi ? —Pas du-tout: Je vous
dois Un Bién que je n'aurais jamais obtenu : car je fuis certaine que Maman fera charmée que je fois la Fille de M.r-Ni-
colas. —Coment? (dit Mad. Debée). —
C'eft, Maman, que M. Dumont ne m'á-
yant pas trouvée digne de lui, M.r-Ni-
colas veut bién être un pis-aler, & qu'il
doit m'adopter, dés aujourdhui. —J'éf-
time infiniment M.r-Nicolas: Mais, ce
que vous me dites de M. Dumont me fur-
prend! —M.lle f'exprime d'une manière, qui doit effectivem.t vous furprendre,
Madame: La verité eft, que c'eft elle qui
me refuse. —Oui, d'après ce qui f'eft
paffé: Je ne comptais même plus avoir
l'honeur de vous voir. —Voila une Lettre de reproches durs! —Hô! *Vagues!*
(murmura Sara en fouriant). —Ce n'eft

1781
1797

pas un chéfdœuvre de raisonement, Mlle.
—Mais de raison Monſieur. —Tout ce qui
viént de Mr-Nicolas vous paraít excellēt!
—Hâ! il eſt vraì! même Ce qui n'eſt rién
moins que bon : J'en aí un exemple re-
cent, & je vous ai l'obligacion de m'a-
voir detrompée. —Coment! voila de
l'ironie la plüs ſanglante! —C'eſt l'expreſſion trés-ſimple d'une verité-.

On ſe piqua; On ſe depiqua. Dans la
Nouvelle que je raconte à Sara, Dumont
l'adoptait, en feſait ſon Heritière, &c^a. Je
la cedais, & j'en mourais de doul^r. C'eſt
que je penſais alors ainſi. Tout eſt vraì,
dans mes Romans, ſoit en moi, ſoit
dans les Autres: Je n'y ai jamais menti:
Le Deſeſpoir d'EDMOND eſt arrivé à E.-
RAMEAU, pour avoir joui de ſa Sœur,
la plüs belle Fille d'alors: elle ſe proſlitua,
ſe repentit & mourut de regret.......

Voila des detâils ſuffiſans, pour me
rendre excuſable d'avoir cru à la tendreſſe
de Sara. Leur verité, leur ponĉtualité, qui
va juſqu'à être vetilleuſe, a deplié tous les
Reſſorts du Cœur. Je n'argumenteraí pas
de ce qu'elle était ma Fille : Je l'ignorais
quand elle me ſeduiſit. Rentréz dans votre cœur, O mon Leĉteur, en liſant le
Recit qui va ſuivre, & voyéz ſi vous
n'auriéz pas doné toute votre confiance,
come je donaí la miénne!

CII.me ESTAMPE.

CHES LE CIT. ARTAUD.

Monsieur-Nicolas, à table auprès des caraffes, à-
côté des Cit. *Lanjuinais* & *Mercier*, en face
des Cit. *Louvet* & de son Epouse, &c. Mr-Nicolas parlant àla Dame, de son Mari:

» Voila une figure romantique »! p. 3193.

CII.me ESTAMPE (*bis*):

CHES LE CIT. MERCIER.

Monsieur-Nicolas, avec les Personages designés,
dit à la Sara de Mercier: p. 3195.

» Quoi! si aimable, sans beauté »!

CV.me ESTAMPE.

LE PALAIS-ROYAL.

Monsieur-Nicolas, dans l'alée des gaûffres, tenant sa Fille Folleville par la main, en présence
d'une Matrulle, & disant à la Mère de l'Enfant:

» Quoi! vous êtes mad. La*** »? p. 3200.

CV.me ESTAMPE (*bis*): *Ibid.*

Monsieur-Nicolas à table chez un Traiteur, avec 8
Femmes, & 13 Jeunespersones : Il s'écrie.

» Hô! le beau moment »! p. 3214.

XCVIII.me ESTAMPE (*bis*).

2des VARIÉTÉS.

Monsieur-Nicolas dans la rue *Tionville*, fesant
baisser la jupe d'une Femme trop haut retroussée :

» Baissez votre jape ». p. 3243.

XCIX.me ESTAMPE (*ter*):

3 DES 10 DERNtes AVANTURES.

Monsieur-Nicolas tenant sur ses genoux Marte-
Victoire, qu'il caresse. p. 3255.

» Vous consentiréz-donc à être ma Femme ?

» Oui.... Monsieur ».

XCV.me ESTAMPE.

LES DEUX QUARANTECINQUENAIRES.

Monsieur-Nicolas présentant son Ami Dumont à
Sara : » C'est Mlle Sara »! p. 3263.

CIV et
8 c'est
112
Estamp.

(*Il y a jusqu'aprésent CXVII Estampes*).

DIXIÈME ÉPOQUE.

Mes dernières peines, & ma fin prochaine.

> Ultima semper
> Expectanda dies Homini eſt, dicique beatus   *Ovid.*
> Ante obitum Nemo, supremaque funera debet. *Metam.*

1797

A LA FIN de ma carrière, trompé par de faux Amis, qui m'ont forcé par la famine à publier cet Ouvrage, abandoné de Tout le monde, decrié par les plüs vils des Homes, je ne rêve que le deseſpoir! Toutes mes reſſources ſont finies; l'Ouvrage que vous liſez était la dernce, & On viént de l'aneantir, en le publiant mal-à-propos, ſans les Eſtampes indiquées, par une édicion que je ne deſtinais pas au Publiq! La publicacion eſt dailleurs prématurée; les plüs anciéns évenemens dans les Villes datēt de 50 ans, pour Paris; de 46, 45, 44, 43 pour Aucerre: Puis de 42, 41, 40, 39, pour Paris; de 38 pour Dijon; de 37 & 36, pour Aucerre; de 35, juſqu'à-préſent, pour Paris. C'eſt un inſtant...... Un-autre que moi marquera ma fin, qui ne peut être éloignée.... Je ne ſais, Lecteur, ſi je vous dis Adieu. 1797.

FIN de la XI Partie.